Tina Böttinger

Die Entwicklung der Erlebnisorientierung

Status quo und Perspektiven in der Kreuzfahrt- und Themenparkbranche

Schriftenreihe der School of International Business
Internationaler Studiengang für Tourismusmanagement (ISTM)

Herausgegeben von Felix Bernhard Herle

Band 8

SCHRIFTENREIHE DER SCHOOL OF INTERNATIONAL BUSINESS

Internationaler Studiengang für Tourismusmanagement (ISTM)

Herausgegeben von Felix Bernhard Herle

ISSN 1863-9798

1 *Katharina Schirmbeck*
Markenbildung für Regionen
Dachmarkenkonzepte im deutschen Regionalmarketing
ISBN 3-89821-689-6

2 *Stefanie Kranawetter und Ivonne Mühlner*
Erfolgreiches Krisenmanagement für Reiseveranstalter
Ein Handbuch für plötzlich auftretende Krisen im Tourismus
ISBN 978-3-89821-835-1

3 *Angela Bergner*
Tourismus als Mittel zur Armutsminderung in Nepal
Das "Tourism for Rural Poverty Alleviation Programme" (TRPAP)
ISBN 978-3-89821-853-5

4 *Felix Bernhard Herle*
Strategische Planung grenzenloser Destinationen
Vertikale und branchenübergreifende Erweiterung Touristischer Regionen
ISBN 978-3-89821-908-2

5 *Birte Heidbreder*
Gütesiegel zur Einflussnahme auf die touristische Entwicklung einer Destination
Erfolgsanalyse des CST Costa Ricas für nachhaltigen Tourismus
ISBN 978-3-89821-986-0

6 *Linda von Nerée*
Das touristische Potential Hamburgs für chinesische Europa-Reisende
Eine Bestandsanalyse mit konkreten Veränderungsvorschlägen
ISBN 978-3-89821-780-4

7 *Joana Heinemann*
Mountainbike-Tourismus im Wettbewerb
Zielgruppenorientierte Optimierung von Packages im Destinationsmarketing
ISBN 978-3-8382-0167-2

8 *Tina Böttinger*
Die Entwicklung der Erlebnisorientierung
Status quo und Perspektiven in der Kreuzfahrt- und Themenparkbranche
ISBN 978-3-8382-0259-4

Tina Böttinger

DIE ENTWICKLUNG DER ERLEBNISORIENTIERUNG

Status quo und Perspektiven in der Kreuzfahrt- und Themenparkbranche

Schriftenreihe der School of International Business
Internationaler Studiengang für Tourismusmanagement (ISTM)

Herausgegeben von Felix Bernhard Herle

Band 8

ibidem-Verlag
Stuttgart

Bibliografische Information der Deutschen Nationalbibliothek
Die Deutsche Nationalbibliothek verzeichnet diese Publikation in der Deutschen Nationalbibliografie; detaillierte bibliografische Daten sind im Internet über http://dnb.d-nb.de abrufbar.

Bibliographic information published by the Deutsche Nationalbibliothek
Die Deutsche Nationalbibliothek lists this publication in the Deutsche Nationalbibliografie; detailed bibliographic data are available in the Internet at http://dnb.d-nb.de.

∞

Gedruckt auf alterungsbeständigem, säurefreien Papier
Printed on acid-free paper

ISSN: 1863-9798

ISBN-13: 978-3-8382-0259-4

Printed in Germany

Vorwort

Die Hochschule Bremen ist bereits seit Jahrzehnten eine international sehr gut vernetzte und anerkannte große Fachhochschule in Deutschland. So landeten beim aktuellen Hochschulranking des Centrums für Hochschulentwicklung (CHE) mit den Internationalen Studiengängen Wirtschaftsingenieurwesen und Fachjournalistik sowie dem Studiengang Betriebswirtschaftslehre gleich drei von vier untersuchten Fächern der Hochschule Bremen in der Kategorie internationale Ausrichtung in der Spitzengruppe. Die Hochschule Bremen galt stets als Vorreiterin für wesentliche innovative Entwicklungen. Mit der Verleihung des „Best Practice Award" des CHE, des „Marketingpreises" des DAAD und der Auszeichnung als „Reformhochschule" durch den Stifterverband ist dies angemessen und öffentlich gewürdigt worden.

Diese herausgehobene Stellung zu erhalten und weiter auszubauen ist natürlich eine wesentliche Triebfeder, sich Entwicklungen zeitgemäß anzupassen. Deshalb wurde in der Hochschule Bremen in den letzten Jahren eine Reihe tiefgreifender Veränderungen initiiert, angefangen bei der Umstellung auf das Bachelor-/Mastersystem über die Reformierung bestehender und die Einrichtung neuer Studienprogramme bis hin zur Reorganisation der 9 Fachbereiche und ihrer Zusammenfassung zu 5 Fakultäten.

Bei all diesen Entwicklungsprozessen haben die Fachbereiche „Nautik und Internationale Wirtschaft/School of International Business (FB 6)" sowie „Wirtschaft (FB 9)" eine besondere Rolle in der Hochschule Bremen gespielt. Von Beginn an galt die Internationalisierung als das wesentliche Markenzeichen beider Fachbereiche. Seit März 2008 sind beide Fachbereiche zur Fakultät Wirtschaftswissenschaften fusioniert. Die Bezeichnung „School of International Business (SIB)" aus dem ehemaligen FB 6 wurde dabei auch für die neue Fakultät als bereits etablierter Markenname beibehalten, nicht zuletzt, um die besondere Bedeutung der Internationalität in der Fakultät zu unterstreichen.

Mit nunmehr über 3200 Studierenden prägt diese große Fakultät natürlich das Profil der Hochschule Bremen deutlich: Von den elf Bachelorstudiengängen und zehn Masterstudiengängen (davon drei als konsekutive Masterstudiengänge der Fakultät bzw. in Verbindung mit der Fakultät Gesellschaftswissenschaften) sind nahezu 90 % internationalisiert, zum großen Teil mit einem verpflichtenden Auslandsaufenthalt, einem erheblichen Anteil curricular verankerter englischsprachiger Lehrveranstaltungen, einer intensiven interkulturellen Vorbereitung auf Auslandsaufenthalte und einer multikulturellen Lehr- und Lernatmosphäre, die durch ca. 200 internationale Gaststudierende (Incomings) und viele Lehrende von internationalen Partnereinrichtungen geprägt ist. Die Fakultät unterhält ca. 80 Auslandskooperationen weltweit, die von ca. 500 Studierenden (Outgoings) für das Auslandsstudium/Auslandspraktikum genutzt werden.

Mit dem jährlichen SIB-Kongress bietet die Fakultät einer breiten Öffentlichkeit die Möglichkeit, sich intensiv mit den Leistungen der Fakultät vertraut zu machen und Studierende wie Lehrende kennen zu lernen.

In diesem Sinne ist auch der nun vorliegende neue Band der Schriftenreihe der School of International Business (in Kooperation mit dem ***ibidem***-Verlag) als Aufforderung zu verstehen, sich mit ausgewählten Beiträgen unserer Lehrenden und Absolventen auseinander zu setzen.

Ich wünsche unseren Leserinnen und Lesern viel Freude bei der Lektüre und bin sicher, dass Sie sich von der Qualität unserer Fakultät auch auf diesem Wege überzeugen können.

Prof. Dr. Dietwart Runte
Dekan der School of International Business/Fakultät Wirtschaftswissenschaften

Geleitwort

Erlebniskonzepte in der Erlebnisökonomie sind ein vieldiskutiertes Thema in der wissenschaftlichen Tourismusliteratur. Seit den 1990ern wurden Modelle entwickelt, mit deren Hilfe Unternehmen Erlebnisorientierung erfolgreich implementieren können.

Im Rahmen ihrer vorliegenden Studie hat Tina A. Böttinger dieses Thema aus einer neuen Perspektive betrachtet. Ihre zentrale Frage lautet: Setzen erfolgreiche Unternehmen noch auf Erlebniskonzepte, bzw. wie haben sich diese Konzepte verändert? Dazu hat die Autorin ein Erlebnis-Phasen-Modell zur Messung des Entwicklungsstands der Erlebnisorientierung in der Freizeit- und Tourismusbranche entwickelt und dieses erfolgreich in der Kreuzfahrt- und Themenparkbranche angewendet.

Böttingers Ergebnisse liefern einen wichtigen Beitrag für Wissenschaft und Praxis der Erlebnisgesellschaft.

Bremen, im Juni 2011

Prof. Dr. Felix Bernhard Herle

Inhaltsverzeichnis

Abbildungsverzeichnis

1. Einleitung

1.1. Problemstellung und Zielsetzung

In der heutigen Zeit wird der Begriff des Erlebnisses zur besseren Vermarktung von Produkten aus allen Bereichen genutzt. Es reicht beispielsweise nicht mehr aus nur einen Service anzubieten, wenn ein gewisses Erlebnis nicht integriert ist. Auch alltägliche Produkte wie Duschgel oder Kaffeemaschinen werden als Erlebnisangebote inszeniert und vermarktet, denn die alleinige Funktion des Produktes führt oftmals nicht zur Erfüllung der Kundenwünsche: es muss ein Mehrwert geschaffen werden, der in Erinnerung bleibt und sich vom alltäglichen Leben unterscheidet. Bereits 1992 hat Gerhard Schulze mit dem Buch „Die Erlebnisgesellschaft" den Begriff und den Wandel in der Gesellschaft hin zur Erlebnisorientierung erstmals wissenschaftlich dargestellt. Mit der Entwicklung der Erlebnisgesellschaft hat sich dementsprechend auch das Produktangebot verändert. 1999 wurde dann von Pine und Gilmore mit der „Experience Economy" ein Modell veröffentlicht, welches Unternehmen aufzeigen soll, wie sie am besten das Erlebnis inszenieren und für die Vermarktung ihrer Produkte nutzen können. Untersuchungen und Veröffentlichungen zu dem Thema der Erlebnisorientierung in der Gesellschaft und in der Ökonomie gibt es demzufolge schon seit über 20 Jahren.

Es gibt aktuelle wissenschaftliche Arbeiten, die die Erlebnisorientierung z.B. im Zusammenhang mit dem Tourismus untersuchen[1]. Daraus lässt sich auf eine gewisse Relevanz und Aktualität der Erlebnisökonomie im Tourismus schließen. Weiterhin wird das Ende der Spaßgesellschaft als Ausprägung der Erlebnisgesellschaft erklärt (vgl. bspw. Romeiß-Stracke 2003), aber auch noch als gegenwärtige Gesellschaftsform beschrieben (vgl. bspw. Weber 2007). Oder der größte deutsche Reiseveranstalter integriert in den aktuellen Katalogen das Erlebnis als Angebot, wie z.B. „Erlebnis-Pakete", bei denen ein organisierter, aber trotzdem persönlicher Zusatznutzen versprochen wird (vgl. TUI Online-Katalog 2010). Diese Beispiele zeigen, dass das Erlebnis in

[1] siehe beispielsweise Hosany/ Witham 2009, Ek et al. 2008, Morgan et al. 2008, Oh et al. 2007

Gesellschaft und Ökonomie noch zu finden ist und eine Bedeutung zu haben scheint.

Aufgrund der bereits seit Jahrzehnten beschriebenen Erlebnisorientierung in Gesellschaft und Wirtschaft stellt sich die Frage, wie sich die Entwicklung der Erlebnisorientierung darstellt und inwiefern das Erlebnis-Konzept noch Aktualität besitzt. Ausgehend von diesem Ansatz ist das Ziel in der vorliegenden Studie die Entwicklung und Anwendung eines Modells zur Messung des aktuellen Entwicklungsstands der Erlebnisorientierung, speziell bezogen auf den Bereich Freizeit und Tourismus. Dazu wird das Modell an den ausgewählten Beispielbranchen Themenparks und Kreuzfahrten angewendet, um daraufhin Aussagen über deren aktuellen Entwicklungsstand machen zu können.

1.2. Methodisches Vorgehen

Um die beschriebenen Ziele, Entwicklung und Anwendung eines Modells, erreichen zu können, setzt sich die methodische Vorgehensweise in der vorliegenden Studie aus Sekundäranalyse und Primärforschung zusammen. Dabei wird zunächst eine umfassende Literaturrecherche zur Erlebnisökonomie und Erlebnisgesellschaft sowie zu den vorherigen und eventuellen weiterführenden Entwicklungen durchgeführt. Die Analyse der Sekundärliteratur dient dabei der Identifikation einer möglichen Entwicklung in der Erlebnisorientierung. Für die Darstellung der Entwicklung werden die zahlreichen Informationen aus der Literatur in Entwicklungsstufen zusammengefasst und somit die Erlebnisorientierung aufgefächert und als Basis für das Modell dargestellt. Für die Beschreibung der Erlebnisorientierung werden vor allem die als Standardwerke im Bereich der Erlebnisorientierung geltenden und vielfach von Experten zitierten Arbeiten, wie bspw. von Gerhard Schulze „Erlebnisgesellschaft“ (2000) und von Pine und Gilmore „Experience Economy“ (1999, 2000), verwendet.

Die Struktur der Aufteilung in Entwicklungsstufen ist das Resultat der Literaturanalyse: ähnliche, vom Kontext zusammenhängende Inhalte werden in Entwicklungsstufen aufgegliedert. So sind aus den gesamten für diese Studie verwendeten Informationen übergeordnete Entwicklungsstufen ermittelt worden, die durch die jeweiligen Unterpunkte erklärt werden. Zusätzlich wird nicht nur die Entwicklung der Erlebnisorientierung dargestellt, sondern gleichzeitig wichtige und für die Erlebnisorientierung entscheidende Modelle und Ansätze aufgezeigt.

Auf Grundlage der Informationen aus der wissenschaftlichen Sekundärliteratur und dem daraus entwickelten theoretischen Rahmen wird das Modell mit Bewertungskriterien, folgend als Erlebnis-Phasen-Modell bezeichnet, entwickelt. Die Bewertungskriterien des Modells basieren ebenfalls auf der vorangegangenen Untersuchung. Da das Modell auf Tourismusbranchen anwendbar sein soll, werden die wirtschaftlichen Aspekte im Vordergrund stehen, auch wenn die gesellschaftlichen Entwicklungen als bestimmende Faktoren für das Nachfrageverhalten der Konsumenten nicht vernachlässigt werden dürfen. Die Bewertungskriterien des Modells sind für die Anwendung von Erlebnis-Angeboten im Bereich Freizeit und Tourismus ausgelegt.

Die Anwendung des Erlebnis-Phasen-Modells erfolgt durch eine Internet-Analyse ausgewählter Anbieter beider Beispielbranchen. Dabei wird der Internet-Auftritt von Anbietern der Themenpark- und Kreuzfahrtbranche anhand der zuvor identifizierten Bewertungskriterien analysiert und ausgewertet, so dass eine Einordnung in das Erlebnis-Phasen-Modell erfolgen kann. Die Internet-Analyse dient der Abbildung und Untersuchung des aktuellen Angebots, um so den aktuellen Entwicklungsstand messen zu können.

Die vorliegende Studie setzt sich aus Aspekten der Soziologie und der Wirtschaftswissenschaften zusammen, mit einem Fokus auf den Bereich Freizeit und Tourismus. Alle Ausführungen und auch die Inhalte der verwendeten Literatur beziehen sich auf die Entwicklung der Gesellschaft in der westlichen/ industriellen Welt, können also nicht global für alle Menschen und ihre gesellschaftlichen und wirtschaftlichen Entwicklungen betrachtet werden. Auch in den westlichen Industrienationen ist die Erlebnisorientierung nicht auf alle Mitglieder der Gesellschaft gleichermaßen verallgemeinernd zu beziehen, dennoch wird in diesen Teilen der Welt die Tendenz der Erlebnisorientierung beobachtet und auf die Gesellschaft und Wirtschaft übertragen. Entwicklungen in anderen Ländern werden für das Thema in der vorliegenden Studie nicht berücksichtigt.

1.3. Aufbau der Studie

Der erste Teil der Studie (Kapitel 2 bis 4) besteht aus der umfassenden Literaturrecherche mit dem Grundriss des Modells als Zwischenfazit und der anschließenden ausführlichen Darstellung des Erlebnis-Phasen-Modells. Dabei werden zunächst im zweiten Kapitel ein Überblick der Entwicklung hin zur Erlebnisorientierung gegeben und die Definition des Erlebnisses beschrieben. Im dritten Kapitel folgt die Aufgliederung der Erlebnisorientierung, um die Entwicklung innerhalb derer darzustellen und wichtige Aspekte der Erlebnisgesellschaft und Erlebnisökonomie aufzuzeigen. Im vierten Kapitel wird das Erlebnis-Phasen-Modell als Modell zur Messung der Erlebnisorientierung im Detail mit den Bewertungskriterien und dem Bewertungssystem erklärt.

Im zweiten Teil dieser Studie wird das Erlebnis-Phasen-Modell mit den Bewertungskriterien im Kapitel 5 anhand der beiden Beispielbranchen Themenparks und Kreuzfahrt angewendet. Nach einem Überblick der Branchen erfolgt die Anwendung mittels einer Internet-Analyse ausgewählter Beispielangebote. Die ausführliche Beschreibung der Anwendung mit den einzelnen Ergebnissen zu den Bewertungskriterien ist im Anhang 6 bis 7 zu jedem analysierten Angebot dargestellt. Die Ergebnisse der Analyse und Anwendung des Modells sind bezogen auf die Branchen im Kapitel 6 zusammengefasst.

I. Teil: Untersuchung der Erlebnisorientierung auf Basis wissenschaftlicher Sekundärliteratur mit dem Ziel der Modellentwicklung

Der erste Teil der vorliegenden Studie beinhaltet die umfassende Literaturrecherche zum Thema der Erlebnisorientierung anhand wissenschaftlicher Sekundärliteratur. Dazu gehören die Bereiche Erlebnisgesellschaft, Erlebnisökonomie sowie soziologische und ökologische Veränderungen im Allgemeinen, die mit der Erlebnisorientierung in Zusammenhang gebracht werden können. Das Ziel dieses ersten Teils ist das Modell zur Messung des Entwicklungsstands, welches auf Grundlage der Ergebnisse der Literaturrecherche entwickelt wird.

2. Kontext der Entwicklung zur Erlebnisorientierung - Zeitlicher Rahmen und Definitionen

Zu Beginn dieser Arbeit soll zunächst mit der Definition des Erlebnis-Begriffs und der Darstellung der Entwicklung hin zur Erlebnisorientierung der theoretische Bezugsrahmen geschaffen werden, um die Grundlage für die gesamte Studie zu bilden. Zunächst wird im Folgenden der Kontext des Wandels zur Erlebnisorientierung in Bezug auf den Wertewandel gesondert dargestellt.

2.1. Gesellschaftliche Entwicklung zur Erlebnisgesellschaft

Bis zur Erlebnisorientierung wurden in den letzten Jahrzehnten, seit dem Ende des 2. Weltkrieges, grundlegende Veränderungen im Verhalten der Verbraucher und in den zugrunde liegenden Werten beobachtet. Gegen Ende der 1940er Jahre stand in der *„Überlebens-Gesellschaft“* der Konsum zur Versorgung mit Lebensmitteln und Kleidung im Vordergrund (Steinecke 2009, S. 30f). Mit der *„Wirtschaftswunder-Gesellschaft“* ab Mitte der 1950er Jahre (Steinecke 2009, S. 30) und der „Konsum- und Wohlstandswelle“ in den 1960er Jahren (Opaschowski 2002, S. 203f) folgten die Konsumausgaben für Grundbedürfnisse wie Autos oder Möbel. Ab Ende der 1960er Jahre wurde in der postmateriellen Gesellschaft die wachsende Freizeit und die Freizeitindustrie insgesamt immer bedeutender, sowie der Konsum von Luxusgütern (vgl. Steinecke 2009, S. 30f). Mit der Entwicklung der *„Erlebnis-Gesellschaft“* seit Mitte der 1980er Jahre kamen die Markenorientierung und die Nutzung der Freizeit zur Selbstverwirklichung außerhalb des Arbeitslebens als neue Ausprägung hinzu (Steinecke 2009, S. 30f). So ist nach dem 2. Weltkrieg und der damit verbundenen Fokussierung auf einen Konsum, der vor allem die Grundbedürfnisse decken musste, allmählich eine Veränderung durch die Tatsache eingetreten, dass alle zum Leben notwendigen Dinge und Lebensmittel verfügbar waren. Der ansteigende gesellschaftliche Wohlstand, der seit den 1950er Jahren anhält, hat die Entwicklung vorangetrieben, so dass die Menschen in der Erlebnisgesellschaft die Mittel und Möglichkeiten besitzen ihre wachsende Freizeit nach eigenen Interessen und Vorlieben gestalten zu können (vgl. Penz/ Rösch 2004, S. 40).

Die Veränderungen im gesellschaftlichen und ökonomischen System der westlichen Industriestaaten seit den 1950er Jahren werden in den Werthaltungen der Menschen deutlich (vgl. Hennings 2000, S. 55). Der folgende Wertewandel hat sich demnach vollzogen:

- „50er und 60er Jahre: Pflichtkultur mit den Werten Fleiß, Pflicht, Familie, Frömmigkeit, Treue, Nutzen.
- 70er und 80er Jahre: Hedonismus mit den Werten ICH, Lust, Leistung, Materialismus, Eros, Fun.
- 90er Jahre und danach: Soft- Individualismus mit den Werten Erfahrung, Engagement, Freundschaft, Spiritualität, Ehrlichkeit, Natürlichkeit“ (Romeiß-Stracke 2003, S. 51).

Die aufstrebende Konsumgesellschaft hat die Werte verändert und die Freizeit hat gegenüber der Arbeit an Bedeutung zugenommen. Werte wie Disziplin und Pflichterfüllung sind gegenüber Spaß, Wohlfühlen und Selbstverwirklichung scheinbar in den Hintergrund getreten (vgl. Müller/ Scheurer 2004, S. 3). Zu den neuen Werthaltungen gehören auch Entwicklungen wie die Emanzipation der Frau, Hedonismus mit der Suche nach Genuss, Abenteuer und Abwechslung sowie die Individualisierung, die die Eigenständigkeit, Ungebundenheit und Selbstverwirklichung des Einzelnen ausdrückt (vgl. Hennings 2000, S. 56). Im Berufsleben sind Veränderungen wie eine steigende Anzahl von Tätigkeiten im Bereich Organisation und Management, ein höherer Bildungsstand, eine steigende Anzahl von erwerbstätigen Frauen und ein Anstieg an Selbstständigen sichtbar geworden. Gleichermaßen steigt das verfügbare Einkommen und somit die Kaufkraft, während die Arbeitszeit reduziert wird (vgl. Hennings 2000, S. 57). Diese Entwicklungen spiegeln sich in einem neuen Konsumverhalten und in der Entstehung der Erlebnisgesellschaft wider.

Aufgrund der Veränderungen des Einkommens und der freien verfügbaren Zeit haben die Freizeitaktivitäten zugenommen und längere und häufigere Urlaubsreisen wurden möglich (vgl. Kreisel 2007, S. 74). Die Mobilität, ob mit dem eigenen Pkw, mit dem Flugzeug oder der Bahn, hat die Bedeutung von Urlaub weiter ansteigen lassen, und zuvor ferne Ziele für einen großen Teil der Gesellschaft erreichbar gemacht. In den 1950er Jahren wurde der Urlaub als Ausgleich zur Erholung von der Arbeit gesehen und der noch kurze Jahresurlaub hauptsächlich zu Hause, im eigenen Land oder in der nahen Umgebung verbracht (vgl. Nahrstedt et al. 2002, S. 67). Seit den 1970er Jahren expandierte der Tourismus und es wurde zunehmend für mehrere Wochen ins Ausland verreist, so dass die Gestaltung von Urlaub und Freizeit klar getrennt wurde (vgl. Nahrstedt et al. 2002, S. 66ff). Der Reisepreis wurde durch den Massentourismus zum Kaufkriterium und der Trend zu Last-Minute-Reisen erst durch die spontane und freie Zeiteinteilung in den letzten Jahrzehnten ermöglicht (vgl. Weiermair 2006, S. 13). Seit den 1980er Jahren ist wiederum eine Tendenz zu beobachten, dass der Haupturlaub trotz eines gestiegenen Urlaubsanspruchs verkürzt wird und stattdessen mehrere Kurzurlaube oder Tagestouren, oft im Inland, unternommen werden (vgl. Nahrstedt et al. 2002, S. 68).

Veränderungen und Entwicklungen bezogen auf Freizeit und Tourismus in der Erlebnisorientierung werden im späteren Verlauf innerhalb der Entwicklungsstufen beschrieben.

2.2. Wirtschaftliche Entwicklung zur Erlebnisökonomie

Parallel zu der gesellschaftlichen Entwicklung, bei der bereits wirtschaftliche Veränderungen durch das Konsumentenverhalten beschrieben wurden, soll die wirtschaftliche Entwicklung zur Erlebnisökonomie anhand des Modells von Pine und Gilmore (1999) in Kürze im Folgenden dargestellt werden.

Pine und Gilmore (1999[2]) haben in ihrer Veröffentlichung „The Experience Economy – Work is Theatre and every Business is a Stage" das Modell „Progression of Economic Value" („Fortschritt des wirtschaftlichen Werts") vorgestellt. Diese Veröffentlichung gilt seither als die Basisliteratur und erste umfangreiche Veröffentlichung zum Thema Erlebnisökonomie. Bei dem Modell „Fortschritt des wirtschaftlichen Werts" (s. Abb. 1) geht es zusammengefasst um die Entwicklung von der „Gewinnung von Massengütern", über die „Herstellung von Gütern" hin zu „Dienstleistungen", und schließlich zur „Inszenierung von Erlebnissen" (Pine/ Gilmore 2000, S. 43). Im weiteren Verlauf kommt dann für Pine und Gilmore (vgl. 2000, S. 247) als Weiterführung das „Herbeiführen einer Wandlung", im Englischen „Transformation" genannt, hinzu. Diese letzte Entwicklungsstufe wird im Kapitel 3.5. ausführlich beschrieben.

Der Fortschritt wird in dem Modell darauf bezogen, dass der Wert des Produktes bei jeder Stufe ansteigt und Geld für Leistungen oder Güter verlangt werden kann, die zuvor kostenlos bzw. günstiger angeboten wurden (vgl. Pine/ Gilmore 2000, S. 104). Die Agrarwirtschaft hat Rohmaterial oder einfache Güter (‚commodities') für unbestimmte Kunden und Märkte hergestellt, die Industrie produziert standardisierte Ware (‚goods') auf Lager, die Dienstleistungswirtschaft individuell angepasste immaterielle Dienstleistungen (‚Services') auf Anforderung und schließlich die Erlebniswirtschaft persönliche Erfahrungen (‚experiences') (vgl. Pine/ Gilmore 2000, S. 110). Nach Pine und Gilmore (vgl. 2000, S. 104) bedeutet diese Entwicklung für die Erlebniswirt-

[2] Die deutschsprachige Version von „Experience Economy", „Erlebniskauf – Konsum als Erlebnis, Business als Bühne, Arbeit als Theater", ist 2000 erschienen (Pine/ Gilmore 2000).

schaft, dass die Kunden in dieser Entwicklungsstufe Unternehmen für die Schaffung von Erlebnissen bezahlen.

Abbildung 1: Fortschritt des wirtschaftlichen Werts

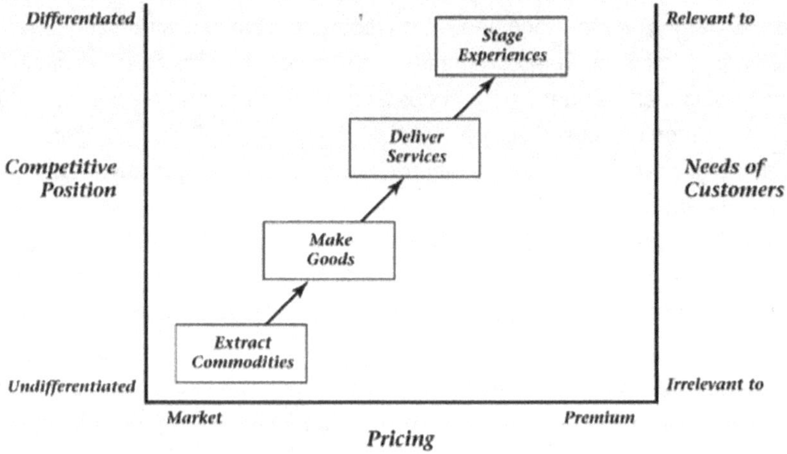

Quelle: Pine/ Gilmore (1999, S. 22)

Das wohl berühmteste und oft zitierte Beispiel von Pine und Gilmore (vgl. 2000, S. 14) zur Demonstration des Fortschritts des wirtschaftlichen Werts ist die Entwicklung von Kaffee von einem Rohstoff hin zum Erlebnis: Der Wert von dem Rohstoff steigt über jede Stufe, bis die Kunden bereit sind, für das inszenierte Erlebnis des Kaffeetrinkens ein Vielfaches des ursprünglichen Werts zu zahlen. Der Erfolg von Produkten hängt demnach vom Erlebnis ab, welches dem Kunden geboten wird. Dafür ist der Kunde gerne gewillt mehr zu zahlen. So sind die Erlebnisse zum vierten wirtschaftlichen Angebot geworden, die im Unterschied zur Dienstleistung dem Kunden unvergessliche Ereignisse ermöglichen und einprägsam sind, dabei insbesondere den Kunden nicht nur unterhalten, sondern einbinden (vgl. Pine/ Gilmore 2000, S. 15, 29).

2.3. Die Dienstleistungsorientierung

Da sich die Erlebnisorientierung aus der Phase der Dienstleistungen als dominierender Wirtschaftsfaktor entwickelt hat, soll diese Entwicklungsstufe im Folgenden kurz dargestellt werden und damit die Entwicklung hin zur Erlebnisorientierung vervollständigen. Der Übergang vom Industrie- zum Dienstleistungszeitalter, auch als „Tertiärisierungsprozess" bezeichnet, ist nicht nur in der Wirtschaft, sondern auch in der Gesellschaft sichtbar (Weiermair 2006, S. 14). Durch gesellschaftliche Entwicklungen, wie z.B. die steigende Erwerbstätigkeit der Frau, werden immer mehr Tätigkeiten, die zuvor zu Hause oder innerhalb der Familie erledigt wurden, von externen Dienstleistern erbracht (vgl. Weiermair 2006, S. 15). Anbieter übernehmen dabei Aufgaben für den Kunden, die dieser nicht selbst erledigen möchte oder kann (vgl. Pine/ Gilmore 2000, S. 23). So wird die Arbeit innerhalb des Haushalts reduziert, wobei ein Mehr an Arbeit im Beruf einen neuen Stress hervorgerufen hat, was wiederum zu einem vermehrten Wunsch nach Erlebnissen in der Freizeit bzw. im Urlaub geführt hat, als Abwechslung vom Alltag (vgl. Weiermair 2006, S. 15).

Laut Pine und Gilmore (2000, S. 23) werden Dienstleistungen beschrieben als „[...] immaterielle Aktivitäten, die auf die individuellen Wünsche bekannter Kunden zugeschnitten werden." Der zusätzliche Wert der Dienstleistungsstufe gegenüber der Stufe der Herstellung von Gütern ist dabei der Wunsch der Konsumenten nach Service (Pine/Gilmore 2000, S. 24). Sie sind bereit Geld für Dienstleistungen auszugeben, z.B. für einen Restaurantbesuch, aber wollen dafür bei alltäglichen Produkten sparen. Diese Preissensibilität veranlasst die Anbieter dazu ihr Produkt mit einer Dienstleistung zusammen zu verpacken, um den Wert des Produktes zu steigern und infolgedessen einen höheren Preis verlangen zu können (Pine/ Gilmore 2000, S. 25). So kann das Angebot aus der Masse der Güter hervorstechen. Diese Entwicklung führt als Konsequenz zur Erlebnisökonomie, mit Dienstleistungen, die zu Massengütern werden und durch den Zusatz Erlebnis für den Kunden wieder neuen Anreiz zum Kauf schaffen.

2.4. Die Erlebnisorientierung

Im Folgenden soll der Begriff des Erlebnisses kurz dargestellt und definiert werden, um so ein einheitliches Verständnis für diese Studie zu erlangen. Dabei soll keine Erklärung der Erlebnisökonomie oder Erlebnisgesellschaft vorweggenommen werden, sondern lediglich das Erlebnis an sich definiert werden, wobei eine totale Abgrenzung zum eigentlichen Thema der Erlebnisorientierung nicht möglich und gewollt ist. Ebenso werden in diesem Kapitel die Begriffe der Erlebnisgesellschaft und Erlebnisökonomie und ihre Bedeutung für die weitere Arbeit beschrieben.

2.4.1. Definition Erlebnis

Der Erlebnisbegriff ist seit Jahrzehnten in den unterschiedlichsten Bereichen und im Zusammenhang mit den unterschiedlichsten Produkten zu finden: es gibt bspw. Erlebnis-Restaurants, Erlebnis-Schwimmbäder, Erlebnis-Wanderwege oder auch Erlebnis-Kindergärten. Manche Erlebnisse haben z.B. einen physischen Kern (z.B. Klettern), manche sind physisch eher passiv (z.B. Theaterbesuch), wiederum andere sind mental anspruchsvoll (z.B. einen Film gucken) (vgl. Darmer/ Sundbo 2008, S. 2). Umgangssprachlich wird der Begriff Erlebnis ebenso häufig verwendet und oftmals einseitig mit Spaß verbunden (vgl. Müller/ Scheurer 2004, S. 3). Laut Schulze (2000 S. 13f) kann der Begriff des Erlebnisses bezogen auf die moderne Lebensart im Allgemeinen gesehen werden: Erlebnisse und die Erlebnisorientierung sind erstmals in der Geschichte zur Normalität geworden, ermöglicht durch den sozio-ökonomischen Wandel der letzten Jahrzehnte mit der Sicherheit als Grundlage, dass alle lebenswichtigen Bedürfnisse befriedigt sind (Scheurer 2003, S. 112). So wird der Erlebnis-Begriff nicht nur in der Vermarktung von Produkten benutzt, sondern ist auch in der Wissenschaft zum Oberbegriff für den Wertewandel geworden und zur Beschreibung der Gesellschaft seit den 1980er Jahren in den Vordergrund getreten (vgl. Steinecke 2009, S. 30). Da sich Erlebnisse aus vielen Elementen zusammensetzen und diese für Erlebnis-Angebote und die Ausführungen der vorliegenden Studie von Bedeutung sind, sollen im Folgenden die einzelnen Aspekte gesondert dargestellt werden:

Erlebnisse sind Ereignisse, die für den jeweiligen Erlebenden **unvergesslich** sind, bzw. in Erinnerung bleiben und sich von Situationen aus dem Alltag hervorheben (vgl. Bachleitner 2004, S. 17; Pine/ Gilmore 1999, S. 12). Erlebnisse stellen sich als eine Art mentale Reise dar, die den Kunden Erinnerungen an etwas **Besonderes** bieten: z.B. etwas Außergewöhnliches gemacht zu haben, etwas gelernt zu haben, oder einfach Spaß gehabt zu haben. Erlebnisse werden bspw. durch Künstler, durch den Kauf eines Erlebnisproduktes oder durch die eigene Phantasie angeregt (vgl. Sundbo/ Hagedorn-Rasmussen 2008, S. 83).

Erlebnisse sind **persönlich**: sie finden in dem Individuum statt, wenn diese Person emotional, physisch, intellektuell oder spirituell angesprochen wird (vgl. Pine/ Gilmore 1999, S. 12). Durch diesen persönlichen Aspekt des Erlebnisses gibt es nur **einzigartige** Erlebnisse, da jedes Individuum das Erlebnis anders erfährt (vgl. Grötsch 2006, S. 51). Es spielen die persönliche Verfassung, die Vorgeschichte und die jeweilige Situation eine Rolle und verändern dementsprechend das Erlebnis für den Erlebenden (vgl. Müller/ Scheurer 2004, S. 9). Dadurch hängt maßgeblich der Erfolg aus bloßen Ereignissen Erlebnisse zu machen von dem Erlebenden selbst ab (vgl. Müller/ Scheurer 2004, S. 15) und dasselbe Ereignis kann unterschiedliche Auswirkungen auf verschiedene Personen haben. Des Weiteren können Erlebnisse den Selbstwert steigern: wer Erlebnisse hat, hat ein besseres Leben (vgl. Müller/ Scheurer 2004, S. 4).

Weiterhin ist das Erlebnis eine „durch gesteigerte Emotionalität geprägte Erfahrung" (Nahrstedt et al. 2002, S. 88). Das Auslösen von **Emotionen**, ob positiv oder negativ, ist ein entscheidender Aspekt des Erlebnisses, denn Emotionen sind notwendig damit Ereignisse einen größeren Erlebniswert bekommen (vgl. Vester 2004, S. 11). Im Zusammenhang mit Produkten werden mit dem Erlebnis-Begriff vor allem Spaß, Action, Zerstreuung, positive Spannung und Unterhaltung assoziiert (vgl. Rudolphi 2007, S. 32; Grötsch 2006, S. 50). Jedoch muss ein Erlebnis nicht immer nur positive Emotionen beinhalten, um ein Erlebnis zu sein: auch Wut oder Trauer können Ereignisse zu Erlebnissen machen. Da Erlebnisse im Idealfall mit positiven **Gefühlen** verbunden werden, sind Erlebnisse einfacher in Gruppen herbeizuführen, denn positive Gefühle treten eher im Zusammensein mit anderen Menschen auf (vgl. Müller/ Scheurer 2004, S. 9). Das Erlebnis wird umso stärker wahrgenommen, je mehr Emotionen beim Individuum hervorgerufen werden. Ein weiterer Verstärker des Erlebnisses ist die Aktivität des Erlebenden (vgl. Vester 2004, S. 11f).

Erlebnisse werden weiterhin als Prozesse beschrieben, die durch die **Verarbeitung** und **Reflexion** von Ereignissen entstehen (vgl. Rudolphi 2007, S. 32; Müller/ Scheurer 2004, S. 4). Der Erlebende reflektiert das Geschehene, indem über das Ereignis nachgedacht oder anderen in Form von Erzählungen das Ereignis mitgeteilt wird (vgl. Nahrstedt et al. 2002, S. 88). Erlebnisse sind psychologische Konstruktionen, bei denen ein Ereignis für das Erlebnis vorausgesetzt wird, welches durch Erkenntnis zur persönlichen Erfahrung wird (vgl. Müller/ Scheurer 2004, S. 1ff).

Aufgrund der persönlichen und emotionalen Ebene, die Ereignisse zu Erlebnissen werden lassen, können Anbieter die **Erlebnisse nicht herstellen**. Sie können lediglich besonders **günstige äußere Rahmenbedingungen** und Situationen schaffen, die das Entstehen von Erlebnissen unterstützen: z.B. durch Mitarbeiter wie Reiseleiter oder Animateure, die helfen, die Ereignisse zu reflektieren und so Erlebnisse zu Erfahrungen werden lassen (vgl. Müller/ Scheurer 2004, S. 1ff). So ist „[...] jeder für seine Erlebnisse selbst verantwortlich“ (Schulze 2000, S. 14).

2.4.2. Erlebnisgesellschaft vs. Erlebnisökonomie

Die Erlebnisorientierung setzt sich aus der Erlebnisgesellschaft und Erlebnisökonomie zusammen, deswegen wird im Rahmen der vorliegenden Studie der Begriff der Erlebnisorientierung zusammengefasst für die sozioökonomische Entwicklung verwendet. Sollten lediglich die Erlebnisgesellschaft oder die Erlebnisökonomie gemeint sein, werden diese entsprechend benannt.

Es besteht dennoch die Frage, ob die Erlebnisökonomie aus der Erlebnisgesellschaft entstanden ist, oder anders herum? Kann überhaupt eine Reihenfolge festgelegt werden? Mit Veröffentlichungen zur Erlebnisökonomie wurde gezeigt, dass das Erlebnis auch in der Ökonomie angekommen ist und von den Unternehmen bereits für die bessere Vermarktung ihrer Produkte genutzt wird. Zu beachten ist allerdings, dass Pine und Gilmore (2000, S. 10, 276) zum Zeitpunkt der Veröffentlichung 1999 davon ausgegangen sind, dass sich die westlichen Industrienationen auf die Erlebniswirtschaft zu bewegen, bzw. kurz davor stehen. Verglichen mit Schulze, der schon 1992 die Erlebnisgesellschaft wissenschaftlich untersucht hat, ist anzumerken, dass die Reaktion in der Wirtschaft demnach erst Jahre später erkennbar oder zumindest analysiert wurde. Dieser Ansatz wird durch die Beschreibung der Erlebnisgesellschaft durch Romeiß-Stracke (vgl. 2003, S. 19) unterstützt, bei der die Erlebnisgesellschaft schon vor der wirtschaftlichen Entwicklung zu beobachten war, allerdings erst durch die Erlebniswirtschaft auch an Bedeutung gewonnen hat. Laut Nahrstedt et al. (vgl. 2002, S. 75) ist die Erlebnisgesellschaft von Schulze die Grundlage für die Entstehung der Experience Economy wie durch Pine und Gilmore beschrieben. Ebenso beschreibt Rudolphi (vgl. 2007, S. 13) den Erlebnismarkt als Antwort auf die Erlebnisgesellschaft, um die zuvor entwickelten Bedürfnisse zu decken. Demnach ist die Erlebniswirtschaft als Folge der Entwicklung zur Erlebnisgesellschaft zu betrachten. Im Rahmen dieser Studie kann keine abschließende Antwort auf diese Frage gefunden werden, da die Reihenfolge lediglich anhand der Standardwerke und der genannten Aussagen vermutet werden kann. Diese Reihenfolge wird aber im folgenden Kapitel bezogen auf die Entwicklungsstufen beibehalten.

3. Der Wandel zum schönen Leben – Die Erlebnisorientierung in Entwicklungsstufen

Da das Ziel dieser Studie die Messung des Entwicklungsstands der Erlebnisorientierung ist, wird davon ausgegangen, dass es Unterschiede innerhalb der Erlebnisorientierung gibt, um dementsprechend einen Entwicklungsstand ableiten zu können. Nach Pine und Gilmore (1999) und Schulze (2000) werden die Erlebnisorientierung bzw. die Erlebnisökonomie und die -Gesellschaft als eine Phase betrachtet. Während der Analyse der Sekundärliteratur ist deutlich geworden, dass es auch Entwicklungen innerhalb der Erlebnisphase gibt, die im Folgenden aufgefächert dargestellt werden.

Die Struktur dieses Kapitels entspricht den auf Grundlage der Literaturrecherche identifizierten Entwicklungsstufen. Dabei wurde die Gesamtheit der verfügbaren Informationen nach identischem Inhalt und Aussage zusammengefasst und davon fünf verschiedene Stufen mit ähnlichen Ausprägungen abgeleitet. Größtenteils ist die Reihenfolge der Entwicklungsstufen auch eine zeitliche Abfolge, wie die Themen in der Literatur behandelt werden. Allerdings gibt es Überschneidungen und Wiederholungen, so dass zeitliche Angaben nicht möglich und gewollt sind. Des Weiteren kann trotz der Einteilung in Entwicklungsstufen kein Abschnitt wegen gegenseitiger Einflüsse als abgeschlossen und als nicht mehr aktuell betrachtet werden: die beiden ersten Stufen stellen z.B. den Beginn der Erlebnisorientierung dar, sind aber deswegen nicht weniger bedeutend und werden ebenso noch in der aktuellen Literatur beschrieben. Diese Entwicklungsstufen der Erlebnisorientierung bilden die Grundlage für das Modell zur Messung des Entwicklungsstands, welches am Ende des ersten Teils dieser Studie dargestellt wird.

Abbildung 2: Übersicht der Auffächerung der Erlebnisorientierung

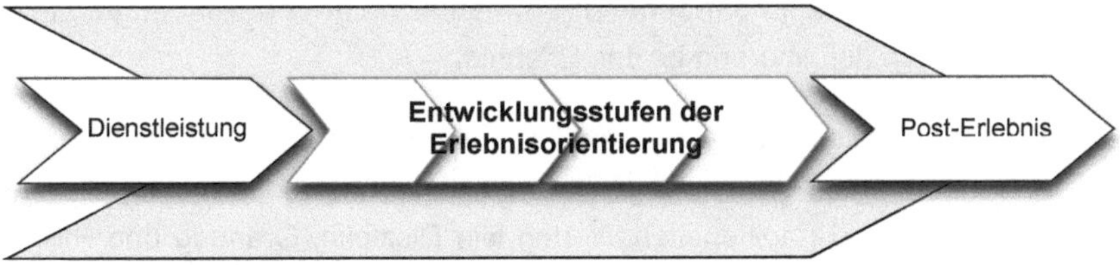

Quelle: eigene Darstellung

3.1. Entwicklungsstufe 1: Der Beginn der Erlebnisorientierung

Die erste Entwicklungsstufe dient der Schaffung einer Basis für die weitere Entwicklung der Erlebnisorientierung und stellt den Beginn dessen dar. Der Beginn des Erlebnisses beinhaltete eine neue Ausrichtung und Lebensart, welche sich insbesondere in Unterhaltungsangeboten und der Individualisierung widerspiegelte. Deswegen enthält diese Entwicklungsstufe u.a. den zunächst oberflächlich wirkenden Aspekt des Erlebnisses: Erlebnis gleichgesetzt mit Spaß und Unterhaltung.

3.1.1. Die Erlebnisgesellschaft

Seit Beginn der 1980er Jahre ist in der Soziologie durch Schulze (2000) die Phase der Erlebnisgesellschaft eingeläutet worden. Diese Phase gilt bis auf weiteres als die „[...] letzte Phase des postmodernen Werte- und Strukturwandels“ (Rudolphi 2007, S. 12). Dabei richten die Menschen ihr Leben auf etwas Schönes aus, was nicht nur die Freizeitaktivitäten, sondern auch das Arbeitsleben mit einbezieht. Die Freizeit wächst, das Arbeitsleben wird individuell gestaltbar, so dass der Anspruch etwas zu Erleben allgegenwärtig geworden ist und den Wert des Lebens und dessen Sinn zu bestimmen scheint (vgl. Schulze 2005, S. 59). Der Ausdruck „Erlebnisgesellschaft“ bedeutet laut Schulze (vgl. 2005, S. 15), dass in dieser Gesellschaft, im Vergleich zu vorherigen Entwicklungen, den Erlebnissen im gesellschaftlichen Zusammenleben eine große Bedeutung zukommt. Für die moderne Gesellschaft gibt es eine Vielzahl von weiteren Bezeichnungen, wie z.B. Risikogesellschaft, Spaßgesellschaft oder Wissensgesellschaft, jedoch bedeutet der Titel der Erlebnisgesellschaft, dass die momentane Gesellschaft mehr der Erlebnisgesellschaft zuzurechnen ist, als einer der anderen. Dementsprechend sind ebenfalls Ausprägungen der anderen Formen sichtbar und nicht zu vernachlässigen, jedoch dominierend ist das Erlebnis.

Die Erlebnisgesellschaft verdeutlicht, wie im vorigen Kapitel beschrieben, neue Werthaltungen, die im Gegensatz zu den früher vorherrschenden außenorientierten und traditionellen Werten wie Disziplin, Ordnung und Pflichtgefühl die persönliche Entfaltung ins Zentrum des Interesses stellen (vgl. Steinecke 2009, S. 29). Diese neuen Werte der Erlebnisgesellschaft sind:

- „[...] *idealistische, gesellschaftskritische Werte* (Partizipation, Gleichbehandlung, Emanzipation, Autonomie des Individuums etc.),
- *hedonistische Werte* (Abwechslung, Unterhaltung, Genuss, Verwirklichung emotionaler Bedürfnisse etc.),
- *individualistische Werte* (Selbstverwirklichung, Kreativität, Eigenständigkeit, Spontaneität, Ungebundenheit etc.)" (Steinecke 2009, S. 29).

3.1.2. Das Projekt des schönen Lebens - Merkmale der Erlebnisgesellschaft

Das „Projekt des schönen Lebens" gab es schon immer, doch vor Jahrzehnten und Jahrhunderten nur für eine Minderheit, die sich diesen Luxus leisten konnte (vgl. Schulze 2000, S. 37). Heute scheint das Streben hin zu einem als subjektiv schön empfundenen Leben typisch für den modernen Menschen zu sein (vgl. Schulze 2005, S. 35) und zeigt die Entwicklung der freien Gestaltungsmöglichkeiten bezogen auf das eigene Leben. Die Menschen der Erlebnisgesellschaft richten ihr Leben, ihre Freizeit und auch den Beruf immer mehr danach aus etwas Schönes zu erleben (vgl. Rudolphi 2007, S. 12). Genauso subjektiv wie die Erlebnisse ist auch das Projekt: das Leben soll für das jeweilige Individuum schön, interessant und lohnenswert sein (vgl. Schulze 2000, S. 37). Mit schön werden die positiven Erlebnisse und die Suche nach Glück bezeichnet (vgl. Brunner-Sperdin 2006, S. 26). Die Erlebnisorientierung ist nicht *nur* auf das Erleben von einzigartigen Ereignissen und Abenteuern ausgerichtet, sondern bezieht sich auf alltägliche Situationen. „Erlebnisorientierung richtet sich auf das Schöne" (Schulze 2000, S. 39), in jeglicher Hinsicht.

Weiterhin kennzeichnend für diese Art der Gesellschaft ist die Aufhebung von traditionellen Milieus, die zuvor die Individuen aufgrund ihrer Herkunft und Kultur, der Religion, des Berufs oder der Bildung in Gruppen einteilen ließ (vgl. Schulze 2000, S. 88). Die Bindungen sozialer Gemeinschaften verlieren an Bedeutung. Das Handeln kann auf das eigene Ich, die eigenen Wünsche und Ziele ausgerichtet werden, ohne sich durch gesellschaftliche Vorgaben einschränken zu müssen (vgl. Rudolphi 2007, S. 11). Es bilden sich stattdessen so genannte „Erlebnisgemeinschaften“, die aufgrund der gemeinsamen Interessen und bevorzugten Erlebnisse eine Gemeinschaft bilden und als Interaktionspartner gewählt werden (vgl. Schulze 2005, S. 59).

Individualisierung: Das Besondere an der Erlebnisgesellschaft ist die Individualisierung und der Hedonismus, wodurch ein klarer Unterschied zu den vorherigen Gesellschaftsformen erkennbar wird. Besonders zu Beginn der Erlebnisorientierung ist die Individualisierung ein Thema und verstärkt den Wunsch nach einem individuell gestalteten Leben, ohne sich durch traditionelle Bindungen und Verpflichtungen einschränken zu müssen (vgl. Romeiß-Stracke 2003, S. 47). Der Megatrend Individualisierung ist die „forcierte Pluralisierung der Lebensstile und Lebensentwürfe“ (Dziemba/ Wenzel 2009, S. 17), der in den 1980er Jahren einsetzte, als das traditionelle Modell der Familie und der bürgerlichen Pflichten und Werte hinterfragt wurde. Individualisierung wird weiterhin auch mit einer Ich-Gesellschaft und egoistischem Vergnügen beschrieben (vgl. Bachleitner 2004, S. 17). Dabei soll vor allem verdeutlicht werden, dass die eigenen Wünsche und die Selbstverwirklichung im Vordergrund stehen. Im Prinzip ist alleine die Möglichkeit tun zu können was einem gefällt, weil die Mittel und Zeit vorhanden sind und weil keine gesellschaftlichen Restriktionen vorherrschen, prägend für den Beginn der Erlebnisorientierung. Die Vermehrung der Möglichkeiten bedeutet tagtäglich eine Wahl zu treffen, welche zwar frei ist und leicht wieder revidiert werden kann, aber auch zur Notwendigkeit wird (vgl. Schulze 2000, S. 55). Dabei sind die Alternativen ähnlich, Unterschiede vielleicht sogar bedeutungslos. Laut Schulze (vgl. 2000, S. 55) wird hierbei nach ästhetischen Kriterien abgewogen und die Wirkung auf das eigene Befinden bedacht, so dass das Erleben und die Erlebnisorientierung zur Lebensaufgabe werden. Im Zusammenhang mit Individualisierung muss auch der Aspekt des Hedonismus als Schlagwort für die Entwicklung benannt werden (vgl. Steinecke 2009, S. 30). Ausgedrückt durch Lebensgenuss, Ausleben emotionaler Bedürfnisse und nicht zuletzt Spaß, kennzeichnet Hedonismus zusammen mit der Individualisierung und der damit verbundenen Suche nach Eigenständigkeit und Ungebundenheit (vgl. Rudolphi 2007, S. 10) diese Stufe der Erlebnisorientierung.

Erlebnisrationalität und Innenorientierung: Schulze hat eine Entwicklung zu innenorientierten Lebensauffassungen beobachtet: dabei stellt sich der Einzelne selbst in das Zentrum des Handelns und Denkens (vgl. Schulze 2000, S. 37). Als Beispiel für den Unterschied von außen- und innenorientierten Lebensauffassungen nennt Schulze (vgl. 2000, S. 37) die Entscheidung Kinder zu bekommen. Bei der Außenorientierung ist das Ziel erreicht, sobald die Kinder auf der Welt sind; bei der Innenorientierung allerdings erst, wenn die Kinder ihre Eltern glücklich machen und so zum Projekt des schönen Lebens beitragen. Nicht nur nach außen sollen die materiellen Wünsche erfüllt werden, sondern auch nach innen die damit verbundenen und erhofften Gefühle ausgelöst werden (vgl. Köck 2004, S. 90). Schulze (vgl. 2000, S. 38) setzt die Innenorientierung mit der Erlebnisorientierung gleich. Bereits zu Beginn der Erlebnisorientierung ist das innenorientierte Handeln in alle Lebensbereiche eingedrungen, sei es Konsum, Familie, Partnerschaft oder Beruf. Um aus der Fülle an Möglichkeiten die Angebote herauszufinden, die die Bedürfnisse bestmöglich abdecken, ist die sogenannte Erlebnisrationalität entscheidend. Schulze (2005, S. 35ff) verdeutlicht mit dem Aspekt der Erlebnisrationalität, dass die äußeren Umstände für das erwünschte Innenleben funktionalisiert und beeinflusst werden: die Situation wird passend eingerichtet und so die gewünschten subjektiven Ziele und Erlebnisse erreicht. Die Erlebnisrationalität wird zur neuen und notwendigen Kompetenz in der Erlebnisgesellschaft, um Enttäuschung im Zusammenhang mit Erlebnissen zu minimieren (vgl. Nahrstedt et al. 2002, S. 98). Es entsteht ein Lernprozess, der bei gescheiterten Erlebnissen dazu führt, für die zukünftigen Erlebnisse dazuzulernen und die äußeren Umstände noch besser für die eigenen Bedürfnisse zu manipulieren (vgl. Nahrstedt et al. 2002, S. 98). Laut Grötsch (2006, S. 64) wird eine Erlebnisrationalität dadurch ausgebaut, indem immer mehr Erfahrungen mit Erlebnissen gesammelt werden. Dann können die Erlebenden einschätzen, ob die Erlebnis-auslösenden Erfahrungen auch das gewünschte Ergebnis, das Erlebnis, erzielen. Dieses wird „Erlebnisintelligenz" genannt, bei der die äußeren Bedingungen für das Erlebnis beurteilt werden können (Grötsch 2006, S. 64). Es wird deutlich, dass das Handeln nicht nach existenziellen oder materiellen Aspekten erfolgt, sondern nach dem Ziel des subjektiv als schön empfundenen Lebens (vgl. Rudolphi 2007, S. 12).

Angst vor der Langeweile: Opaschowski (vgl. 2004, S. 55) lässt einen neuen Aspekt in die Diskussion und Erklärung des Inhalts der Erlebnisgesellschaft einfließen, und zwar das Vermeiden von Langeweile: „Lebe dein Leben, genieße es – so lange du kannst. Hauptsache, die Langeweile ist ganz weit weg“ (Opaschowski 2004, S. 55). Er bezieht sich dabei besonders auf die Rastlosigkeit und Mobilität, die in der Erlebnisgesellschaft ausgeprägt zu beobachten sind. Zusammengefasst stellt Opaschowski (2002, S. 242) die Erlebnisgesellschaft in Anlehnung an ein Zitat von Jean-Jacques Rousseau dar:

> „Nicht wer am ältesten wird, hat am längsten gelebt, sondern wer am stärksten erlebt hat. Mancher wird mit hundert Jahren begraben, der bei seiner Geburt gestorben war“ (Rousseau in Opaschowski 2002, S. 242).

Diesen Ausspruch des Philosophen aus dem 18. Jahrhundert sieht Opaschowski als Wurzel der Erlebnisgesellschaft. Das Streben nach Erlebnissen wird immer mehr zur Lebensaufgabe, bzw. zur Suche nach der Lebenserfüllung: *„Erlebe dein Leben – oder stirb!“* (Opaschowski 2002, S. 242f). Die Suche nach Erlebnissen beschreibt eine erlebnishungrige Gesellschaft, die Angst davor hat etwas zu verpassen (vgl. Bachleitner 2004, S. 17; Opaschowski 2004, S. 55). Die Angst vor der Langeweile deutet bereits darauf hin, dass die Erlebnisorientierung nicht nur positive Seiten hat, sondern auch Stress bedeuten kann. Diese Art von Auswirkungen kommt in Kapitel 3.3. zum Ausdruck.

3.1.3. Spaßgesellschaft

Die Erlebnisgesellschaft wird oft auf die reine Vergnügungssuche und Lustbetonung reduziert, vor allem bezogen auf die Erlebnis-Angebote (vgl. Romeiß-Stracke 2003, S. 23). In der Arbeit von Romeiß-Stracke (vgl. 2003, S. 24) wird Spaß mit Erlebnis gleichgesetzt und somit die Spaßgesellschaft beschrieben, die ihren Höhepunkt Mitte der 1990er Jahre in Deutschland hatte: alles soll einfach nur Spaß machen, ausgelöst durch die Erlebnisorientierung. Spaß, Lust, Vergnügen, und das zu jeder Zeit, stellten den Beginn der Erlebnisorientierung dar. Bachleitner (2004, S. 19) bezeichnet dies als „[...] kollektiv gewordene Lust am Vergnügen". Diese anfängliche Konzentration auf Spaß bedeutet nicht, dass im späteren Verlauf der Entwicklung dieser Aspekt keine Rolle mehr spielt. Im Gegenteil, Erlebnis gleichgesetzt mit Unterhaltung taucht immer wieder als Merkmal der Erlebnisgesellschaft auf. Auch wenn das Ende der Spaßgesellschaft schon beschrieben wurde (vgl. Romeiß-Stracke 2003), ist sie nach wie vor ein Thema in aktuellen wissenschaftlichen Arbeiten (vgl. Weber 2007).

Die Erlebnisgesellschaft als Spaßgesellschaft kann mit der Betonung auf Spaß und der Ansprache von Massen beschrieben werden, wie z.B. beim Massentourismus oder Großveranstaltungen (vgl. Opaschowski 2004, S. 145; Romeiß-Stracke 2003, S. 14, 120). Für diese Entwicklungsstufe soll der Begriff der Spaßgesellschaft lediglich als Synonym verwendet werden, da für die vorliegende Studie aufgrund der untersuchten Literatur nicht davon ausgegangen wird, dass es sich bei der Erlebnisgesellschaft eigentlich um eine Spaßgesellschaft handelt: vielmehr um eine Erlebnisgesellschaft, die zu Beginn, aber auch noch fortführend, missverständlich als eine Gesellschaft verstanden wird, die sich ausschließlich auf Spaß und Vergnügen stützt und Sinn und Verstand zugunsten von Spaß belächelt.

3.1.4. Die Erlebnisökonomie und der Erlebniskonsument

> "Goods and services are no longer enough; what consumers want today are experiences - memorable events that engage them in an inherently personal way" (Pine/ Gilmore 2007, p. 1).

Der Erlebnis-Begriff ist in den 1990er Jahren zum Schlagwort für alle Arten von Konsumgütern und Dienstleistungen geworden, und verdeutlicht den Wunsch der Erlebnisgesellschaft nach Abwechslung, Unterhaltung, Spaß und Abenteuer (vgl. Steinecke 2000, S. 17). Parallel zu dem Wertewandel hat sich auch der Konsum verändert, der in der Erlebnisökonomie von „persönlichem Befinden", Spontaneität, Flexibilität und Mobilität gelenkt wird (Zellmann/ Opaschowski 2005, S. 33). Der Begriff der Erlebnisökonomie wird in der Literatur durchgängig seit der Veröffentlichung von Pine und Gilmores „Experience Economy" (1999) verwendet. Zum Zeitpunkt der Publikation ist laut Pine und Gilmore (vgl. 2000, S. 276) die Erlebniswirtschaft noch nicht erreicht, sondern lediglich Ansätze und die Entwicklung dahin zu erkennen.

Die Menschen sind schon immer „[...] auf der Suche nach neuen und aufregenden Erlebnissen, um zu lernen und sich zu entwickeln, um sich zu verbessern und zu erneuern" (Pine/ Glimore 2000, S. 244), und mit der Entwicklung der Erlebnisökonomie wird diese Suche in der Wirtschaft erfüllt. Erlebnisse werden als produzierbar dargestellt und die Konsumenten sind bereit viel Geld dafür zu bezahlen. So wird die Schaffung von Erlebnissen im Rahmen des Modells „Fortschritts des wirtschaftlichen Werts" als Voraussetzung für den unternehmerischen Erfolg dargestellt (vgl. Darmer/ Sundbo 2008, S. 3) und beinhaltet auch eine Strategie für Innovation und Marketing (vgl. Lorentzen 2008, S. 832f).

Die Erlebnisökonomie bietet mit dem Erlebnismarkt eine Infrastruktur für die Schaffung von Erlebnissen (vgl. Hennings 2000, S. 60). Es ist „[...] eine auf den Erlebniskonsum ausgerichtete Wirtschaft", bei der es nicht mehr um den Besitz von Produkten geht, sondern um die damit ausgelösten Emotionen, den Erlebniswert, um den subjektiven Nutzen und das Erlebnis anstatt des Produkts (Rudolphi 2007, S. 13). Hiermit wird die zuvor beschriebene Innenorientierung der Erlebnisgesellschaft deutlich: die Innenorientierung fördert den Wunsch nach Erlebnis-Produkten, die das innenorientierte Handeln unterstützen und ermöglichen, damit für Wohlbefinden sorgen und den Erlebnishunger stillen (vgl. Rudolphi 2007, S. 14). Da jedes Individuum selbst für das persönliche Erlebnis verantwortlich ist und es beeinflussen kann, kann die Erlebniswirtschaft nur die Voraussetzungen für Erlebnisse schaffen (vgl. Schulze 2005, S. 60). Um diese Erlebnisse zu erzielen, müssen nach der Definition des Erlebnisses Gefühle durch die Angebote übermittelt und ausgelöst werden (vgl. Brunner-Sperdin 2006, S. 32). Das Ziel der Erlebniswirtschaft und der Erlebnisangebote ist somit die Schaffung von Emotionen, um den Angeboten einen Erlebniswert zu verleihen, den Kunden einzigartige Erfahrungen zu bereiten und dem Projekt des schönen Lebens zu dienen (vgl. Rudolphi 2007, S. 35).

„Ich *will*. Ich will es *haben*. Ich habe es mir *verdient*." Dieses Zitat von Opaschowski (2008, S. 69) soll die Philosophie des Erlebniskonsumenten darstellen und verdeutlichen, dass es nicht mehr um die Deckung eines Bedarfs geht, sondern um das Stillen vom Wunsch nach Erlebnissen. „Freizeit heute ist dominant Konsumzeit" (Nahrstedt et al. 2002, S. 111). Der erlebnishungrige Konsument lässt die Erlebnis- und Vergnügungsindustrie wachsen und sammelt dabei die erhofften Lebenserfahrungen (vgl. Penz/ Rösch 2004, S. 40). Einkaufen und Konsum sind zu Freizeitaktivitäten geworden, die die Suche nach Glück, Spaß und Erlebnissen unterstützen (vgl. Rudolphi 2007, S. 16; Romeiß-Stracke 2003, S. 84). Laut Opaschowski (2002, S. 204) haben sich im Jahr 2000 49% der deutschen Bevölkerung zu den Erlebniskonsumenten gezählt, wobei vor allem die ältere Generation noch am Versorgungskonsum festhält.

Mit der Entwicklung der Erlebnisgesellschaft sind Käufermärkte entstanden: aufgrund des umfangreichen Angebots an Shopping Centern u.ä. müssen die Anbieter durch einen Zusatznutzen versuchen sich von den anderen Angeboten abzuheben (vgl. Steinecke 2009, S. 30). Diese Entwicklung hin zu einem Angebot für jegliche Bedürfnisse und dem Anspruch jeden Wunsch erfüllen zu können, bringt die Individualisierung zum Ausdruck (vgl. Pine/ Gilmore 2000, S. 117). Die wachsenden Ansprüche, die Auswahl und der Erlebnishunger der Konsumenten bedeutet für die Anbieter, dass sie über den Kernnutzen hinaus mehr bieten müssen, z.B. im Einkaufscenter auch Unterhaltungsangebote integrieren. Steinecke (2009, S. 30) benennt diese Entwicklung als die Entstehung der *„Mehr-Kultur"*. Der Zusatz des Erlebnisbegriffs wurde dabei als Unterscheidungsmerkmal zum restlichen Angebot benutzt. Die Funktionalität und der eigentliche Kernnutzen des Produkts treten in den Hintergrund und der Erlebniswert, das Design, die Ästhetik und das Image werden zur Hauptsache und entscheidend für den Kauf (vgl. Schulze 2005, S. 13, 59). Dabei kann das Erlebnis vom Zusatznutzen zum eigentlichen Angebot werden, so dass der Kauf nur wegen des Zusatznutzens erfolgt (vgl. Scheurer 2003, S. 85).

Die Anbieter müssen „[...] extrem kundenorientierte „Problemlösungen" anstelle von Produkten [...]" bereithalten, z.B. durch spezielle individualisierte Angebote, damit der Konsument sich persönlich angesprochen fühlt und das Erlebnisprodukt aus der Menge an Produkten einen Vorteil für den Kunden verspricht (Weiermair 2006, S. 15). Um allerdings die Erlebnisangebote für sich bestmöglich und im Sinne des eigenen Wohlbefindens nutzen zu können, ist ein „Kompaß der eigenen Erlebnisbedürfnisse" für den alltäglichen Konsum notwendig, da ansonsten das riesige Angebot an Dienstleistungen, Produkten und Informationen nicht zu bewältigen ist (Schulze 2005, S. 59).

Die beschriebenen Entwicklungen haben den hybriden Konsumenten mit wechselhaften Konsumgewohnheiten entstehen lassen (vgl. Hallerbach 2007, S. 172), dessen Kaufverhalten für die Unternehmen schwer einzuschätzen ist. Mundt (2007, S. 77) beschreibt weiterhin eine ausgeprägte „**Inkonsistenz**", bei der z.B. die Kleidung, im Vergleich zu früher, keine Rückschlüsse mehr auf die soziale Schicht zulässt. Diese Inkonsistenz spiegelt die Auflösung traditioneller Milieus wider. Aufgrund der sozio-ökonomischen Entwicklungen, die die Erlebnisorientierung hervorgebracht haben, besteht theoretisch und für viele Menschen der Erlebnisgesellschaft die Möglichkeit am Erlebnis teilzuhaben, dennoch können sich nicht alle die Erlebnisorientierung leisten (vgl. Romeiß-Stracke 2003, S. 84). Opaschowski (vgl. 2004, S. 135) hat dazu beobachtet, dass trotz fehlender finanzieller Mittel einige Konsumenten an alltäglichen Ausgaben wie z.B. Lebensmitteln sparen, um trotzdem am Erlebniskonsum teilnehmen zu können. Dieser Ausgleich im Verhalten lässt nicht darüber hinwegtäuschen, dass es eine Vielzahl von Menschen und Bevölkerungsschichten gibt, die vom Erlebniszeitalter weitgehend ausgeschlossen sind.

Zusammengefasst ist mit dieser Entwicklungsstufe eine neue Generation an Kunden entstanden, die an die Anbieter die folgenden Ansprüche hat, welche besonders im Tourismus- und Freizeitbereich in dieser Form deutlich werden:

- Steigendes Anspruchsniveau,
- Zusatznutzen wird gewünscht,
- Wunsch nach Individualität,
- Flexibilität und Kurzfristigkeit,
- Preissensibilität,
- Komplexe Motiv- und Aktivitätsbündel (vgl. Kreisel 2007, S. 79).

3.2. Entwicklungsstufe 2: Das Erlebnis als Produkt

Ein Produkt ist dann ein Erlebnisangebot, wenn es hauptsächlich dem Erlebnisnutzen des Kunden dient (vgl. Müller/ Scheurer 2004, S. 5). Der Erfolg in der Erlebnisökonomie hängt stark von dem einzelnen Kunden ab und ist somit eine anspruchsvolle Aufgabe, die weit mehr verlangt als das Produzieren von Gütern und Dienstleistungen. Nur wer seinen Konsumenten wirkliche Erlebnisse bereiten kann, wird in der Erlebniswirtschaft erfolgreich sein. Das Neue an der Erlebnisökonomie ist, dass das Erlebnis als Produkt einen strukturierten Kontext bekommt und so eine strategische Rolle bei der Produktion und Vermarktung übernimmt (vgl. Lorentzen 2008, S. 832). Parallel zur Erlebnisrationalität entwickelt sich so ein Erlebnis-Markt, der Erlebnisprodukte profitabel und professionell anbietet und den Konsumenten die äußeren Rahmenbedingungen für ihr Bedürfnis nach Erlebnis schafft. Diese Entwicklungsstufe der Erlebnisorientierung beinhaltet auf der einen Seite die Inszenierung der Produkte für die Schaffung von Erlebnissen, auf der anderen Seite werden dadurch Management-Ansätze für Unternehmen gezeigt, um ihre Produkte erfolgreich zu vermarkten.

3.2.1. Die Inszenierung - Schaffung von Erlebnisangeboten

Das Erlebnis wird oftmals als produzierbar wie andere Güter oder Dienstleistungen dargestellt, als eine „experience production" (Darmer/ Sundbo 2008, S. 3). Wie bereits in dem vorherigen Abschnitt angedeutet, können Erlebnisse nicht ‚produziert' und als Produkte wie andere Wirtschaftsgüter angesehen werden. Vielmehr können lediglich die Voraussetzungen für das Erleben geschaffen werden: durch die Thematisierung, das Erzählen einer Geschichte und die Inszenierung (vgl. Günther 2006, S. 57). Die Unternehmen der Erlebniswirtschaft müssen erkennen, dass sie Erinnerungen produzieren und keine Güter oder Dienstleistungen. Die Inszenierung von Erlebnissen macht den Unterschied zum Massengut, zu dem viele Produkte und Dienstleistungen durch ihre Austauschbarkeit und fehlende Einzigartigkeit ‚verkommen' sind (vgl. Pine/ Gilmore 2000, S. 45f). Die Inszenierung macht sich nicht nur im möglichen zu verlangenden Preis bemerkbar, sondern auch im Erfolg des Unternehmens, vorausgesetzt es schafft das Erlebnis immer wieder neu zu inszenieren, mit dem Wettbewerb mitzuhalten und der Nachfrage zu entsprechen. Insgesamt ist die Inszenierung notwendig, um nicht in der Vielfalt und unübersichtlichen Menge von Erlebnisangeboten unterzugehen und um die tiefgreifenden, Emotionen auslösenden Erlebnisse zu schaffen (vgl. Pine/ Gilmore 2000, S. 47). Die Inszenierung macht die Dienstleistung erst zu einem Erlebnis, das einmalig sein soll (vgl. Weiermair/ Brunner-Sperdin 2006, S. 7).

Bei der Inszenierung wird das Erlebnis-ermöglichende Setting für den Gast bereitet (vgl. Scheuer 2003, S. 85), welches störende oder das Erlebnis negativ beeinflussende Einwirkungen ausschließt (vgl. Günther 2006, S. 58). Das Setting ist in diesem Zusammenhang ein Schauplatz oder eine Situation zur Schaffung von Erlebnissen (vgl. Müller/ Scheurer 2004, S. 10). Erlebnisse können aber auch im Rahmen der Erlebnis-Settings nicht produziert oder garantiert werden, sondern lediglich über die Gestaltung Emotionen und Gefühle ermöglichen (vgl. Scheurer 2003, S. 131; Grötsch 2006, S. 55). Diese Situationen oder Rahmenbedingungen zeigen die Verbindung zum erlebnisgesellschaftlichen Aspekt der Erlebnisrationalität.

Als besonders wichtige Aspekte für die Inszenierung von Erlebnis-Angeboten wurden die folgenden Kriterien aus der Untersuchung der Literatur identifiziert:

Emotionen: Die „Emotionalisierung der Produkte" ist einer der wichtigsten Aspekte der Erlebniswirtschaft (Romeiß-Stracke 2003, S. 14). Bei der Inszenierung muss eine Beziehung zwischen dem Kunden und dem Unternehmen geschaffen werden, der Kunde mit einbezogen und seine Erwartungen erfüllt werden (vgl. Lorentzen 2008, S. 832f). Parallel zur Definition vom Erlebnis müssen die Erlebnis-Anbieter Emotionen auslösen und erinnerbare Ereignisse schaffen, die Erfahrungen im Konsumenten bewirken, so dass dieser erfolgreich Erlebnisse erfährt und gerne für neue Erlebnisse wiederkommen möchte.

Ansprache der Sinne: Da die Sinne für die Aufnahme der äußeren Eindrücke zuständig sind und im Kunden Gefühle auslösen, woraus dann die Emotionen entstehen, wird die Inszenierung auf die Sinne hin ausgerichtet (vgl. Grötsch 2006, S. 56). Die gebotenen Reize innerhalb des Settings bestimmen die emotionale Wirkung bzw. die Atmosphäre (vgl. Müller/ Scheurer 2004, S. 10). Die Sinne werden bei der Inszenierung bspw. durch Beleuchtung, Geräusche, Gerüche, Musik und Animation angesprochen (vgl. Steinecke 2007, S. 126; Darmer/ Sundbo 2008, S. 2). Dabei sollen alle Aspekte des Angebots auf das Erlebnis als Ziel ausgerichtet sein, und somit z.B. auch den Service und die Architektur mit einschließen (vgl. Kagelmann 2004, S. 165). Die Inszenierung ist dann perfekt, wenn alle Sinne angesprochen werden und der Gast von Beginn an in die Erlebniswelt eintaucht und in den Bann gezogen wird (vgl. Steinecke 2010, S. 143). Je besser dieses geschieht, desto stärker werden die Erinnerungen und damit das Erlebnis sein (vgl. Pine/ Gilmore 2000, S. 92f). Da eine positive und lustbetonte Atmosphäre die Stimmung verbessert, positive Gefühle auslöst und so positive Erlebnisse geschaffen werden können, ist es für Unternehmen wichtig, dieses Setting mit der Atmosphäre zu gestalten (vgl. Müller/ Scheurer 2004, S. 10f).

Die Mitarbeiter: Der Aufbau einer Beziehung zum Gast ist für das Erlebnisangebot wichtig, da der Kontakt mit den Mitarbeitern entscheidend das Erlebnis beeinflusst und die Inszenierung sowie das Emotionsmanagement unterstützt (Grötsch 2006, S. 54). Nykiel (2007, S. 213f) führt z.B. den Erfolg von *Starbucks* auf eine Strategie zurück, die ein positives Arbeitsumfeld und gegenseitigen Respekt fördert, und die Mitarbeiter auf die Zufriedenheit und das Kaffee-Erlebnis der Gäste als oberstes Ziel hintrainiert. Die Mitarbeiter ermöglichen ein erfolgreiches Erlebnis-Setting und sind damit der „Schlüssel zum Erfolg", tragen maßgeblich zur Inszenierung und damit letztendlich zum Erlebnis des Kunden bei (Müller/ Scheurer 2004, S. 48). Die Mitarbeiter stehen wie Schauspieler auf einer Bühne (vgl. Pine/ Gilmore 2000, S. 158f), was besonders in den *Disney-Parks* deutlich wird: die Mitarbeiter werden „Cast Member" genannt, schlüpfen mit dem Anziehen der Uniform in eine bestimmte Rolle und bieten für die Besucher eine perfekte Inszenierung (vgl. Pine/ Gilmore 2000, S. 175). Sobald die Uniform angezogen ist und der Mitarbeiter auf der ‚Bühne' sichtbar für die Kunden agiert, muss das Verhalten der gewünschten Inszenierung entsprechen, um die Atmosphäre und Illusion zu erhalten (vgl. Pine/ Gilmore 2000, S. 86f).

Innovationen: Da die Erlebnisse nicht lange anhalten, sind die Konsumenten permanent auf der Suche nach neuen Erfahrungen: die Erlebnisökonomie ist durch eine Dynamik mit einer ständigen Nachfrage nach neuen Produkten und Dienstleistungen gekennzeichnet (vgl. Rudolphi 2007, S. 14). Die Erlebnisanbieter müssen die angebotenen Erfahrungen erneuern und austauschen, damit die Kunden wiederholt den Preis für das Erlebnis-Produkt bereit sind zu zahlen (vgl. Pine/ Gilmore 2000, S. 145). Daran sind schon einige Anbieter gescheitert: Pine und Gilmore (vgl. 2000, S. 145) nennen in dem Zusammenhang die Restaurantkette *Rainforest Café*, die zwar zu Beginn ein absolut neuartiges Konzept geboten hat, welches aber nach dem zweiten oder dritten Besuch kein Erlebnis mehr für den Kunden darstellen konnte, da es keine Neuerung oder Überraschung gab. So werden in der wachsenden Erlebniswirtschaft und auf dem Erlebnismarkt immer wieder Innovationen erwartet, die eine Notwendigkeit für den Erlebnisanbieter darstellen, um wettbewerbsfähig zu bleiben (vgl. Darmer/ Sundbo 2008, S. 3). Hinzu kommt die große Konkurrenz unter den Erlebnisanbietern, die zwischen komplett unterschiedlichen Produkten und Dienstleistungen herrscht: an einem Wochenende konkurriert z.B. der Theaterbesuch mit dem Besuch im Wellness-Hotel (vgl. Darmer/ Sundbo 2008, S. 6).

Qualität: Ein weiterer Aspekt der Erlebniswirtschaft und den damit zusammenhängenden Produkten ist die Qualitätssteigerung. Die Steigerung der Möglichkeiten in der Erlebnisgesellschaft führt auch zu einer Vielzahl an Angeboten, die qualitativ hochwertig sein müssen, da sie ansonsten bei der Menge an Angeboten untergehen. Somit ist eine ständige Verbesserung der Produktqualität durch die Erlebnisorientierung gegeben (vgl. Schulze 2000, S. 63). Nicht nur die Qualität des Kernprodukts ist entscheidend, sondern z.B. auch die dazugehörigen Service-Einrichtungen oder die unternehmenseigene Internetpräsentation (vgl. Darmer/ Sundbo 2008, S. 6). Damit wird ein ganzheitlicher Ansatz angesprochen, bei dem alle Ebenen und Bereiche eines Unternehmens integriert sein müssen.

3.2.2. Experience Realms

Wie mit der Spaßgesellschaft bereits verdeutlicht, wird der Beginn der Erlebnisorientierung vielfach mit Unterhaltung gleichgesetzt: doch wie die beschriebenen Aspekte von Erlebnis-Produkten zeigen, reicht das bloße Unterhalten von Konsumenten nicht aus, um ihnen Erlebnisse zu bereiten. Pine und Gilmore (1999, S. 30ff) haben die „Experience Realms" als Modell zur Darstellung der Dimensionen von Erlebnisangeboten entwickelt:

Abbildung 3: Experience Realms

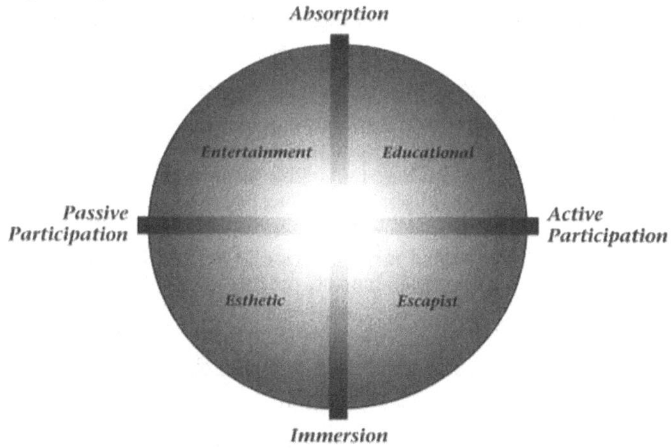

Quelle: Pine/ Gilmore (1999, S. 30)

Wie in der Abbildung 3 dargestellt, besteht das Modell aus zwei Achsen, die den Grad der Beteiligung bzw. der Aufnahme und des Eintauchens beschreiben. Die vier Dimensionen zwischen den Achsen bilden die entscheidenden Aspekte des Erlebnisses. Entertainment bzw. Unterhaltung bildet dabei nur einen Bereich: neben der Unterhaltung sind Ästhetik (‚esthetics'), Realitätsflucht (‚escapism') und Bildung (‚education') für das Erlebnis entscheidend (vgl. Pine/ Gilmore 2000, S. 53). Diese vier Bereiche können jeweils einzeln Erlebnisse darstellen, das ultimative Erlebnis wird allerdings dem Konsumenten geboten, wenn alle vier Erlebnis-Dimensionen, wie in der Mitte der Abbildung dargestellt, zusammentreffen, und somit das Erlebnis-Produkt Anteile aller Bereiche enthält.

Unterhaltung stellt die passive Aufnahme (‚passive participation') einer Erfahrung dar, wie z.B. bei einem Theaterbesuch. Zwischen Aufnahme (‚absorption') und aktiver Beteiligung (‚active participation') befindet sich der Bereich der Bildung: bspw. Lernen im Museum verbindet die Aufnahme von Wissen aber auch eine aktive Beteiligung, da sonst das Wissen nicht langfristig aufgenommen werden kann. Der Aspekt der Bildung ist im Modell integriert, um die aktive Beteiligung und Reflektion der Ereignisse zu verdeutlichen, die das Erlebnis verstärken und nachhaltig beeinflussen. Als nächster Bereich vermittelt die Realitätsflucht das Gefühl in eine andere Welt einzutauchen (‚immersion'), was ebenfalls einen aktiven Beteiligungsprozess voraussetzt und das Eintauchen in die Erfahrung möglich macht (vgl. Pine/ Gilmore 2000, S. 56). Die Ästhetik ist ein weiterer Bereich, der das ‚perfekte' Erlebnis vervollständigt. Bei den überwiegend ästhetischen Erlebnissen taucht der Gast in die jeweilige Welt ein, z.B. bei einer Kunstausstellung: der Erlebende bleibt passiv und nimmt die Umgebung nur vor Ort auf.

Erlebnisse finden oftmals schwerpunktmäßig in einem der Bereiche statt, z.B. im Bereich Unterhaltung (vgl. Pine/ Gilmore 2000, S. 63). Unterhaltung ist generell ein beliebtes Instrument im Erlebnismarketing, da Entertainment die Aufenthaltsdauer des Konsumenten erhöht und verkaufsfördernd wirkt (vgl. Mikunda 2002, S. 17). Jedoch ist Unterhaltung alleine nicht ausreichend, um langfristig den Kunden Erlebnisse zu bieten. Durch das Hinzufügen von Elementen der anderen Erlebnis-Dimensionen werden wieder neue Arten von

Ereignissen geschaffen, die neue Erlebnisse ermöglichen (vgl. Pine/ Gilmore 2000, S. 54). Um die Erlebnisse möglichst reichhaltig und facettenreich zu gestalten und um die Echtheit des Erlebnisses zu erhöhen, müssen die Grenzen zwischen den vier Sphären verschmelzen (vgl. Pine/ Gilmore 1999, S. 38). Erlebnisanbieter können das Modell der Experience Realms als Rahmen für ihr Angebot nutzen, um Aspekte aus allen Bereichen zu integrieren und somit wirkliche Erlebnisangebote zu schaffen. Ein Beispiel für das Verschmelzen aller Dimensionen ist das *LEGOLAND*. In diesem Freizeitpark wird das Eintauchen in eine andere Welt ermöglicht, das Lernerlebnis wird angestrebt, Unterhaltung geboten und durch das Design der ästhetische Faktor eingebunden (vgl. Legoland Deutschland 2010).

3.2.3. Erlebniswelten

Ein bedeutender Aspekt dieser Entwicklungsstufe und der Schaffung von Erlebnisangeboten sind die Erlebniswelten. Schon seit den 1990er Jahren gibt es mit dem Aufkommen der „Mehr-Kultur" ein großes Wachstum an künstlichen Erlebniswelten (vgl. Steinecke 2000, S.18). Erlebniswelten sind rational geplante und inszenierte Orte mit Erlebnis-bewirkenden Ereignissen und Situationen (vgl. Nahrstedt et al. 2002, S. 92). Die Erlebnis- oder Kunstwelten werden von Steinecke auch als Themenwelten bezeichnet, da die Thematisierung das charakteristische Merkmal dieser erlebnisorientierten Konsumeinrichtungen ist (vgl. Steinecke 2009, S. 1). Der Begriff Kunstwelt steht laut der Definition von Steinecke (vgl. 2007, S. 125) für Einrichtungen, die durch dramaturgische Mittel wie Licht, Geräusche oder Kulissen künstlich inszeniert werden. Die Bezeichnung Erlebniswelt bezieht sich auf die Funktionen der Einrichtungen, da sie dem Erlebnis und dem Wunsch nach Konsum dienen. Erlebniswelten schaffen einen Kontrast zur *„Alltagswelt"*, in der die Besucher für kurze Zeit ihre Sorgen vergessen und in eine andere Welt eintauchen können (vgl. Opaschowski 2008, S. 321). Den Besuchern ist durchaus bewusst, dass sie sich in einer künstlichen Erlebniswelt befinden, die nicht der Realität entspricht, und genau das scheint Teil des Erfolgs dieser Einrichtungen zu sein (vgl. Köck 2004, S. 92f). So gibt es eine Umfrage aus dem Jahr 1998 zur Künstlichkeit in den Freizeit- und Erlebniswelten, mit dem Ergebnis, dass die Befragten das Vergnügen mit der Familie und Freunden, die Atmosphäre, die Ablenkung vom Alltag und die perfekte Illusion schätzen und nicht die Künstlichkeit kritisieren (vgl. Steinecke 2000, S. 18).

Erlebniswelten schaffen die Bühne für den Erlebnis-Konsum, wie er durch die Konsumenten nachgefragt wird: die Suche nach Erlebnissen, der Wunsch nach Wahlmöglichkeiten, das Zusammensein mit Gleichgesinnten, der Zusatznutzen und das Gefühl von besonderen Ereignissen werden an diesen Orten erfüllt (vgl. Steinecke 2000, S. 18). Als ideale Orte für die Schaffung von Erlebnissen entwickeln sich die Erlebniswelten auch zu dritten Orten zwischen dem Arbeitsplatz und der privaten Wohnung (vgl. Steinecke 2009, S. 32). Mikunda (vgl. 2002, S. 13f) macht mit seinen Ausführungen zum „Dritten Ort“ Verkaufseinrichtungen zu Lebensräumen mit einem emotionalen Mehrwert. Als Beispiel schafft es besonders *Starbucks* diese persönliche Atmosphäre wie in einem Wohnzimmer zu kreieren. Die Kunden finden in den Erlebniswelten was sie möglicherweise in der realen Welt vermissen, wie Freundlichkeit, Sauberkeit, Sicherheit und auch das Entkommen der Langeweile und Einsamkeit zu Hause (vgl. Opaschowski 2008, S. 332).

Der Begriff des „Mixed-Use-Centers“ wird für die charakteristische Infrastruktur dieser Einrichtungen verwendet: die Erlebniswelten stellen Orte dar, in denen verschiedenste Einrichtungen unter einem Dach zu finden sind. Die Angebote sind oftmals standardisiert und unterscheiden sich insgesamt durch ihre individuelle Zusammensetzung innerhalb des Mixed-Use-Centers (vgl. Steinecke 2007, S. 126). Folgende Typen von Mixed-Use-Centern bzw. künstlichen Erlebniswelten wurden bei der Recherche zu der vorliegenden Studie ermittelt, wobei die Auflistung durch die ständige Entwicklung in der Erlebnisbranche keinen Anspruch auf Vollständigkeit hat (vgl. Steinecke 2007, S. 127ff; Scheurer 2003, S. 79f; Rudolphi 2007, S. 16f):

- Urban Entertainment Center oder Malls (Indoor-Shopping Center mit Gastronomie und Freizeitangeboten, Events),
- Themenparks, auch Märchen-, Safari- oder Vergnügungsparks,
- Ferienparks (Ferienunterkünfte mit Badelandschaften, Sport, Gastronomie und Souvenirshops, Events),

- Wasserparks (Spaß- und Tropenbäder mit Wasserrutschen, Schwimmbecken, Gastronomie und Events),
- Indoor-Skianlagen (Skipiste mit Verleih, Gastronomie und Events),
- Arena (Sportstadion mit Gastronomie und Hotel),
- Themenhotels (Zimmer, Gastronomie, Souvenirshops und Events entsprechend thematisiert),
- Themenrestaurants (Gastronomie, Souvenirshops und Animation themengerecht gestaltet),
- Musical-Center (Musical-Produktion, Gastronomie, Hotel und Souvenirshops),
- Multiplex-Kino (Kinosäle mit Gastronomie und Events),
- Science Center,
- Brandlands,
- Zoos,
- Museen,
- Kreuzfahrtschiffe.

Eine strikte Unterteilung der einzelnen Einrichtungstypen kann nicht vorgenommen werden, da die Grenzen zwischen den einzelnen Erlebniswelten verwischen und Kombinationen entstehen (vgl. Scheurer 2003, S. 80). Gemeinsam haben diese Mixed-Use-Center, dass sie komplex, multifunktional und thematisiert sind, und ein abwechslungsreiches Angebot darstellen, bei denen die Konsumenten je nach Bedürfnissen ihre Wünsche befriedigen können (vgl. Steinecke 2007, S. 125). Das Angebot der Einrichtungen wird jeweils durch Gastronomie, Einzelhandel und Events vervollständigt.

Eine weitere besondere Form von Erlebniswelten und typisch für die Erlebnisorientierung sind Events. Das Event, welches in diesem Zusammenhang als *„temporäre“* künstliche Erlebniswelt gemeint ist, ist ein geplantes und zeitlich begrenztes Ereignis zur Schaffung von Erlebnissen, eine Abwechslung zum Alltag mit einer hohen Anziehungskraft für eine große Anzahl von Menschen (vgl. Scheurer 2003, S. 81f). Events sind nicht nur ein wichtiger Bestandteil der künstlichen Erlebniswelten, sondern können auch selbst als solche fungieren. Unternehmen nutzen Events zur Vermarktung ihrer Produkte als *„temporäre Brandparks“* (Scheurer 2003, S. 82). Das Besondere an den

Events ist nicht grundsätzlich die Inszenierung von Erlebnissen für die Besucher, sondern der soziale Aspekt des Zusammenseins (vgl. Günther 2006, S. 54). Mixed-Use-Center eignen sich hervorragend als Austragungsorte für Events wie Konzerte oder Kulturveranstaltungen und auch für Marketingaktionen von Unternehmen (vgl. Steinecke 2007, S. 127). Durch dieses wechselnde zusätzliche Angebot bleibt die Einrichtung dauerhaft attraktiv für die Konsumenten als Wiederholungsbesucher und wird nicht langweilig.

Es wird deutlich, dass die Schaffung von Erlebnissen in den Erlebniswelten besonders professionell betrieben wird, wodurch das Erlebnisangebot wiederum immer mehr zur Massenware und zum Standard werden kann (vgl. Moser 2006). Diese Entwicklungsstufe soll insbesondere diese Entwicklung der Professionalisierung darstellen. Mit dem „Mindscapes Modell", welches im folgenden Kapitel beschrieben wird, wird diese Professionalisierung mit Erfolgsfaktoren für Erlebniswelten weiter verstärkt und die Produzierbarkeit von Erlebnissen fortgeführt.

3.2.4. Mindscapes Modell

Durch die beschriebenen Veränderungen in der Gesellschaft und Ökonomie können lediglich die künstlichen Erlebniswelten den vielfältigen und gewachsenen Ansprüchen der Kunden gerecht werden (vgl. Kreisel 2007, S. 80). Um diese Erlebniswelten erfolgreich gestalten zu können, gibt es einige Aspekte, die beachtet werden müssen. Steinecke (vgl. 2009, S. 35f) hat die Erfolgsfaktoren von Erlebniswelten identifiziert und im Mindscapes-Modell zusammengefasst dargestellt (s. Abb. 4). Mindscapes sind nicht nur das Synonym für die Erfolgsfaktoren der Erlebniswelten, sondern auch die Bezeichnung für *„optimierte Orte"*, „Traum- und Gegenwelten zum Alltag, Treffpunkte für zwanglose soziale Kommunikation und Schauplätze ungewöhnlicher Erlebnisse" (Steinecke 2009, S. 38). Sie spiegeln die Lebens- und Konsumträume der Kunden wider und sind die Bühnen für Ereignisse, die bestenfalls zu Erlebnissen werden (vgl. Steinecke 2000, S. 24).

Abbildung 4: Mindscapes Modell

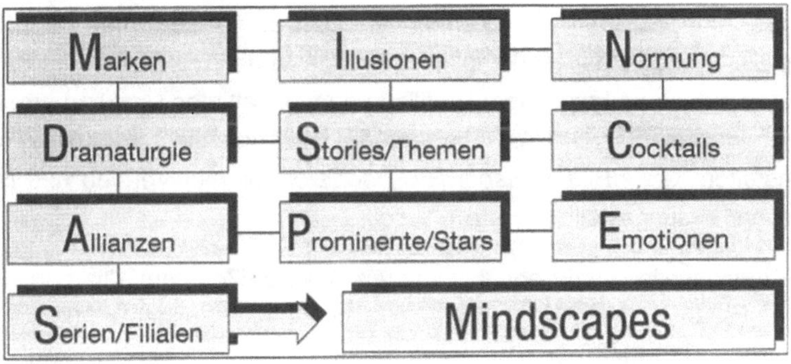

Quelle: Steinecke (2009, S. 36)

Im Rahmen des Mindscapes Modells sind einzelne Aspekte der Erlebnisangebote wiederzufinden, die bereits zu Beginn dieser Entwicklungsstufe erwähnt wurden. Im Folgenden werden alle Erfolgsfaktoren aus dem Mindscapes Modell der Vollständigkeit halber kurz vorgestellt. Da diese Faktoren nicht nur für die künstlichen Erlebniswelten, sondern für Erlebnis-Produkte generell von Bedeutung sind, kann das Modell als Hilfe für Unternehmen dienen, um das Erlebnisangebot erfolgreich in Erlebniswelten zu inszenieren.

Es gibt zahlreiche Ansätze, die ähnliche Inhalte wie dieses Modell beinhalten, die aber in dieser Arbeit nicht einzeln ausführlich dargestellt werden, sondern lediglich als zusätzliche Erklärungen dienen.

Die Erfolgsfaktoren für die Inszenierung von Erlebnisangeboten in Erlebniswelten:

Durch das gewachsene Angebot und den differenzierten Produkten ist zwar das Angebot für den Kunden größer geworden, aber auch unübersichtlicher, so dass der Wunsch nach Transparenz und Produktsicherheit entstanden ist, der mit dem Konsum von **Marken** erfüllt werden kann (vgl. Kreisel 2007, S. 79). Marken bieten eine neue Art der Orientierung und Zugehörigkeit, sind aber auch Ausdruck des Lebensstils, sie bieten den Vorteil der Zeitersparnis im Alltag durch Sicherheit beim Kauf und einen emotionalen Bezug durch Erinnerungen aus früheren Lebensphasen (vgl. Steinecke 2009, S. 32). Im Laufe der Erlebnisorientierung haben sich einige Marken zu sogenannten „Erlebnismarken“ entwickelt, wie z.B. *Coca Cola, Nike* oder *Harley Davidson* (Pine/ Gilmore 2000, S. 36). Im Tourismus verfolgt z.B. *TUI* seit Ende der 1990er Jahre die Strategie der Markenbildung um die Vorteile der Marke im Käufermarkt zu nutzen und eine klare Profilierung im gesättigten Markt zu erreichen (vgl. Steinecke 2000, S. 15). Dabei werden besonders die Marken des Reiseveranstalters wie z.B. *Robinson*, *RIU* oder *Dorfhotel* im Vertrieb und in der Werbung herausgestellt.

Die Kunden wollen mit Erlebnisangeboten für kurze Zeit dem Alltag entfliehen und in die künstlichen Erlebniswelten eintauchen (vgl. Steinecke 2009, S. 35). So werden mit **Illusionen** Traumwelten auf Zeit geschaffen (vgl. Wolf 2007, S. 48), die die Wirklichkeit übertreffen (vgl. Opaschowski 2000, S. 46). Erreicht werden diese Inszenierungen durch Effekte wie Kulissen, Beleuchtung, Geräusche, Gerüche, Animation und Simulationen (vgl. Steinecke 2010, S. 144). Dass diese Welten nicht die Realität darstellen und nur eine Illusion vom Paradies oder vom Glück sind, ist für den Erlebniskonsumenten dabei nicht entscheidend, wichtig sind die ausgelösten Gefühle (vgl. Opaschowski 2008, S. 336).

Aufgrund der Vielzahl von Angeboten sucht der Konsument Standards und klare Strukturen, wobei die vielfältigen Konsummöglichkeiten trotzdem gewährleistet bleiben müssen (vgl. Steinecke 2009, S. 35). **Normung** bedeutet ebenfalls Rankings und Gütesiegel, die ähnlich wie Marken Orientierung und verlässliche Qualitätsstandards darstellen (vgl. Wolf 2007, S. 48).

Um den Gästen das erwünschte Erlebnis bieten zu können, gleicht der Aufbau der Erlebniswelten einem Drama, mit *„Einstimmung“*, *„Spannungsaufbau“* und einer *„Ausklangphase“* (Steinecke 2009, S. 35). Diese **Dramaturgie** ist z.B. deutlich bei Fahrgeschäften in Freizeitparks zu erleben, bei denen die Wirkung gelegentlich durch Ängste verstärkt wird.

Das Angebot in den Erlebniswelten muss eine **Story**, ein **Thema**, verkörpern, welches klar erkennbar und durchgängig ist, wie besonders aus Themenparks bekannt. Des Weiteren ist das Story-Telling als dramaturgisches Mittel wichtig, um den Gast in die Erlebniswelt eintauchen zu lassen und in den

Bann zu ziehen (vgl. Pine/ Gilmore 2000, S. 74f). Mit Hilfe von Kulissen wird der Gast in die Geschichte einbezogen (vgl. Steinecke 2009, S. 36).

Der Erfolgsfaktor **Cocktails (Multioptionalität)** bedeutet, dass die Konsumenten der Mehr-Kultur das Bedürfnis bzw. den Wunsch haben, an einem Ort aus vielfältigsten Optionen und Angeboten wählen zu können (vgl. Steinecke 2009, S. 36). Auch wenn die Themenwelten einen Kernnutzen wie z.B. das Shopping-Center beinhalten, werden sie noch durch branchenfremden Zusatznutzen bereichert (vgl. Steinecke, 2009 S. 7).

Als Mittel der Werbung nutzen Hersteller von Konsumgütern aus anderen Branchen gerne die viel besuchten Erlebniswelten, um ihre Produkte zu vermarkten (vgl. Steinecke 2009, S. 37). Diese **Allianzen** beruhen auf gegenseitiger Werbung und Unterstützung.

Für die erfolgreiche Kommunikationspolitik sind **Prominente** hilfreich, sie ziehen die Menschen an und vermitteln einen Kultcharakter, der besonders bei Events hilfreich ist (vgl. Steinecke 2009, S. 37f).

Da **Emotionen** grundlegend für das Schaffen von Erlebnissen sind, versuchen die Betreiber von Erlebniswelten positive Gefühle mittels der Inszenierung von Themen und passenden Geschichten auszulösen (vgl. Steinecke 2009, S. 38). Auf diesem Weg wird eine Kundenbindung erreicht (vgl. Wolf 2007, S. 48) und z.B. das ideale Umfeld für Spontankäufe und den Verkauf von hochpreisigen Produkten geschaffen (vgl. Steinecke 2009, S. 38).

Erfolgreiche Konzepte werden an mehreren Standorten durchgeführt, wie z.B. die *Disneyland Parks*, um die unternehmerischen Kosten niedrig zu halten und damit auch dem Wunsch der Kunden nach Produktsicherheit nachzukommen (vgl. Steinecke 2009, S. 38). Unter dem Aspekt der **Filialen** und **Serien** kann außerdem die Standardisierung gefasst werden. Die Standardisierung von Produkten stellt einen wichtigen Aspekt der Erlebnisökonomie dar (vgl. Romeiß-Stracke 2003, S. 108f): dabei ist vor allem die Rationalisierung der Prozesse zu nennen, die mit der „McDonaldisierung“ benannt wird und in den Erlebniswelten wiederzufinden ist (vgl. Steinecke 2009, S. 46). Die Erlebniswelten bieten „[...] außergewöhnliche Erfahrungen als standardisiertes Programm“ (Köck 2004, S. 89). Filialen, Kooperationen und Standardisierungen sind auch außerhalb der typischen Erlebniswelten zu finden, z.B. im Tourismus im Markt der Reisevermittler (vgl. Steinecke 2000, S. 15).

3.2.5. Erlebnis-Management-Ansätze

In den Erlebniswelten greifen das professionelle Erlebnis-Management und die Suche nach Erlebnissen der Erlebnisgesellschaft ineinander (vgl. Penz/ Rösch 2004, S. 40). Die Zweifel, ob es möglich ist, Erlebnisse zu produzieren, bzw. lediglich durch Außensteuerung herbeizuführen, wurden in dieser Entwicklungsstufe nicht widerlegt. Dennoch wird deutlich, dass es Ansätze und Möglichkeiten wie die Experience Realms oder das Mindscapes Modell gibt, um Settings zu schaffen, in denen das Erlebnis optimal ermöglicht wird (vgl. Grötsch 2006, S. 66). Erlebnisse können nicht produziert, aber konstruiert werden.

Als weiterer Aspekt zur Professionalisierung des Erlebnisses kommt an dieser Stelle das Erlebnis-Management bezogen auf die Unternehmen der Erlebnisökonomie hinzu: die vorherigen Ausführungen haben bereits das Erlebnis als strategisches Mittel für Unternehmen angedeutet und es wurde das Erlebnisangebot als Inszenierung sichtbar für den Kunden beschrieben. Bisher fehlt dabei allerdings eine ganzheitliche Ausrichtung auf das Erlebnis aller Bereiche eines Unternehmens und nicht nur eine Beschränkung auf die Produkt-Präsentation (vgl. Rudolphi 2007, S. 17). Das Erfolgsfaktoren-Modell oder die Erlebnis-Dimensionen stellen dabei die Vorstufe dar. Es gibt verschiedene Modelle, die für ein erfolgreiches Unternehmen in der Erlebnisökonomie einen ganzheitlichen Ansatz, bezogen auf das Erlebnis-Management, darstellen. Im Folgenden werden zwei Ansätze kurz als Beispiele dargestellt, die das Erlebnis als Management-Konzept aufzeigen.

Frontstage/ Backstage:
Die Autoren Sundbo und Hagedorn-Rasmussen (2008, S. 83) unterteilen die Erlebnisproduktion in „frontstage“ und „backstage“. Das bisher beschriebene Erlebnis wurde „frontstage“ auf der Bühne für den Kunden inszeniert und dargeboten, jedoch müssen „backstage“ die Voraussetzungen für das Erlebnisangebot geschaffen werden. Dazu gehören Aspekte wie die Unterneh-

mens-Strategie, Innovations-Management, Kundenorientierung und das Marketing (vgl. Sundbo/ Hagedorn-Rasmussen 2008, S. 84f). Die beiden Autoren gehen davon aus, dass wie von Pine und Gilmore beschrieben eine Inszenierung für Erlebnisse notwendig ist (frontstage), aber die Ausrichtung auf die Schaffung von Erlebnissen bezogen auf die Unternehmensprozesse und eine Systematisierung der Prozesse genauso entscheidend ist (vgl. Sundbo/ Hagedorn-Rasmussen 2008, S. 87). Dabei wird das Erlebnis zur Unternehmens-Strategie und der Fokus des Erlebnis-Managements liegt nicht nur auf der Bühne, sondern auch auf den Funktionen, die hinter den Kulissen stattfinden und für den Erfolg ebenfalls entscheidend sind (vgl. Sundbo/ Hagedorn-Rasmussen 2008, S. 94ff).

> „The concept is created backstage to be experienced frontstage by the audience, who are the customers that pay for the experiences" (Sundbo/ Hagedorn-Rasmussen 2008, S. 96).

Dieser Ansatz zur Schaffung von Erlebnissen ist ein weiterer Schritt bezogen auf das professionelle Management von Erlebnissen, da der Fokus auf das Erlebnis in alle Unternehmensbereiche und Funktionen integriert wird und über einen Marketing-orientierten Ansatz der Erlebnisökonomie hinausgeht.

CEM - Customer Experience Management:

Schmitt (vgl. 2003, S. V) hat mit seiner Veröffentlichung zum „Customer Experience Management" (CEM) nach eigenen Angaben einen Rahmen für das Management von Erlebnissen geschaffen. Im Jahr der Veröffentlichung galt der Begriff des Erlebnisses bezogen auf die Wirtschaft und auf die Produkte nicht mehr als Neuheit, und die Unternehmen waren sich der Wirkung von Erlebnisangeboten inzwischen bewusst. Deswegen wurde mit CEM ein Leitfaden entwickelt, der den Erlebnis-Ansatz in ein umsatzsteigerndes Ergebnis wandeln soll (vgl. Schmitt 2003, S. VI). Grundlegend für den Erfolg des CEM ist die Kundenorientierung (vgl. Schmitt 2003, S. 10): die Kunden kennen, deren Wünsche und Bedürfnisse berücksichtigen und besser erfüllen als die Wettbewerber. Dennoch war bis dahin der Marketing-Ansatz auf das Produkt fokussiert, mit den „4 P´s" (place, product, promotion, price), bei denen der Kunde bisher fehlte (Schmitt 2003, S. 12). Nach dieser Auffassung wurden die Emotionen und die wechselnden Bedürfnisse der Kunden bisher zu wenig beachtet.

„[...] customer experience management (CEM) is the process of strategically managing a customer's entire experience with a product or a company" (Schmitt 2003, S. 17).

Der Ansatz CEM ist damit nicht mehr nur Marketing-orientiert, sondern ein strategisches und Prozess-orientiertes „customer-focused management concept", welches auch unternehmensinterne Aspekte wie Training und Innovations-Management in den Prozess integriert (Schmitt 2003, S. 17f).

Die fünf Schritte des CEM- Leitfadens sind die Folgenden (Schmitt 2003, S. 25):

- Step 1: "Analyzing the experiential world of the customer"
- Step 2: "Building the experiential platform"
- Step 3: "Designing the brand experience"
- Step 4: "Structuring the customer interface"
- Step 5: "Engaging in continuous innovation"

Die einzelnen Schritte des CEM-Leitfadens sollen im Rahmen dieser Studie nicht weiter ausgeführt werden und lediglich als Beispiel für einen ganzheitlichen Management-Ansatz dienen.

Mit der Darstellung dieser Ansätze als Beispiele soll aufgeführt werden, dass zum Ende dieser Entwicklungsstufe Management-Konzepte entwickelt sind, die nicht nur das Marketing betreffen, sondern das Unternehmen als Gesamtheit berücksichtigen. Diese strategischen Ansätze werden als entscheidend für den Erfolg und die Wettbewerbsfähigkeit gesehen, und stellen damit einen weiteren entscheidenden Schritt zur Professionalisierung des Erlebnisses dar.

3.2.6. Erlebniswirtschaft und Tourismus

Bezogen auf den Bereich Freizeit und Tourismus hat sich eindeutig das Erlebnis „[...] vom erwünschten Zusatznutzen zum operativen Ziel in der Angebotsgestaltung" entwickelt (Scheurer 2003, S. 85). Im Tourismus ist die Erlebnisorientierung deutlich zu erkennen, da besonders im Urlaub der Wunsch nach Emotionen, neuen Erfahrungen und Erlebnissen groß ist (vgl. Rudolphi 2007, S. 36). Veränderungen durch die Entwicklung hin zur Erlebnisorientierung mit einer „neuen Reisekultur" beinhalten laut Rudolphi (2007, S. 19) unter anderem folgende Aspekte, die die zuvor beschriebenen Merkmale der Erlebnis-Konsumenten und Erlebnis-Produkte widerspiegeln:

- „Wunsch nach Erlebnis"
- „Wunsch nach Individualität und Flexibilität", zu finden bspw. in den Bausteinprogrammen der Reiseveranstalter
- „Komplexe Motive und Angebotswünsche"
- „Hybrides Reiseverhalten"
- „Standardisierung der touristischen Produkte und Austauschbarkeit der Zielgebiete"
- „Zunehmende Markenorientierung"
- „Steigende Ansprüche"
- „Wunsch nach materiellem oder emotionalem Zusatznutzen"

Mit zunehmender Erlebnisorientierung werden erlebnisorientierte Formen der Pauschalreise wie Kreuzfahrten, Cluburlaube oder Event-Reisen immer beliebter, während der klassische „Ausruh- und Erholungsurlaub" mit der Zunahme an Freizeit und Wohlstand zurückgeht (vgl. Rudolphi 2007, S. 20). Auch die Auflösung traditioneller Milieus und die Individualisierung sind im Tourismus erkennbar: Touristen sind nicht mehr nach Alter, Bildung oder Beruf in Zielgruppen einzuteilen (vgl. Rudolphi 2007, S. 20). Ihre gestiegene Reiseerfahrung, bessere Vergleichsmöglichkeiten und der wachsende Wohlstand beeinflussen die Tourismusangebote (vgl. Weiermair 2006, S. 14). Dabei wird die Hardware im Urlaub genau wie der Kernnutzen von Produkten zur Nebensache, bzw. als qualitativ hochwertig vorausgesetzt. Die Kundenzufriedenheit und der nachhaltige Erfolg des Urlaubs werden erst über das Reiseerlebnis entschieden (vgl. Rudolphi 2007, S. 36).

3.3. Entwicklungsstufe 3: Erlebnisüberflutung und Bildung als Erlebnis

Nachdem in den vorangegangenen Entwicklungsstufen der Beginn der Erlebnisgesellschaft, der Erlebnisökonomie und die Besonderheiten der Erlebnisprodukte aufgezeigt wurden, sind schließlich Auswirkungen der Erlebnisorientierung zu erkennen. Die Suche nach Erlebnissen und die wachsenden Ansprüche lassen die Ereignisse nur kurzweilig zu erfüllenden Erlebnissen werden bis neue Erwartungen die Suche weiter vorantreiben (vgl. Opaschowski 2008, S. 336). Die Freizeitgestaltung wird dabei zur Herausforderung mit einer Vielfalt an Angeboten, „Konsumterror" und „Sinnleere" (vgl. Schulze 2006). In dieser Entwicklungsstufe werden auf der einen Seite Auswirkungen der Erlebnisorientierung aufgezeigt und auf der anderen Seite mit dem Aspekt der Bildung eine Möglichkeit dargestellt, die Sinnhaftigkeit und die Erfüllung von Erlebnissen zu gewährleisten. Diese Entwicklungsstufe ist damit der Vorreiter für die kommende Entwicklung, bei der es vorrangig um den Sinn in der Erlebnisorientierung geht.

3.3.1. Erlebniszwang und Überflutung von Erlebnis-Angeboten

Schulze (vgl. 2000, S. 55) hat bereits in seiner ersten Veröffentlichung von „Die Erlebnisgesellschaft" beschrieben, dass das Erleben eine Lebensaufgabe ist, die nicht einfach nebenbei zu bewerkstelligen sei. Durch die Vielfalt an Angeboten und Produkten, die inszenierten Erlebnisse und der Drang immer mehr und ständig zu erleben, ergeben sich eine neue Art von Problemen mit Auswirkungen wie Unsicherheit, Enttäuschung und Druck. Der Einzelne wird beim Verfolgen seines Projekts zum schönen Leben mit der Individualisierung auch Einsamkeit und Orientierungslosigkeit erleben (Schulze 2000, S. 77).

Der Käufermarkt mit dem breiten Angebot an Erlebnis-Produkten, der ständigen Verbesserung der Güter sowie Produktneuheiten lassen den Wert der Produkte für den Konsumenten geringer werden. Neu gekaufte Gegenstände werden bald wieder ausgetauscht, einen bleibenden Wert oder Befriedigung bieten die Produkte nicht mehr (vgl. Schulze 2000, S. 63). Alleine das Wissen, dass es bald schon wieder etwas Besseres oder Innovativeres geben wird, lässt den subjektiven Wert sinken. Der ständige Erlebnis-Konsum, immer up-to-date sein und nichts Neues verpassen, kann sich zu einem Druck für den Kunden aufbauen, der sich negativ auf die Erlebnisfähigkeit auswirkt (vgl. Moser 2006). „Erlebniskonsum ist mehr Erregung als Sättigung, mehr Haben als Sein“ (Opaschowski 2004, S. 146). Es entsteht eine Art der Abhängigkeit, ein Gefühl des Konsumzwangs. Die „[...] sich ständig steigernde Erlebnissuche aus *Angst vor innerer Leere und Langeweile* [...]“ scheint zwischenzeitlich durch die Erlebniswirtschaft gestillt worden zu sein, aber die Dauerpräsenz von Erlebnis und Vergnügen erzeugt den Freizeitstress, der trotz des Angebotes zur Vereinsamung führen kann (Opaschowski 2008, S. 313).

Es entsteht eine Erlebnisspirale, die sich mit den zunehmenden Bedürfnissen und Verlangen nach Erlebnissen immer weiter steigert. Die Ansprüche wachsen, und nur die künstlichen Erlebniswelten können noch den Wünschen entsprechen und werden zu Paradiesen hochgelobt (vgl. Bachleitner 2004, S. 18). Doch beim Erlebnis kann nicht unendlich eine Steigerung herbeigeführt werden: irgendwann wird die Faszination für Ereignisse und das damit verbundene Erlebnis schwächer (vgl. Schulze 2000, S. 64). Je mehr erlebt wird, desto schwieriger wird es langfristig Erlebnisse zu erfahren. Das Erlebnis wird zur Normalität und die Suche nach Befriedigung durch Erlebnisse endlos. Ein Erwartungsdruck setzt ein, der sich in das Privatleben, in den Beruf und alle anderen Lebensbereiche einschleicht. Hinzu kommt die Angst davor etwas zu verpassen (vgl. Schulze 2000, S. 65), denn die Vielzahl an Angeboten bedeutet auch auf ganz viele Dinge verzichten zu müssen. Aber auf was? Eine Auswahl muss getroffen werden, gleichzeitig besteht die Angst die falsche Wahl zu treffen und etwas Besseres zu versäumen.

Erlebnisse machen Appetit auf mehr, dennoch kann es innerhalb eines Erlebnisortes, wie in einem Themenpark, zu einer Übersättigung kommen. Bei einer zu großen Flut von Eindrücken und Erlebnissen schalten die Besucher ab und leiden unter von Grötsch (2006, S. 52) als „Erlebnisstress“ oder „*experience overflow*“ bezeichneten Auswirkungen. Kagelmann (2004, S. 174) nennt den Stress „Spaß-Arbeit“, der mit dem Wunsch nach vielen Erlebnissen in geringer Zeit speziell in Themenparks einhergeht. Durch die Erlebnisorientierung wurde der Aspekt der Beschleunigung in alle Lebensbereiche übertragen, da möglichst viel und möglichst parallel erlebt werden soll, so dass Zeitnot und Stress eintreten können (vgl. Opaschowski 2008, S. 69). Als Ergebnis benennt Opaschowski (2004, S. 56) die beschleunigte und alles-auf-einmal Erlebnisgesellschaft als „*Konfetti-Generation*": die Menge an Informationen, Angeboten und Eindrücken kann nur noch bruchstückhaft und oberflächlich aufgenommen werden.

Weiterhin arbeitet z.B. die Erlebnisökonomie bzw. das Erlebnis-Marketing mit Erlebnis-Versprechen, die bei Nicht-Erfüllung zu Enttäuschung aufseiten der Kunden führen können (vgl. Grötsch 2006, S. 66). Enttäuschung tritt dann ein, wenn erlebnisrational die Umstände nicht wie erhofft geschaffen werden können und die gewünschte Wirkung ausbleibt (vgl. Schulze 2000, S. 65). Die von Schulze (vgl. 2000, S. 60ff) ebenso dargestellte Unsicherheit kommt zur Enttäuschung hinzu. Was macht mich glücklich? Was wird mir Spaß bringen? Da kein greifbares oder wirkliches Ziel erreicht werden kann, kommt es zum ewigen Streben nach etwas Unbekanntem. Das Projekt des schönen Lebens beinhaltet folglich die Folgeprobleme „Unsicherheit und Enttäuschung" (Schulze 2000, S. 67).

Es wird weiterhin ein Erlebnisdruck aufgebaut, da Identifikation und Anerkennung über die Gestaltung der Freizeit ermöglicht und geformt werden, die früher über den Beruf oder die Zugehörigkeit zu einem Milieu erfolgten (vgl. Bachleitner 2004, S. 18). Auch andere äußere Merkmale wie Kleidung und Auftreten, oft diktiert durch die Medien, führen zu einer selbst gewählten Identifikation, die Anerkennung verschaffen soll. So entstehen neue selbst auferlegte Zwänge des Konsums, die früher durch Familie oder Klasse geprägt waren (vgl. Moser 2006).

Die Erlebnisgesellschaft sucht in Anbetracht dieser Auswirkungen nach neuen Anregungen, denn die Bedürfnisse sind gedeckt und das Streben nach Erlebnissen wird differenzierter betrachtet. Da das Projekt des schönen Lebens nicht leicht aufzugeben ist, bleibt der Wunsch nach Wohlbefinden und dem Besonderen trotzdem erhalten. Es wächst das Bedürfnis nach emotionaler Anregung und tiefgründigen Erlebnissen (vgl. Opaschowski 2004, S. 138). Der Aspekt der Bildung ist dabei ein erster Schritt hin zu veränderten Erlebnisangeboten und einem neuen Erlebnis-Konsum.

3.3.2. Erlebnis und Lernen

In dieser Entwicklungsstufe soll nun die Bedeutung von Bildung als eine neue Ausprägung und Form der Erlebnisorientierung auf dem Weg zur Sinnhaftigkeit dargestellt werden. Im Rahmen der vorliegenden Studie wird nicht im Einzelnen auf die genauen Prozesse des Lernens eingegangen, sondern der Zusammenhang von Erlebnis und Lernen insbesondere für Erlebnisangebote beschrieben.

Parallel zu den in dieser Studie ermittelten Entwicklungsstufen der Erlebnisorientierung beschreiben Nahrstedt et al. (vgl. 2002, S. 14) den Wandel von den Erlebnisparks als Unterhaltungseinrichtungen mit dem Schwerpunkt Vergnügen hin zu Einrichtungen, die mehr als nur Spaß versprechen. Es geht vielmehr um die Möglichkeit vielfältige Erfahrungen und Erlebnisse für die Besucher bereitzuhalten, wobei eine neue Mischung aus „Lernen, Unterhaltung und Vermarktung" entsteht (Nahrstedt et al. 2002, S. 14).

> „Lernen war in Erlebniswelten von Anbeginn möglich. Doch die Freizeitgesellschaft legte den Akzent auf Erholung, die Erlebnisgesellschaft auf Unterhaltung" (Nahrstedt et al. 2002a, S. I).

Mit der Wissensgesellschaft tritt laut Nahrstedt et al. (vgl. 2002a, S. I) Wissen und „informelles selbstgesteuertes Lernen"[3] in den Vordergrund. Auch Rudolphi (vgl. 2007, S. 24) nennt die Wissens- und Informationsgesellschaft als gegenwärtige Entwicklung, die zeigt, dass Bildung im Trend liegt und dabei dem Drang nach Erlebnissen nicht widerspricht, sondern ergänzt. Die Wissensgesellschaft scheint parallel zur Erlebnisgesellschaft gewachsen zu sein (vgl. Rudolphi 2007, S. 1) und wird in dieser Studie als ein Teil der Erlebnisgesellschaft betrachtet, da auf Grundlage der Forschung Schulzes (vgl. 2000; 2005) die Erlebnisgesellschaft als die vorherrschende Ausprägung gesehen wird.

Wissen ist nicht nur für den beruflichen Erfolg erforderlich, sondern für alle Lebensbereiche ist ein Informiertsein bedeutend. Dieser ständige Wis-

---

[3] Informelles Lernen: „Informelles Lernen bezeichnet in Abgrenzung zum formalen, planmäßig organisierten, intentionalen, gesellschaftlich anerkannten Lernen in öffentlichen Bildungseinrichtungen, alle Formen des Lernens in der Umwelt außerhalb des formalisierten Bildungssystems" (Freericks 2002, S. 17).

sensaufbau wird durch neue und vor allem unterhaltsame Lernformen gefördert, so dass die Freizeit in der Gesellschaft immer mehr für die Aneignung von Wissen durch selbstgesteuertes Lernen genutzt wird (vgl. Nahrstedt et al. 2002, S. 5). Die freie Zeit wird damit nicht nur dem Spaß und Vergnügen gewidmet, wie es in der ersten Entwicklungsstufe beschrieben wurde, sondern ganz bewusst genutzt, um Kenntnisse zu erweitern. Die Anbieter aus Freizeit und Tourismus übernehmen dabei pädagogische Aufgaben (vgl. Nahrstedt et al. 2002, S. 63) und kommen den Ansprüchen der Erlebnisgesellschaft nach, die Bildung und das Wohlbefinden in der Freizeit zu steigern. Studienreisen erfreuen sich z.B. einer zunehmenden Beliebtheit (vgl. Rudolphi 2007, S. 1) und auch bei anderen Reisearten, ob es Kreuzfahrten, Städtereisen, Kulturreisen oder Pauschalreisen sind, Aspekte der Bildung werden immer mehr integriert: so werden bspw. Vorträge zu bestimmten Themen angeboten oder Kurse, die eine aktive Beteiligung verlangen.

Als Gründe für die Entwicklung zur Kombination von Erlebnis und Lernen, besonders in Erlebniswelten, wird die zunehmende Vermischung der Sektoren Freizeit, Kultur und Tourismus gesehen, bei denen Angebote Aspekte aus allen Bereichen enthalten (vgl. Nahrstedt et al. 2002, S. 18ff). Des Weiteren bieten bspw. die Freizeitparks als Kurzurlaubsziele mit einem entsprechenden Angebot und mit den Themen wie Zukunft oder Technik, die leicht mit Lernaspekten zu verbinden sind, ideale Orte für die Integration von Bildung (vgl. Nahrstedt et al. 2002, S. 18ff). Außerdem wird der bisher vorherrschende Aspekt der Unterhaltung zunehmend durch „[...] eine Balance von Lernen, Unterhaltung und Vermarktung (Konsum) [...]“ in den Erlebniswelten angestrebt und professionell umgesetzt (Nahrstedt et al. 2002, S. 19). Aufgrund der ansteigenden Bedeutung von Bildung in der Gesellschaft wird das Lernen zu einem Qualitätskriterium für Erlebniswelten und für Erlebnisangebote, welches nicht vernachlässigt werden sollte (vgl. Nahrstedt et al. 2002, S. 11).

3.3.3. Erlebnisorientierte Lernorte

Erlebnis und Lernen bedeutet im Zusammenhang mit den erlebnisorientierten Lernorten, dass das Lernen durch Erlebnisse geprägt ist. Lernort bezeichnet eine Einrichtung, die durch das öffentliche Bildungswesen anerkannt ist und die Organisation von Lernangeboten durchführt.

> „Erlebnisorientierte Lernorte sind zu verstehen als Orte des lebenslangen Lernens im sozialen Kontext im Überschneidungsbereich von Lernen, Erlebnis und Konsum“ (Nahrstedt et al. 2002, S. 12).

Im Unterschied zum Lernort Schule zeichnen sich die erlebnisorientierten Lernorte durch emotionale und kreative Lernprozesse im freizeitkulturellen Bereich aus, sind freiwillig und selbstgesteuert (vgl. Nahrstedt et. al 2002, S. 1). Nahrstedt et al. (2002, S. 4, 65) haben im Rahmen ihrer Untersuchung zum Thema Erlebnis und Lernen verschiedene Arten von erlebnisorientierten Lernorten identifiziert:

- Wissensorientierte Lernorte: z.B. Science Center, Museen, Zoos
- Unterhaltungsorientierte Lernorte: z.B. Vergnügungsparks, Freizeit- und Erlebnisparks, Märchenparks
- Marketingorientierte Lernorte: z.B. Shopping Center, Urban Entertainment Center, Brandlands

Abbildung 5: Erlebnisorientierte Lernorte

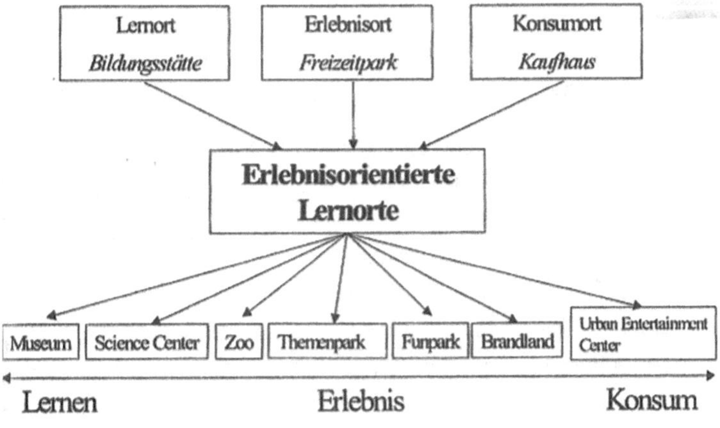

Quelle: Nahrstedt et. al (2002, S. 10)

Diese Lernorte stellen gleichzeitig verschiedene Arten von Erlebniswelten dar (vgl. Kapitel 3.2.3.). Bei den unterhaltungsorientierten Lernorten liegt der Schwerpunkt auf Spaß und Genuss, bei den wissensorientierten Lernorten handelt es sich um Einrichtungen, deren Fokus auf der Vermittlung von Wissen und dem aktiven Lernen liegt. Die marketingorientierten Lernorte legen den Schwerpunkt auf die Präsentation von Produkten, die die Betreiber dieser Einrichtungen in diesem Kontext positiv bewerben möchten, so dass diese Orte zu Kommunikationskanälen des Marketings werden und den Konsum anregen sollen (vgl. Nahrstedt et al. 2002, S. 4). In Abbildung 5 sind verschiedene erlebnisorientierte Lernorte und ihre Ausrichtung dargestellt.

Laut Nahrstedt et al. (2002, S. 25f) lassen sich Erlebniswelten in lern-animativ und lern-intensiv aufteilen. Bei den lern-animativen steht das Erleben im Mittelpunkt und Lernen wird zwar angeregt, bildet aber nicht den Kern des Angebots. Bei den lern-intensiven Einrichtungen wird das Lernen der Besucher durch besondere Lernelemente gefördert, so wie es bspw. in Science Centern der Fall ist. Der Schwerpunkt dieser Einrichtungen liegt auf der Vermittlung von Wissen und der Förderung vom Lernen.

Das Ziel erlebnisorientierter Einrichtungen ist „erinnerbare Gefühlszustände" anzuregen, wodurch eine Verknüpfung von der Erlebnisorientierung zur Pädagogik geschaffen wird (Nahrstedt et al. 2002, S. 5). Das Potenzial erlebnisorientierter Lernorte, Wissen zu vermitteln und mit Emotionen zu verknüpfen, fördert den Lernerfolg und baut eine Verbindung zu den Erlebniswelten auf (vgl. Nahrstedt et al. 2002, S. 4). Dieser Ansatz verdeutlicht die Parallelen zum Erlebnis laut Definition mit der Bedeutung von Emotionen und der Reflektion der Ereignisse.

Im Zusammenhang mit dem Projekt des schönen Lebens, dem Willen nach einem als gelungen empfundenen Leben, erscheint der Aspekt des Lernens als logische Entwicklung: bei der Vielzahl an Angeboten, Lebensformen und verfügbaren Informationen ist ein Überblick und Wissen nötig, um die Chancen und Möglichkeiten, die die Erlebnisgesellschaft bietet, auszuschöpfen bzw. das Beste für sich selbst im Sinne der Innenorientierung zu erlangen. Bildung ist deswegen eine logische Konsequenz für die Entwicklung der Erlebnisorientierung, da Lernerfahrungen und Lernerfolge auch Glückserfahrungen sind, so dass Glück empfunden wird, wenn etwas gelernt wird, Zufriedenheit wird ausgelöst und die persönlichen Erfahrungen bereichert (vgl. Grötsch 2002, S. 45). Um dies zu erreichen, sind verschiedene Komponenten wichtig: die Kombination von „[...] kognitiven, emotionalen, und aktionalen Perspektiven[...]“ ist für das Erlebnis und den Lernerfolg in den Einrichtungen als wichtig identifiziert worden, die das Erlebnis garantieren und gleichzeitig auch das Lernen erfolgreich einbeziehen (Nahrstedt et al. 2002, S. 5). Dabei werden der Kopf (kognitiv), Emotionen und die eigene Aktivität (Aktion) angesprochen und als die grundlegenden Lernbereiche identifiziert, die den Bedürfnissen des Menschen gleichen: handeln, denken und fühlen (vgl. Nahrstedt et al. 2002, S. 61).

> Erlebniswelten „[...] eröffnen individuelle Pfade des selbstgesteuerten Lernens von Emotion über Kognition zu Aktion sowie elementaren Grundlagen zu breitem Allgemeinwissen und zur Spezialbildung“ (Nahrstedt et al. 2002, S. 10).

Über Unterhaltung wird dabei Interesse geweckt und die Bildung in das alltägliche Leben integriert, generationsübergreifend. Das Erlebnis wird durch Lernerfahrungen intensiviert und in seiner Wirkung verlängert, der Gast entwickelt eine positive Grundeinstellung gegenüber der Erlebniseinrichtung und wiederholt den Besuch (vgl. Grötsch 2006, S. 76).

Interesse an Bildung ist eine Grundvoraussetzung, um die Freizeit bewusst mit Wissen zu bereichern, so dass bildungsorientierte Konsumenten mit höherem Schulabschluss eher wissensorientierte Lernorte besuchen als Besucher, die den Schwerpunkt auf Erholung legen (vgl. Nahrstedt et al. 2002, S. 9). Häufig vertretene Besuchergruppen sind Schulklassen, aber auch Familien und Senioren (vgl. Nahrstedt et. al 2002, S. 3). Insgesamt aber haben Nahrstedt et al. (vgl. 2002, S. 9) herausgefunden, das egal ob bildungs- oder erholungsorientiert, ein grundsätzliches Interesse am Lernen verbunden mit Unterhaltung besteht.

Die erlebnisorientierten Lernorte und ihr breites Spektrum von Angeboten über Museen, Freizeitparks oder Zoos entwickeln sich mit dieser Stufe zu einem neuen wirtschaftlichen Angebot der Erlebnisökonomie. Ganz im Sinne der Erlebnis-Dimensionen (vgl. Pine/ Gilmore 1999) und der von Schulze (vgl.

2000) beschriebenen Erlebnisrationalität sind die Konsumenten der Erlebnisökonomie gerne bereit in die Herbeiführung von Erlebnissen zu investieren und durch die erlebnisorientierten Lernorte eine Umgebung vorzufinden, die das Eintauchen und eine aktive Teilnahme ermöglichen (vgl. Nahrstedt et al. 2002, S. 8).

3.3.4. Edutainment

Edutainment ist ein pädagogischer Ansatz zum Lernen in erlebnisorientierten Lernorten, bei dem Bildung mit Unterhaltung verbunden wird (vgl. Nahrstedt et al. 2002, S. 152). In den 1990er Jahren wurde der Begriff vor allem für Bildung im Zusammenhang mit Medien, wie z.B. Computerspielen, verwendet. Bei den Experience Realms von Pine und Gilmore (1999) ist Edutainment die Kombination von Unterhaltung und Bildung (vgl. Nahrstedt et al. 2002, S. 152). Demnach gehörte die Bildung schon zuvor zum Erlebnis in Freizeitparks und anderen Erlebniswelten, jedoch bisher implizit, so dass in diesem Bereich noch Potenzial zur Entwicklung eines expliziten Lernangebots vorhanden ist (vgl. Nahrstedt et al. 2002, S. 153). Die im Vergleich zu Freizeitparks neueren Erlebniswelten, wie Brandlands, Science Center und Erlebnis-Zoos, bieten bspw. den Aspekt des Edutainments (vgl. Nahrstedt et al. 2002, S. 14) und integrieren die Bildung offensichtlich als entscheidenden Bestandteil der Inszenierung. Das Bildungsangebot wird unterhaltsam inszeniert und soll den Besucher mit Spaß bestimmte Lernangebote vermitteln (vgl. Nahrstedt et al. 2002, S. 51). Lern-Unterstützer wie Experten und Mitarbeiter in den Erlebniseinrichtungen spielen dabei für das erlebnisorientierte und selbstgesteuerte Lernen eine wichtige Rolle. Durch ihre Informationen, Darbietungen, Experimente oder Kurse fördern die Mitarbeiter den Lernerfolg. Oftmals scheitert allerdings die Integration eines Bildungsangebots in einem Freizeitpark an einer schlechten Umsetzung und Vermarktung (vgl. Nahrstedt et al. 2002, S. 52). Da sich Edutainment zu einem Markenzeichen und Qualitätsmerkmal für Erlebniswelten entwickelt hat (vgl. Nahrstedt et al. 2002a, S. I), wird eine Integration von Bildung in allen Arten von Erlebniswelten als Bereicherung des Angebots gesehen.

3.4. Entwicklungsstufe 4: Das sinnvolle Erlebnis

In dieser Entwicklungsstufe wird die Erlebnisorientierung unter Berücksichtigung der vorangegangenen Entwicklung betrachtet, bei der Auswirkungen des Erlebnisses in der Gesellschaft und Wirtschaft über mehrere Jahre bereits sichtbar sind. Anzeichen einer Erlebnisübersättigung sind im vorherigen Kapitel beschrieben worden und erste Versuche, die Erlebnisorientierung mit Sinn zu füllen, wurden mit der Integration der Bildung im Erlebnisangebot angestrebt. Im weiteren Verlauf zeigt sich eine fortschreitende kritische Auseinandersetzung mit der Konzentration auf die Erlebnisorientierung und eine Entwicklung hin zur Verbindung vom Sinnvollen mit dem Erlebnis. Es scheint die Erlebnisorientierung wandelt sich insgesamt durch die Professionalisierung des Erlebnisses, der unzähligen Erlebnisangebote und der vielen Erfahrungen mit Erlebnissen in der Erlebnisgesellschaft, so dass diese Entwicklungsstufe eine deutliche Weiterentwicklung der Erlebnisorientierung darstellt.

3.4.1. Die Sinngesellschaft

Zu einem Umbruch in der Entwicklung der Erlebnisgesellschaft soll es nach den Terroranschlägen am 11.September 2001 gekommen sein (vgl. Romeiß-Stracke 2003, S. 4; Opaschowski 2008, S. 558). Seitdem gibt es einen Wandel hin zu neuen Werten und das Ende der Spaßgesellschaft wird mit den Anschlägen verbunden (vgl. Opaschowski 2008, S. 558). Schulze (vgl. 2005, S. VI) beschreibt hingegen die Spaßgesellschaft habe nie existiert, und kann demnach auch nicht beendet sein.

> „Die Erlebnisgesellschaft dagegen, verstanden als Sozialwelt unter der Regie der Innenorientierung, wurde durch den 11. September keineswegs erschüttert, vielmehr hat sie ihren Pfad fortgesetzt“ (Schulze 2005, S. VI).

Wie auch immer die Spaßgesellschaft oder ein Ende derer betrachtet wird, die Entwicklung und ein Fortbestehen der Erlebnisorientierung wird nicht angezweifelt (vgl. Kagelmann 2004, S. 5).

Schulze (2000, S. 68) hat bereits in seinem Werk „Die Erlebnisgesellschaft“ angemerkt: „Bedroht ist nicht mehr das Leben, sondern sein Sinn.“ Dieses Zitat zeigt, dass in der Erlebnisgesellschaft eine Sinnleere entstehen kann, wenn der Überfluss normal und das Projekt des schönen Lebens als zunächst denkbar einfache Aufgabe schwer zu erreichen ist. Denn wann ist das Projekt des schönen Lebens als Gelungen zu betrachten? Gibt es ein Ziel oder Ende? Mit dieser Entwicklungsstufe wird eine Veränderung in der Erlebnisorientierung aufgezeigt, die die Suche nach Sinn in Bezug auf Erlebnisse einbezieht.

Die Sinngesellschaft, die durch Romeiß-Stracke (vgl. 2003, S. 51) beschrieben wird, wird in ihrem Buch als Nachfolger der Spaßgesellschaft betrachtet. Auch Horx hat die Sinngesellschaft als nächste Entwicklung vorhergesagt: eine „Sensual Society", die Spiritualität und Sinnsuche anstrebt (Romeiß-Stracke 2003, S. 116f). Ebenso sieht Opaschowski die Sinngesellschaft als Entwicklung, mit der die Zeit der Individualisierung und der „ich-bezogenen Erlebnisorientierung" vorbei sein soll (Günther 2006, S. 48). Steinecke (vgl. 2010, S. 126) bezeichnet die Suche nach dem Sinn des Lebens als einen noch neuen Trend, der von Zukunftsforschern prognostiziert wird und nicht als eine bereits entstandene Sinngesellschaft. Deutlich wird trotz der unterschiedlichen Auffassungen, dass eine Veränderung und Weiterentwicklung der Erlebnisorientierung unaufhaltsam ist. Der Sinn ist ein wichtiger Aspekt und wird als weitere Entwicklungsstufe betrachtet, auch wenn die Sinngesellschaft bisher nicht den Nachfolger der Erlebnisgesellschaft darstellt.

Aber was bedeutet die Sinngesellschaft? Was gibt dem Leben Sinn, damit es als sinnvoll angesehen wird? Die Bildung integriert im Erlebnisangebot ist ein erster Schritt hin zur Sinnfindung. Wissen spielt eine wichtige Rolle in der Sinngesellschaft: Bildung gibt Halt und Orientierung, und lässt die vielen verfügbaren Informationen leichter verarbeiten und besser nutzen (vgl. Romeiß-Stracke 2003, S. 182ff). Laut Romeiß-Stracke (vgl. 2003, S. 120ff) wird die Sinngesellschaft wie folgt charakterisiert:

Introversion: Die ständige Mobilität und Selbstinszenierung der durch Romeiß-Stracke (vgl. 2003, S. 127f) beschriebenen Spaßgesellschaft nimmt mit der Sinngesellschaft ab und die Suche nach den inneren Werten nimmt zu, so wie der Wunsch nach Rückzugsorten. Die Innenorientierung als wichtiger Aspekt der Erlebnisgesellschaft und Ganzheitlichkeit bezogen auf Körper, Geist und Seele gewinnen an Bedeutung und sollen den Menschen auch für den Beruf leistungsfähiger machen.

Intimität: Der Aspekt der Intimität soll die „persönliche, geschützte Sphäre" darstellen (Romeiß-Stracke 2003, S. 123), zu der bspw. die von Mikunda beschriebenen „Third Places" gehören, Orte zwischen Privat und Öffentlichkeit, die als Treffpunkte für den sozialen Austausch dienen. Der Trend zur Intimität wird auch mit dem ‚Cocooning' beschrieben, was besonders für den Tourismus bezogen auf den Austausch mit anderen Kulturen nicht förderlich sein würde. Auch der Wunsch nach Sicherheit wird mit der Intimität ausgedrückt (vgl. Romeiß-Stracke 2003, S. 124).

Intensität: Übersättigt vom Angebot wird mit dieser Entwicklungsstufe Wert auf intensives Erleben gelegt (vgl. Romeiß-Stracke 2003, S. 134). Anstatt viel und alles auf einmal zu wollen, lieber bewusst selektieren und intensiv genießen. Nach der Flut von Angeboten und Erlebnissen soll der Konsum nun fokussierter und bewusster werden (vgl. Romeiß-Stracke 2003, S. 45).

Integration: Integration bedeutet, dass sich das Individuum ein machbares Lebenskonzept entwickelt, welches eine Richtlinie und Orientierung bietet, ohne ständig die verfügbaren Wahlmöglichkeiten und den sofortigen Konsum zu berücksichtigen (vgl. Romeiß-Stracke 2003, S. 130).

In der Sinngesellschaft spielt außerdem die Natur eine wichtige Rolle: es wird großen Wert darauf gelegt ökologisch verantwortungsbewusst zu handeln und die Natur dabei langfristig als Ressource für Gesundheit, Spiritualität, Genuss und Kreativität zu schützen (vgl. Romeiß-Stracke 2003, S. 173).

3.4.2. Neue Entwicklungen in der Erlebnisgesellschaft

In dem Artikel „Freizeit ist Schwerstarbeit" beschreibt Schulze (2006), dass sich die Erlebnisgesellschaft zum Zeitpunkt der Veröffentlichung im „gereiften Stadium" befinde. Für Moser (2006) ist zum selben Zeitpunkt der Entwicklung der Wandel von der Außen- zur Innenorientierung sowie die Auflösung der klassischen Milieus noch nicht abgeschlossen, da wird schon von einer neuen gesellschaftlichen Ausprägung, der Sinngesellschaft, berichtet. Diese verschiedenen Ansichten zeigen, dass die Entwicklung der Erlebnisorientierung schwer messbar bzw. kaum greifbar ist. Gemeinsam haben diese Ansätze allerdings, dass es eine Veränderung in der Erlebnisorientierung gibt, ob ausgelöst durch die Terroranschläge vom 11. September 2001 oder als natürliche Weiterentwicklung kann an dieser Stelle nicht geklärt werden. In der von Zellmann und Opaschowski (vgl. 2005, S. 34) in Hinblick auf die Weiterentwicklung beschriebenen Übergangsgesellschaft kommt es zu einer Rückbesinnung auf traditionelle Werte wie Pflichterfüllung, Fleiß und Höflichkeit. Auch Werte wie Erfolg und Disziplin, Verantwortungsbewusstsein und ökologisches Bewusstsein treten in den Vordergrund (vgl. Rudolphi 2007, S. 31). Die Selbstentfaltung und das eigene Wohlbefinden, die Suche nach dem Glück und das Erlebnis gehen deswegen aber nicht verloren. Ein ausgewogenes Verhältnis zwischen Arbeit und Freizeit ist wichtig und der Spaß als Motivation muss erhalten bleiben (vgl. Zellmann/ Opaschowski 2005, S. 36f). Der berufliche Erfolg trägt zum Wohlbefinden und zum Gelingen des Projekts des schönen Lebens bei und die freiwillige Weiterbildung gehört zu den Aspekten der Lebensqualität wie Freizeitaktivitäten oder Wellness (vgl. Zellmann/ Opaschowski 2005, S. 37). Ein Lebenskonzept mit der Gesundheit als wichtigstes Gut wird erkennbar (vgl. Opaschowski 2004, S. 58).

Opaschowski (vgl. 2008, S. 58) benennt weiterhin ein Ende der Individualisierung mit der Konzentration auf das eigene Ich, stattdessen wird das gemeinschaftliche Leben bedeutender. „Der individuelle Spaß der egomanen Erlebnisgesellschaft" wird weniger wichtig und der Individualismus verliert an Prägnanz (Romeiß-Stracke 2003, S. 51). Folglich sollen zukünftig die sozialen Aspekte wichtiger werden. In Deutschland gibt es laut Schulze (vgl. 2005, S. V) so viel ehrenamtliches Engagement wie noch nie. Die Suche nach dem eigenen Glück lässt viele auch an das Glück benachteiligter Menschen in der Gesellschaft denken, was durch die neue Entwicklung mit der Sinnsuche zum Ausdruck kommt. Auf der Suche nach dem Glück wird die Familie, Beständigkeit, Ernsthaftigkeit und Ruhe wieder wichtiger (vgl. Rudolphi 2007, S. 30). Das Privatleben, das Wohnumfeld und die persönliche Lebensqualität rücken in den Mittelpunkt (vgl. Zellmann/ Opaschowski 2005, S. 35). Genauso wie Fürsorge, Verlässlichkeit und Nähe als Trends, die das Cocooning, Entschleunigung und gemeinschaftliche Erlebnisse beinhalten (vgl. Rudolphi 2007, S. 30).

> „Diese Trends werden i.d.R. als Ergänzung erlebnisorientierter Verhaltensweisen verstanden, die den im Konzept der Erlebnisgesellschaft überlagerten und zu wenig berücksichtigten menschlichen Bedürfnissen einen neuen Stellenwert einräumen" (Rudolphi 2007, S. 30).

In der von Terror erschütterten Welt und den zusätzlichen Einflüssen der Finanzkrise wächst der Wunsch nach (sozialer) Sicherheit, Halt und Wärme im Kreis der Familie.

Entschleunigung, Einzigartigkeit, Konzentration auf das Wesentliche, Handeln und Ankommen, statt einer ständigen Steigerung, sind die neuen Aspekte der Erlebnisgesellschaft (vgl. Schulze 2005, S. IX). Als Gegentrend zum Erlebniswahn wie in der vorherigen Entwicklungsstufe beschrieben und vor allem in den späten 1990er Jahren vorherrschend, ist eine Erlebniszentrierung mit einem sinnvollen und innengerichteten Erlebnis zu erkennen (vgl. Bachleitner 2004, S. 19). Die Sehnsucht nach Echtheit, ehrlichen Gefühlen, hochwertiger Qualität und sich selbst verwöhnen, bedeuten für Mikunda (2002, S. 16): *„Die Erlebnisgesellschaft ist erwachsen geworden."* Die Ansprüche an das Erleben bleiben hoch und steigen vielleicht noch weiter mit dem neuen Anspruch der Sinnhaftigkeit.

3.4.3. Neue Entwicklungen in der Erlebnisökonomie

Aufgrund der Entwicklungen in der Erlebnisgesellschaft sind dementsprechend auch Auswirkungen in der Erlebnisökonomie darzustellen. „Der Erlebnismarkt ist satt aber nicht die Erlebenden" (Grötsch 2006, S. 49). Diesem Zitat zufolge scheinen die Angebote der Erlebniswirtschaft ihre Grenzen erreicht zu haben, womit eine Weiterentwicklung der Erlebnisorientierung hin zu einer neuen Art von Angeboten deutlicher wird. Dabei werden die Inszenierung, das Setting und das Management der Emotionen neu überdacht werden müssen, um auf der einen Seite den noch bestehenden Hunger nach Erlebnis zu stillen, und auf der anderen Seite auch die Suche nach dem Sinn und die Rückbesinnung auf traditionelle Werte zu integrieren (vgl. Grötsch 2006, S. 49).

Die Entwicklung der Entschleunigung, Sinnsuche und damit verbundenen Angeboten in Freizeit und Tourismus fasst Leder (vgl. 2007, S. 71) unter dem Aspekt der Muße bzw. Mußeerfahrung durch innere Ruhe und Gelassenheit zusammen. Das RETURN-Modell zeigt dabei als Ergebnis einer Nachfrage-Untersuchung entscheidende neue Motive für das touristische Angebot. Leder (vgl. 2007, S. 125) beschreibt, dass in der Gesellschaft die Komplexität und auch die Beschleunigung weiter vorherrschen werden, allerdings in Freizeit und Tourismus neue Bedürfnisse befriedigt werden wollen. Wie durch das RETURN-Modell nachzuvollziehen (s. Abb. 6), kam es durch die auf der linken Seite des Modells beschriebenen Veränderungen und Auswirkungen der Erlebniswirtschaft zu neuen Bedürfnissen, die sich in den Aspekten auf der rechten Seite niederschlagen. Da die beschriebenen Veränderungen sich auf das gesamte Leben auswirken, ist davon auszugehen, dass die neuen Bedürfnisse ebenfalls auf alle Lebensbereiche anzuwenden sind, wie auch die Erlebnisorientierung nicht auf Freizeit und Tourismus begrenzt ist.

Abbildung 6: Return Modell

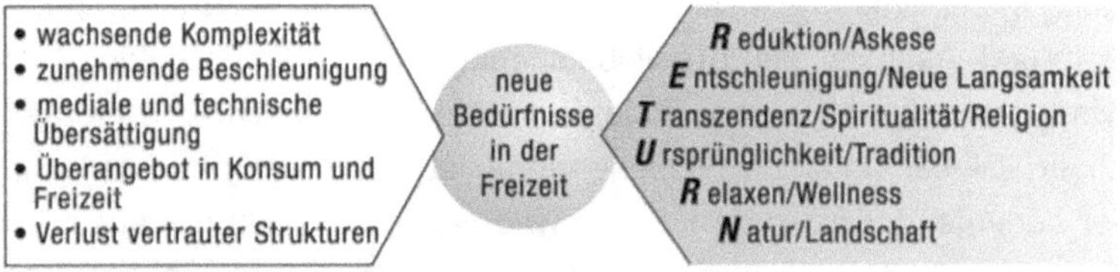

Quelle: Leder (2009)

Die Persönlichkeit wird durch sinnvolle Erfahrungen bereichert, weswegen die Konsumenten Angebote mit individuellem Sinn und Nutzen nachfragen und ihre Konsumentscheidungen dementsprechend ausrichten (vgl. Rudolphi 2007, S. 30). Dabei ist der Konsumverzicht kein Thema, sondern vielmehr die „Werthaltigkeit des Konsums" (Opaschowski 2008, S. 179). So müssen die Unternehmen Werte wie *„Fairness, Solidarität und Nachhaltigkeit"* und die Frage nach dem Sinn des Konsums erfüllen, wobei der Kunde einen „Spagat zwischen Ich-Verwöhnung und Welt-Verbesserung" anstrebt (Opaschowski 2008, S. 179). Mit diesem Hintergrund der Entwicklung in der Gesellschaft, die auf die Wirtschaft projiziert wird, bleibt ungeklärt, was die Erlebniswirtschaft konkret bieten muss, um den Konsumenten der gereiften Erlebniswirtschaft zu befriedigen. Da das Erlebnis aus psychologischer Sicht nicht immer weiter ausgebaut werden kann und in den Erlebniswelten schon zur Perfektion betrieben wird, beschreibt Günther (2006, S. 48) eine Art Gegenbewegung, mit mehr Ruhe und „erlebnisfreien Zonen". Dieser Aspekt ist im Trend des Wellness zu finden: an die eigene Gesundheit denken, für eine Work-Life-Balance sorgen und sich wohlfühlen im Rahmen von Erlebnisangeboten.

Mit dem bewussten Leben wird das bewusste Konsumieren zum Thema, bei dem der Kunde seine Ansprüche an die Qualität noch steigert und den Aspekt des Genusses in den Vordergrund stellt (vgl. Opaschowski 2004, S. 55). Die in den früheren Phasen vorherrschende Beschleunigung, die die Erlebniskonsumenten in Stress und Hektik auf der Suche nach Erlebnissen und dem Bedürfnis nichts zu verpassen gesetzt hat (vgl. Opaschowski 2008, S. 70), wird mit dieser Entwicklungsstufe entschleunigt. Auch Steinecke (vgl. 2000, S. 24) sieht den entschleunigten und bewussten Konsum trotz der anhaltenden und sich weiter entwickelnden Standardisierung als die neue Entwicklung in der Erlebniswirtschaft. Dabei wird bewusst gegen den Trend konsumiert und Aspekte wie Arbeitsbedingungen bei der Produktherstellung, Tierversuche oder auch die ökologische Verantwortung der Unternehmen wichtiger. Dieser anfängliche Gegentrend ist durch die neue Orientierung immer bedeutender geworden. Dabei wird verzichtet, nicht nur aus finanziellen Gründen, sondern um sich bewusst etwas Gutes zu gönnen (vgl. Romeiß-Stracke 2003, S. 135). So scheint sich der hybride Kunde über die Phasen der Erlebnisorientierung noch zu verstärken.

3.4.4. Inszenierung vs. Authentizität

Mit den beschriebenen Veränderungen und der Weiterentwicklung der Erlebnisorientierung sind auch Auswirkungen auf die Inszenierung der Erlebnisangebote zu erkennen. Diese neue Entwicklung in der Inszenierung wurde von Pine und Gilmore (2007) in ihrer Veröffentlichung „Authenticity – What consumers really want" zum Thema gemacht. Dabei wird deutlich, dass nach den vielen Jahren mit vielfältigsten und sensationell inszenierten, künstlichen Ereignissen der Wunsch der Erlebniskonsumenten in Richtung natürlicher, echter, wahrer und authentischer Erfahrungen geht (vgl. Pine/ Gilmore 2007, S. 1). Diese Suche nach Echtheit und Authentizität wird in den Erlebniswelten mit einem „*Wohlfühlmanagement*" umgesetzt, bei dem die Natur mit einbezogen und das Personal zum Gastgeber wird (Opaschowski 2008, S. 330).

Doch nicht jeder Besucher stört sich an der künstlichen Inszenierung: für die Mehrheit stehen noch immer das Abtauchen in eine andere Welt und der Spaß mit der Familie und Freunden im Vordergrund (vgl. Opaschowski 2008, S. 330). Dabei ist zu beachten, dass die Erlebnis-Generation mit diesen Erlebniswelten aufgewachsen ist und sich an künstlichen oder virtuellen Welten nicht stört. Somit ist die Frage nach Authentizität für den Erlebniskonsumenten nicht bezogen auf das Produkt oder die Inszenierung entscheidend, sondern ob die vermittelten Gefühle und ausgelösten Emotionen echt sind und sich damit das erhoffte Erlebnis einstellt. Authentische Erlebnisse sind sowohl in inszenierten Welten, als auch im Alltag möglich, wobei die Grenzen fließend ineinander übergehen (vgl. Opaschowski 2008, S. 314). Z.B. die U.S.

amerikanischen Kreuzfahrtveranstalter *Royal Caribbean International* und *Disney Cruise Line* bieten ihren Gästen Ausflüge auf unternehmenseigenen Karibikinseln an, bei denen die Inselbewohner Mitarbeiter des jeweiligen Veranstalters sind und den Gästen ein ‚authentisches' Karibik-Erlebnis bieten sollen. Dieses Beispiel spiegelt den Ansatz der „Staged authenticity" wieder, bei der es um die Inszenierung dessen geht, was der Gast als echt ansieht (Opaschowski 2008, S. 316).

Die Themenwelten-Branche hat bereits auf die Veränderungen reagiert:

> „Statt einer kulissenartigen Inszenierung setzen die neuen Einrichtungen vielmehr auf eine symbolische Thematisierung, bei der eine anspruchsvolle Architektur im Mittelpunkt steht" (Steinecke 2009, S. 246).

Es werden in den Themenwelten natürliche Einflüsse und reale Aspekte, die die Wirklichkeit zeigen, immer wichtiger, so dass die reale Welt und die Themenwelt ineinander übergehen und eine *„Kombination von inszenierten und realen Bausteinen*" bilden (vgl. Steinecke 2009, S. 248). Damit gibt es eine Entwicklung von Erlebniswelten hin zur Alltäglichkeit mit alltäglichen Elementen, wie die Integration von Kongresszentren oder der Integration von Themenwelten in Lebens- und Wohnsituationen (vgl. Steinecke 2009, S. 249ff).

„So etwas wie ein künstliches Erlebnis gibt es nicht" (Pine/ Gilmore 2000, S. 61). Für den Kunden bleibt zunächst entscheidend, dass sich ein Erlebnis als Ergebnis einstellt und nicht, ob das Erlebnis durch eine Inszenierung oder durch authentisches Geschehen entstanden ist (vgl. Rudolphi 2007, S. 23).

3.4.5. Sinn-Entwicklungen im Tourismus

Der Freizeit- und Tourismusbereich ist laut Romeiß-Stracke (vgl. 2003, S. 46) die ideale Vorbereitung für das „Ankommen im Sein". Mit der „Entwicklung und Verfolgung eines persönlichen Lebenskonzeptes" und der „Suche nach der eigenen Identität" dient besonders das Reisen der Suche nach dem Sinn (Rudolphi 2007, S. 30). Dass die Sinnfindung zum Thema der Erlebnisorientierung geworden ist, wird mit der „Maslow´s Hierarchy of Needs" deutlich (s. Abb. 7): in einer Gesellschaft, in der physische, psychische und soziale Bedürfnisse erfüllt sind, ist der Erlebnisurlaub und auch der Sinn gebende Urlaub die Konsequenz aus der vorangegangenen Entwicklung.

Abbildung 7: Bedürfnispyramide nach Maslow mit Sinngebungsurlauben an der Spitze

Quelle: Weiermair (2006, S. 16, nach Bieger 2004)

Einige Aspekte der Sinngesellschaft sind bereits im Bereich Freizeit und Tourismus zu finden: z.B. Aufenthalte auf privaten Inseln, in Klöstern, Aschrams, Ferienhäusern oder Wellness-Angebote spiegeln diese Entwicklung wider (vgl. Romeiß-Stracke 2003, S. 125). Auch der ruhige und erholsame Wandertourismus erlebt einen Boom und ist die beliebteste Freizeitbeschäftigung der Deutschen geworden (vgl. Schulze 2005, S. VII). Als konkretes Beispiel hat *TUI Cruises* das Angebot der Sinnentwicklung umgesetzt: sie vermarkten die MS *Mein Schiff* als das „Wohlfühlschiff" mit großem Spa-Bereich, Betonung des Genusses, Rückzugsmöglichkeiten und vielen Auswahlmöglichkeiten (vgl. TUI Online-Katalog 2010).

Außerdem zeigt sich die ökologische und soziale Verantwortung auch im Tourismus mit Entwicklungen des Volunteer Travel/ Mitarbeit in Hilfsprojekten, Urlaub in der näheren Umgebung und dem Interesse an Kultur statt künstlicher Inszenierung (vgl. Rudolphi 2007, S. 30). Die Nachhaltigkeit im Tourismus wird allerdings laut Opaschowski (vgl. 2008, S. 346ff) schwer durchzusetzen sein, denn das Vergnügen und der Komfort darf auch beim sanften Tourismus nicht fehlen. Der nachhaltige Tourismus scheint zwar schon in den Köpfen angekommen zu sein, aber begrenzt auf die Erwartungen an die Veranstalter und Leistungsanbieter im Zielgebiet ohne Einschränkungen für den Kunden. Der Aspekt des Bedürfnisses nach Sicherheit wird ebenfalls im Tourismus sichtbar, so dass die Veranstalter eine sichere Urlaubswelt bieten müssen (vgl. Opaschowski 2008, S. 345). In der Spaßgesellschaft schien die Sicherheit keine Rolle zu spielen, da sich die Touristen als Reise-erfahren angesehen haben. Dennoch ist seit dem Umbruch ausgelöst durch den 11.September 2001 und weiteren Anschlägen die Sicherheit wieder mehr in den Fokus gerückt und für den Urlauber wichtiger geworden (vgl. Romeiß-Stracke 2003, S. 151ff).

Die der Sinngesellschaft zugesprochenen Pilger des Wallfahrtstourismus sind laut Steinecke (2010, S. 127) nicht auf der Suche nach „[...] religiöser Erbauung und Befreiung von Sünden [...]“, sondern vielmehr nach neuen und kulturellen Erlebnissen, physischen Herausforderungen und andersartigen Erfahrungen, die nicht dem Massenkonsum und der Unterhaltung entsprechen. Das besondere und intensive Erlebnis wird so zum Ziel. Die Bereicherung an kulturellen Erfahrungen wird generell für den Touristen in der weiter entwickelten Erlebnisgesellschaft wichtiger (vgl. Grötsch 2006, S. 53). Der Tourist in dieser Phase der Erlebnisorientierung ist erfahren und will in neue Erlebnisse eintauchen, und einen ganzheitlichen Prozess der „[...] ästhetische, intellektuelle, emotionale und psychologische Seinszustände und Wahrnehmungen [...]“ aktiviert, erleben (Grötsch 2006, S. 53). Der Kulturtourismus vereint dabei den Aspekt der Bildung mit den Möglichkeiten nach tiefen Erfahrungen. Letztendlich müssen mit dieser Entwicklungsstufe alle Aspekte der Experience Realms von Pine und Gilmore erfüllt werden, um der weiterentwickelten Erlebnisorientierung entsprechen und intensive Erlebnisse bieten zu können.

Der Massentourismus ist laut Romeiß-Stracke (vgl. 2003, S. 8) noch ein Relikt der Industriegesellschaft, der mit der Sinngesellschaft an Masse verliert. Romeiß-Stracke (2003, S. 148) vermutet, dass besonders für Europäer die Massentourismusziele immer unattraktiver und Urlaub in der eigenen Region interessanter werden. Die herkömmliche Pauschalreise wird allerdings durch mehr Flexibilität z.B. bei der Reisedauer individueller, womit die Veranstalter auf die geänderten Kundenwünsche reagiert haben, so dass ein Mindestmaß an individuellen Bedürfnissen, gleichzeitig Sicherheit und ein günstiger Preis geboten werden können (vgl. Steinecke 2010, S. 39). Die Reise-erfahrenen Kunden wissen genau was sie wollen und wie viel sie dafür auszugeben bereit sind und suchen je nach Lebenssituation entweder nach günstigen standardisierten Produkten oder nach einzigartigen individuellen und teureren Angeboten (vgl. Pikkemaat/ Peters 2006, S. 85). Es konkurrieren für den hybriden Kunden die unterschiedlichsten Produkte miteinander, so dass ein Kunde durchaus einmal eine Kreuzfahrt bucht und danach einen Wanderurlaub (vgl. Stolpmann 2007, S. 15). Die gestiegenen und wahrscheinlich noch weiter steigenden Ansprüche und der Wunsch nach einer bewussten Zeit für sich, die Entschleunigung und der Wunsch nach Entspannung lassen auch Kurzurlaube immer beliebter werden. Häufiger und regelmäßig reisen, und dabei umso intensivere Erlebnisse an beeindruckenden Zielen wie kulturellen Stätten erfahren (vgl. Pikkemaat/ Peters 2006, S. 84), werden z.B. mit kurzen Städtetrips ermöglicht.

Die Informations- und Kommunikationstechnologien nehmen noch an Bedeutung zu und helfen den Kunden das Bedürfnis nach Information und Vergleichbarkeit nachzukommen, während die Unternehmen z.B. über die Buchungssysteme oder Kommunikationsmöglichkeiten wettbewerbsfähig bleiben (vgl. Theiner/ Steinhauser 2006, S. 22). Nun müssen die Anbieter im Tourismus es schaffen, individuelle Bedürfnisse bestmöglich über diese Kanäle zu befriedigen (vgl. Romeiß-Stracke 2003, S. 95ff).

3.4.6. Die Krise

Die Gefahr „sich zu Tode zu amüsieren“ ist in Deutschland nicht sehr groß, eher die Gefahr arbeitslos und arm zu werden und damit von dem erlebnisreichen Angebot ausgeschlossen zu werden (Opaschowski 2008, S. 329). So müssen im Rahmen dieser Entwicklungsstufe auch der Einfluss der Finanzkrise und die schlechte finanzielle Situation vieler Menschen in der Erlebnisgesellschaft benannt werden. Krisen sind nichts Ungewöhnliches und treten regelmäßig auf. Die Menschen werden Krisen-erfahrener und die Gesellschaft wird auch mit der Finanzkrise umgehen, wie sie es schon mit „Lebens- und Überlebensoptimismus“ tut (Goy 2009), soweit die Ansicht von Opaschowski aus einem Interview, bei dem er ein neues Denken über den Wohlstand anspricht: demnach wird es in Deutschland immer wichtiger, vor allem durch die Krise und weniger finanzielle Mittel, gesund zu sein und die Familie in der Nähe zu haben, z.B. in Mehrgenerationenhäusern. Die gegenseitige Hilfe wird zukünftig an Bedeutung gewinnen und so den Individualismus verdrängen (vgl. Goy 2009).

In Anbetracht der Finanzkrise und der wachsenden Lebenserwartung wird außerdem mehr Wert auf einen nachhaltigen Wohlstand und eine Absicherung der Lebensqualität gelegt. Dabei werden z.B. der Genuss der Natur und soziale Beziehungen wichtiger als materielle Güter (vgl. Opaschowski 2008, S. 72). Doch welche Auswirkungen die Weltwirtschaftskrise letztendlich haben wird, bleibt zunächst ungewiss und kann im Rahmen dieser Studie nicht beantwortet werden.

> „Gerade in Zeiten gestiegener Arbeitslosigkeit zeigt sich die ernsthafte Seite der Erlebnisgesellschaft“ (Schulze 2005, S. VII).

Die Angst vor dem sozialen Abstieg durch fehlende Arbeit oder fehlende finanzielle Mittel trotz Arbeit bereitet Angst und verstärkt den Wunsch nach Sicherheiten (vgl. Opaschowski 2008, S. 44f). Armut kann heute jeden treffen, viele Menschen mit guter Ausbildung haben Zukunftsängste und auch die, die schon lange arbeiten und einen guten Job haben, die das Projekt des schönen Lebens verwirklicht haben, sind besorgt alles zu verlieren (vgl. Schulze 2005, S. IV). Auf der einen Seite können diese Entwicklungen die Suche nach dem Sinn und Rückbesinnung auf traditionelle Werte noch verstärken, oder im Gegenteil den Spaß und die Unterhaltung neu beleben, so wie es schon bei Groß-Events, wie der Fußball-WM oder den Veranstaltungen zum Eurovision Song Contest in den letzten Jahren, zu beobachten war.

Das Projekt vom schönen Leben wird weiter verfolgt, auch wenn die Verwirklichung finanziell nicht immer gegeben sein mag (vgl. Opaschowski 2004, S. 132): der hybride Kunde ist bereits gewohnt den Erlebniskonsum auf bestimmte Bereiche auszurichten und in anderer Hinsicht zu sparen, bspw. beim Kauf der Lebensmittel vom Discounter. Opaschowski (2004, S. 135) nennt diesen Wechsel des Konsumenten als „Sparen und Verschwenden" oder „mal Askese und mal Luxus", so dass Sparen bis zu einem gewissen Grad mit der Erlebniswirtschaft vereinbar gemacht wird. Auch in Anbetracht von Krisen geht die Suche nach dem eigenen Glück und dem schönen Leben weiter. Dieses Projekt kann nicht mehr abgewendet werden (vgl. Schulze 2005, S. VIII):

> „Die Erlebnisgesellschaft ist immer noch unterwegs, auch in Zeiten von *Hartz IV*, globaler Standortkonkurrenz und hoher Arbeitslosigkeit" (Schulze 2005, S. III).

So wird es die Erlebnisgesellschaft auch zukünftig geben, wenn auch in anderen Formen, wie bereits durch die Sinnfindung angedeutet (vgl. Romeiß-Stracke 2003, S. 29). Grötsch (vgl. 2006, S. 50) sieht die Erlebnisgesellschaft ebenfalls noch als aktuell, auch wenn das Erlebnis in der Wirtschaft für die bessere Vermarktung von vielen Produkten ‚verbraucht' wird. Dennoch bleibt das Erlebnis interessant, denn Erleben schafft „Appetit auf neues Erleben" (Grötsch 2006, S. 50), und der Erlebniskonsum, wie er in den vorherigen Entwicklungsstufen benannt wurde, hat sich in der Gesellschaft verfestigt. Horx (vgl. 2009, S. 116) prophezeit dem Faktor Erlebnis zukünftig sogar eine noch größere Bedeutung. Die Gesellschaft möchte einfach nicht mehr auf den Erlebniswert und das Besondere verzichten, und damit Lebenserfüllung versuchen zu erreichen (vgl. Opaschowski 2008, S. 312). Entwicklungen, wie die Beliebtheit von Events und die Suche nach dem Glück, sowie die Wertschätzung der eigenen frei verfügbaren Zeit, weisen auf das Fortbestehen und der Weiterentwicklung der Erlebnisgesellschaft hin (vgl. Schulze 2005, S. IX). Aber auch die Spaßgesellschaft existiert noch weiter: laut Romeiß-Stracke (2003, S. 29) wird die Spaßgesellschaft für die Menschen bedeutend sein, die „[...] entweder Nachholbedarf haben oder die noch unter extrem industriegesellschaftlichen Bedingungen arbeiten und leben."

Insgesamt bleibt das Projekt des schönen Lebens das wichtigste Ziel und „das Erleben als dominante Form, Sinn zu definieren" (Schulze 2005, S. VIII).

3.5. Entwicklungsstufe 5: Post-Erlebnis - Was kommt danach?

Diese letzte Entwicklungsstufe komplettiert die Untersuchung der Erlebnisorientierung: zu Beginn dieser Studie wurden die Voraussetzungen für die Erlebnisorientierung beschrieben und im Folgenden soll als Rahmen für eine ganzheitliche Darstellung auch die Zukunft integriert werden.

Es gibt diverse Wissenschaftler und Autoren, die zukünftige Entwicklungen beschrieben haben, wie Opaschowski (vgl. 2008), Horx (vgl. 2009) oder Pine und Gilmore (vgl. 1999). Pine und Gilmore sehen bspw. als weitere Entwicklung nach der Erlebniswirtschaft die Phase der „Transformation". Neben dieser wirtschaftlichen Weiterentwicklung werden auch Veränderungen der Gesellschaft mit Auswirkungen auf die Wirtschaft vorhergesagt bzw. bereits beobachtet. Eine zu beobachtende Tendenz, die sich schon zuvor abgezeichnet hat, ist die Entwicklung hin zur Wissensgesellschaft. Mit dem Megatrend der „New Work" wird von den arbeitenden Menschen eine ständige Anpassungsfähigkeit mit wechselnden Jobs und Arbeitgebern erwartet, was nicht nur Mobilität bedeutet, sondern auch lebenslanges Lernen voraussetzt (vgl. Dziemba/ Wenzel 2009, S. 17). Laut Horx (vgl. 2009, S. 13) bildet sich mit der hohen Bedeutung des Wissens und den wirtschaftlichen Bedingungen eine neue „kreative Klasse" von Menschen, die auch „Wissensarbeiter" bezeichnet werden und vor allem kreativ arbeiten. Eine weitere gesellschaftliche Bezeichnung, die diese Entwicklungsstufe prägt, ist die „Unsicherheitsgesellschaft" (vgl. Dziemba/ Wenzel 2009, S. 60), bei der die Angst im Leben und in der Wirtschaft immer mehr zum Thema wird. Horx (vgl. 2009, S. 72, 81) benennt diese Entwicklung als „Fear Economy", bei der ein Bedürfnis nach Sicherheit offensichtlich wird: nicht nur die Sicherheit vor Gewalt oder Anschlägen, auch die finanzielle und soziale Sicherheit. Doch für diese Unsicherheitsgeneration gehören Umbrüche und Unsicherheit zur Normalität.

Auch wenn Ängste bezogen auf die eigene Zukunft bestehen, gibt es Entwicklungen, die zeigen, dass diese Generation das Beste aus der Situation macht und z.B. beruflich die Zeit des schwierigen Berufseinstiegs als wichtige Lernphase nutzt oder die erwartete Mobilität und Flexibilität bietet (vgl. Dziemba/ Wenzel 2009, S. 51, 60). Dabei sind Werte wie Leistung und Disziplin unerlässlich, die sich durch die Rückkehr der traditionellen Werte bereits angekündigt haben.

Opaschowski (vgl. 2009) benennt eine neue Art von Generation, die „Generation V", die sich passend zur Entwicklung hin zur Wertschätzung immaterieller Dinge durch „Vertrauen, Verantwortung und Verlässlichkeit" auszeichnet. Diese Aspekte werden den Halt in der Gesellschaft zukünftig ausmachen, da vor allem das Vertrauen im öffentlichen und wirtschaftlichen Bereich, wie z.B. bezogen auf die Finanzwirtschaft, sinkt.

Bezogen auf Sicherheit, Gemeinsinn und Glück sieht auch die Stiftung für Zukunftsfragen (vgl. 2009) Faktoren wie „Sozialgesellschaft", „Generationengesellschaft" und „Hilfeleistungsgesellschaft" als zukunftsweisend. Eine Entwicklung, bei der sich die Experten einig zu sein scheinen, ist die hin zu intakten sozialen Beziehungen anstatt materieller Güter (vgl. Opaschowski 2008, S. 647). „Lieber glücklich als reich" (Opaschowski 2008, S. 648). Mit sinnvollen Aspekten wie Gesundheit, Familie, Freundschaft, Natur, Bildung und auch Arbeit. Die Stiftung für Zukunftsfragen (2009) benennt diese Entwicklung als „Gut leben statt viel Haben". Dabei wird das individuelle Wohlfühlen, welches nicht nur vom materiellen Besitz abhängt, als neue Entwicklung beschrieben.

3.5.1. Transformation

Romeiß-Stracke (vgl. 2003, S. 92) hat in ihrer Veröffentlichung „Ende der Spaßgesellschaft" eine Entwicklung von der Experience Economy zur „Support Economy" vorhergesagt: eine Wirtschaft, die Aspekte der Lebensberatung aufgreift. In diese Richtung geht auch die Prognose von Pine und Gilmore, die erstmals 1999 die „Transformation" als logische Folge der Erlebnis-Ökonomie beschrieben haben. Im Folgenden soll die Transformation oder „Wandlung", wie sie in der deutschen Fassung der „Experience Economy" genannt wird, als mögliche zukünftige Entwicklung der Erlebnisorientierung kurz dargestellt werden.

Die Transformation beruht auf der Annahme, dass unterhaltsame, bildende oder zerstreuende Erlebnisse nicht mehr genug sind und der wirtschaftliche Wert weiter fortschreiten kann (vgl. Pine/ Gilmore 2000, S. 243). Als Weiterentwicklung gilt die Suche nach Erlebnissen, die den Konsumenten verändern. Die Menschen suchen nach spirituellem Wachstum außerhalb der Religion, sie suchen Rat bei Experten in den Medien anstatt bei Freunden oder Familie, sie bilden sich privat weiter, Unternehmen gründen eigene Ausbildungszentren und die Menschen geben viel Geld für die eigene körperliche Fitness aus. Dies sind alles Gründe, die Pine und Gilmore (vgl. 2000, S. 244) als Beispiele anführen, warum die Menschen nicht nur kurzweilige Erlebnisse suchen, sondern Erlebnisse, die sie verändern sollen. Die Weiterentwicklung der Transformation zielt darauf ab, den Wunsch nach einem langfristigen Erlebnis zu erfüllen, wie es z.B. beim Training im Fitness-Studio der Fall ist: der langfristige Trainingserfolg und das körperliche Wohlbefinden bzw. eine langfristige Veränderung des Körpers sind das Ziel (vgl. Pine/ Gilmore 2000, S. 245).

Mit dieser Weiterentwicklung des Erlebnisses werden Erlebnisangebote, bei denen sich die Anbieter auf die Inszenierung statt auf die Wirkung und Veränderung für die Konsumenten konzentrieren, zur Massenware. Hinzu kommt, dass wiederholte Erlebnisse mit der Zeit ihre Wirkung verlieren und das Vergnügen für den Erlebenden geringer wird (vgl. Pine/ Gilmore 2000, S. 246). Pine und Gilmore (2000, S. 246) beschreiben, dass die Individualisierung eines Erlebnisses, also die Anpassung an die individuellen Bedürfnisse,

„[...] den Menschen zwangsläufig *verändern* [...]" und somit das Erlebnis zu einer „*Wandlung*" machen. Damit ist die Wandlung mit der Entwicklung von der Dienstleistung zum Erlebnis zu vergleichen und stellt die 5. und letzte Stufe im Modell „Fortschritt des wirtschaftlichen Werts" dar.

Das Angebot besteht bei der Wandlung darin, den Kunden zu verändern. „Im Fall der Wandlung *ist der Kunde das Produkt*!" (Pine/ Gilmore 2000, S. 256). Der Weg zu dieser Wandlung wird mit Hilfe von Gütern, Services oder Prozessen durchgeführt, die aber nicht das wirtschaftliche Angebot ausmachen, sondern lediglich das Mittel zur Wandlung darstellen. Um die Wandlung durchführen zu können, muss der Anbieter die Wünsche und Bedürfnisse des Kunden genau kennen und verstehen. Wandlungen müssen über einen längeren Zeitraum aufrechterhalten werden, um eine langfristige Wirkung zu erzielen. Ein weiterer Aspekt der Wandlung ist die Individualität, denn durch die Veränderung des Kunden kann sie nur einmal durchgeführt werden (vgl. Pine/ Gilmore 2000, S. 256).

Als Unterschied zwischen Erlebnis und Wandlung beschreiben Pine und Gilmore (vgl. 2000, S. 255) das Erlebnis als einprägsam, die Wandlung als wirkungsvoll. Damit bewirken nur die Wandlungen dauerhafte Auswirkungen, denn auch die Erinnerungen an die Erlebnisse werden mit der Zeit schwächer. Ähnlich wie bei Erlebnissen kann auch die Wandlung an sich nicht beeinflusst werden, lediglich eine Begleitung erfolgt durch den Anbieter (vgl. Pine/ Gilmore 2000, S. 262). Erlebnisse bilden die Grundlage für Wandlungen, sie sind die Bühne für die Transformation (vgl. Pine/ Gilmore 2000, S. 265f).

Als Beispiel dafür, wie die Wandlung in der Praxis aussehen kann, nennen Pine und Gilmore (vgl. 2000, S. 249) Themenrestaurants: statt *nur* ein Restaurant mit Thema anzubieten, wird als Erweiterung Ernährungsmanagement in Zusammenarbeit mit Diätunternehmen geboten. Dabei werden Unterhaltung und Bildung kombiniert und der Gast profitiert von einem geänderten und gesünderen Essverhalten mit eventueller Gewichtsreduktion und besserer Gesundheit. In Rechnung wird das Ergebnis gestellt, was bei der Erlebnisökonomie noch die Zeit war (vgl. Pine/ Gilmore 2000, S. 283f). Besonders der Bereich der höheren Bildung wird als prädestiniert für die Stufe der Transformation angesehen (vgl. Pine/ Gilmore 2000, S. 250): private Schulen haben beste Möglichkeiten über das Bildungserlebnis hinauszugehen und langfristige Veränderungen bei den Klienten zu erreichen, die das weitere Berufs- und auch Privatleben beeinflussen und verändern.

Pine und Gilmore (2000, S. 257ff) haben mit der Erscheinung der „Experience Economy“ vorhergesagt, dass sobald die Erlebnisökonomie voll entfaltet ist, die Transformation bedeutend wird. Somit ist das Erreichen der „Wandlungswirtschaft“ als letzte Stufe des Fortschritts des wirtschaftlichen Wertes vorbestimmt (Pine/ Gilmore vgl. 2000, S. 299). Allerdings wird im Rahmen der vorliegenden Studie aufgrund der vorangegangenen Analyse der Erlebnisorientierung und der Zukunftsprognosen anderer Experten die Transformation nicht als die einzig gültige Weiterentwicklung der Erlebnisökonomie gesehen. In Anbetracht der Tatsache, dass die Entwicklung der Transformation vor über einem Jahrzehnt beschrieben wurde, konnten gesellschaftliche Entwicklungen wie Ängste durch Terroranschläge oder wirtschaftliche Krisen nicht einbezogen werden. Deswegen wird in dieser Studie die Transformation als nur eine mögliche Entwicklung angesehen.

3.5.2. Auswirkungen für Freizeit und Tourismus

> „In Zukunft werden auf Reisen Tiefendimensionen des persönlichen Erlebens gesucht. Man will so außergewöhnliche Erfahrungen machen, dass man sich selbst verändert und weiterentwickelt (die vier „I“ der Sinngesellschaft!)“ (Romeiß-Stracke 2003, S. 145).

Demnach werden die Angebote und Destinationen nach dem Beitrag für die persönliche Entwicklung und der erhofften Wirkung bzw. Veränderung beurteilt. Damit wird nicht nur eine Verbindung zur Sinngesellschaft geschaffen, sondern auch eine Verbindung von der Sinngesellschaft zur Transformation. Die persönliche Entwicklung wird bei beiden Konzepten in den Vordergrund gerückt. Eine Art des Reisens mit tiefgründigen Erfahrungen und Erlebnissen bieten z.B. die „Sabbaticals“: bei der bewussten Auszeit vom Alltag und Beruf über mehrere Monate wird auf eine langfristige Wirkung und eventuell auch Veränderung beim Reisenden gesetzt (vgl. Opaschowski 2008, S. 373; Romeiß-Stracke 2003, S. 70f). Es wird vermutet, dass diese bereits aktuell zu beobachtende Reiseform zukünftig wachsen wird.

Es besteht weiterhin die Entwicklung hin zur Nachhaltigkeit im Tourismus und der Wirtschaft allgemein (vgl. Horx 2009, S. 13). Ethischer Konsum und ein Handeln, das als nachhaltig bewertet werden kann, wird für den Konsumenten und somit für die Unternehmen wichtiger. Laut Steinecke (vgl. 2010, S. 7) ist davon allerdings bisher noch wenig zu spüren: die Urlauber reisen öfter und kürzer, gerne in exotische Zielgebiete und der Erlebnishunger scheint nach wie vor ungestillt. Dennoch bleibt der sanfte Tourismus und Umweltschutz ein Thema und gehört zumindest zum guten Ton von regionalen Tourismusverbänden oder Veranstaltern (vgl. Steinecke 2010, S. 7f). Auf dem ersten Blick mag dabei der Pauschaltourist der Böse sein, allerdings hat auch die zunehmende Menge an Individualreisenden einen Effekt auf die Nachhaltigkeit (vgl. Steinecke 2010, S. 8). So ist kaum ein Tourist heutzutage ein wirklich nachhaltig Reisender, aber eine weitere Entwicklung in diese Richtung ist sehr wahrscheinlich. Denn in den nächsten Jahren muss mit dem Klimawandel auch im Tourismus umgegangen werden und sanfte Urlaubsformen werden in den Vordergrund treten (vgl. Opaschowski 2008, S. 348, 373).

Auch wenn teilweise die Tendenz zum Ende der Pauschalreise und dem Massentourismus gesehen wird, gibt es Prognosen, die die traditionellen Urlaubsformen als noch nicht beendet beschreiben.

> „Die Erlebniskonsumenten geben zwar den Ton und Trend an, aber die Normalverbraucher bzw. Versorgungskonsumenten machen noch immer die eigentliche *Stammkundschaft* aus" (Opaschowski 2008, S. 338).

So wird auch in der zukünftigen Entwicklung der Erlebnisorientierung der Strandurlaub noch aktuell und viel nachgefragt sein, doch die Veranstalter müssen trotz dessen variable Bausteinprogramme bieten und sich genau auf die Wünsche der anspruchsvollen Kunden einstellen, um deren Träume verwirklichen zu können (vgl. Opaschowski 2008, S. 338). Opaschowski (vgl. 2008, S. 348) sieht aufgrund des Strukturwandels die günstigen Reisen im Zusammenhang mit der Finanzkrise als entscheidend, aber auch den Anspruchswandel, welcher wiederum die Wünsche der Urlauber komplexer werden lässt.

Der Trend zum Wohlbefinden durch Wellness hält auch zukünftig an, besonders im Zusammenhang mit der Konzentration auf das persönliche Gleichgewicht und Wohlbefinden (vgl. Opaschowski 2008, S. 338ff). Ebenso ist der demographische Wandel mit einer steigenden Anzahl an Senioren als Reisende nicht zu verachten und ein Aspekt für die Angebotsplanung im Tourismus: die Zielgruppe der „Best Ager" wird zukünftig noch an Bedeutung gewinnen (vgl. FUR 2009). Weiterhin sieht Opaschowski (2008, S. 355ff) den Kreuzfahrttourismus als zukunftsträchtigen Bereich mit *„Erlebnisreisen auf dem Wasser"*, die zwar Freiheit vermitteln, aber auch die gewünschte Geborgenheit ebenso wie fremde Kulturen und Bildung bieten. Ein weiterer Wachstumsmarkt sind die Themenparks, die als Kurzurlaubsziele eine Erlebnisgarantie darstellen: wo sonst sind Erlebnis und Vergnügen, aber auch Entspannung für die ganze Familie zu finden. Dabei wird es immer schwieriger etwas Neues zu bieten. Neue künstliche Urlaubswelten könnten zukünftig die Lösung sein: alle Kulissen, die der Tourist sich wünscht, an einem Ort vereint, von *Disneyland* über den Vatikan bis zum Strand (vgl. Opaschowski 2008, S. 373). Als letzten Ausblick in die Zukunft nennt Horx (2009, S. 93ff) den Schlüsseltrend „Private Spaceflight" als Reiseform, die die Abenteuerlust stillt und für die Anbieter einen neuen Markt und ideale Verdienstmöglichkeiten bietet. Angebote gibt es bereits, auch wenn bisher nur für eine sehr ausgewählte Klientel, nicht zuletzt aufgrund der immens hohen Reisepreise (vgl. Horx 2009, S. 97). Aber diese von dem Trendforscher Horx genannte zukünftige Urlaubsform zeigt wiederum, dass die Abenteuerlust und vor allem die Lust auf Erlebnis nach wie vor bestehen und auch zukünftig von Bedeutung sein werden (vgl. Horx 2009, S. 101).

Diese zukünftigen Entwicklungen sollen lediglich Beispiele für die Art der Angebote sein, die durch die vorherigen Entwicklungen möglich erscheinen. Eine genaue Antwort auf die Frage was als Nächstes kommt, kann im Rahmen dieser Arbeit nicht gegeben werden. Sicher ist aber, dass das Erlebnis weiterhin Bestand hat und eine Weiterentwicklung dessen erfolgt.

3.6. Ableitung des Modells – Ergebnis der Literaturrecherche

Als Zwischenfazit soll an dieser Stelle zum Ende der Literaturrecherche mit den Entwicklungsstufen der Grundriss für das Modell zur Messung der Erlebnisorientierung als Ergebnis abgeleitet werden.

Mit der Analyse der relevanten Literatur zum Thema der Erlebnisgesellschaft und Erlebnisökonomie hat sich eine Entwicklung der Erlebnisorientierung dargestellt, die in den vorangegangenen Kapiteln als Entwicklungsstufen beschrieben wurden. Dabei wurden die ermittelten Aspekte und Entwicklungen in eine Reihenfolge gebracht, so dass eine Abfolge von zeitlich nahen und sich gegenseitig beeinflussenden Entwicklungen entstanden ist. Diese wurden den fünf identifizierten Entwicklungsstufen zugeteilt. In Abbildung 8 sind die ermittelten Entwicklungen im Zusammenhang mit den Entwicklungsstufen als Vorstufe zum Grundriss-Modell dargestellt (s. auch Anhang 1).

Abbildung 8: Die Entwicklung des Erlebnis-Phasen-Modells

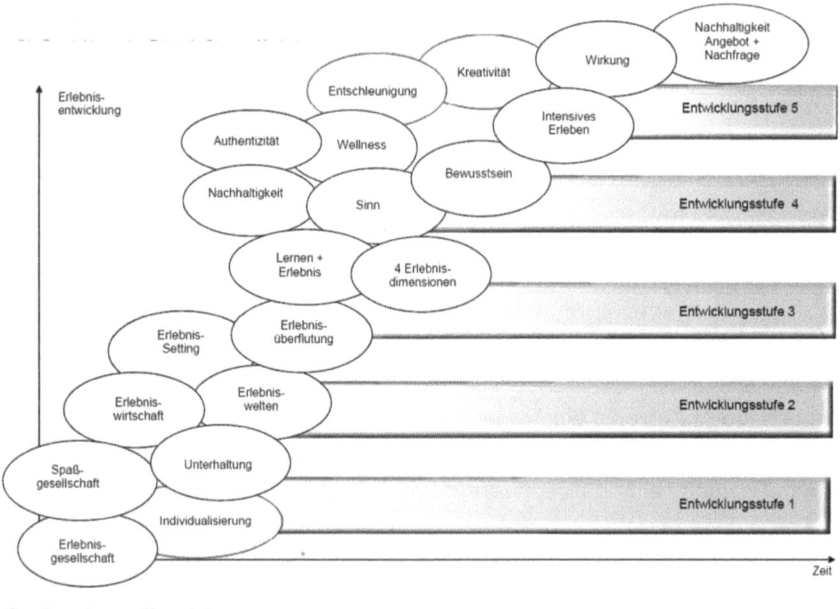

Quelle: eigene Darstellung

Auf Grundlage der Entwicklungsstufen ist der Grundriss des zu entwickelnden Modells entstanden. Bei dem Grundriss des Erlebnis-Phasen-Modells sind die identifizierten Entwicklungen der Erlebnisorientierung zusammengefasst und mit der jeweiligen charakteristischen Ausprägung der Stufe benannt (s. Abb. 9, Anhang 2).

Abbildung 9: Grundriss des Erlebnis-Phasen-Modells

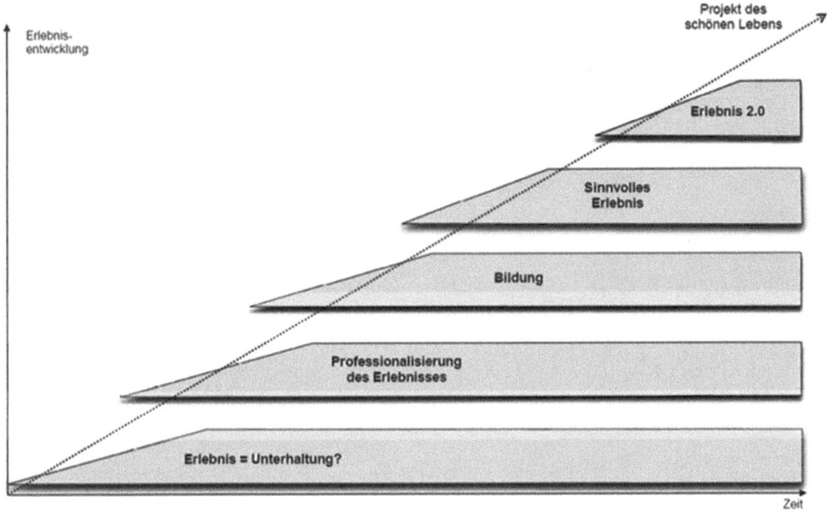

Quelle: eigene Darstellung

Bei dem Grundriss-Modell ist dargestellt, dass sich das Projekt des schönen Lebens durch alle Entwicklungsstufen der Erlebnisorientierung zieht.

> „Der kleinste gemeinsame Nenner von Lebensauffassungen in unserer Gesellschaft ist die Gestaltungsidee eines schönen, interessanten, subjektiv als lohnend empfundenen Lebens“ (Schulze 2005, p. 37).

Das bloße Überleben scheint in der Gesellschaft der Erlebnisorientierung auch in der Zukunft für die Mehrzahl der Menschen weiterhin garantiert zu sein, so dass ein Abweichen von dem Projekt des schönen Lebens nicht notwendig ist und wird. Im folgenden vierten Kapitel wird das Erlebnis-Phasen-Modell ausführlich erklärt und dargestellt.

4. Modell zur Messung des Entwicklungsstands der Erlebnisorientierung - Das Erlebnis-Phasen-Modell

Mit dem Grundriss des Modells, basierend auf der vorangegangenen Literaturrecherche, wird im Folgenden das Erlebnis-Phasen-Modell als Modell zur Messung des Entwicklungsstands der Erlebnisorientierung anhand von Erlebnis-Phasen vorgestellt. Da das Modell auf Grundlage der Informationen aus Soziologie und Ökonomie entstanden ist, sind sowohl Aspekte der Erlebnisgesellschaft als auch der Erlebnisökonomie enthalten. Die Anwendung des Modells ist dabei auf Erlebnisangebote speziell in der Freizeit- und Tourismuswirtschaft ausgelegt. Im Rahmen der vorliegenden Studie wird das Modell auf die Kreuzfahrt- und Themenparkbranche angewendet.

Wie bei der Beschreibung der Entwicklungsstufen in Kapitel 3 bereits deutlich wurde, sind die einzelnen Stufen innerhalb der Erlebnisorientierung nicht strikt zu trennen. Jede Stufe nimmt Einfluss auf die nächste und auf die gesamte Entwicklung, so dass die Übergänge fließend sind und einzelne Aspekte immer wieder auftauchen. Aufgrund dessen ist das Erlebnis-Phasen-Modell zwar an den identifizierten Entwicklungsstufen angelehnt, besteht aber nicht aus diesen einzelnen und getrennten Stufen, wie im Grundriss-Modell dargestellt, sondern aus Phasen, die auch die Einflüsse der anderen Stufen zusammenhängend berücksichtigen bzw. einschließen. Die folgende Abbildung 10 zeigt die fünf Phasen mit den Entwicklungsstufen, die zusammen das Erlebnis-Phasen-Modell bilden (s. auch Anhang 3).

Die Phasen spiegeln auf der einen Seite eine zeitliche Entwicklung und Abfolge der Ausprägungen in der Erlebnisorientierung wider, und stellen auf der anderen Seite zusammenhängende Aspekte dar: die Phasen umspannen nicht nur mehrere Entwicklungsstufen, sie überschneiden sich auch gegenseitig. Dadurch wird deutlich, dass eine klare Trennung der Phasen nicht möglich ist, da immer auch ein Teil der vorherigen oder folgenden Phase enthalten ist.

Abbildung 10: Das Erlebnis-Phasen-Modell

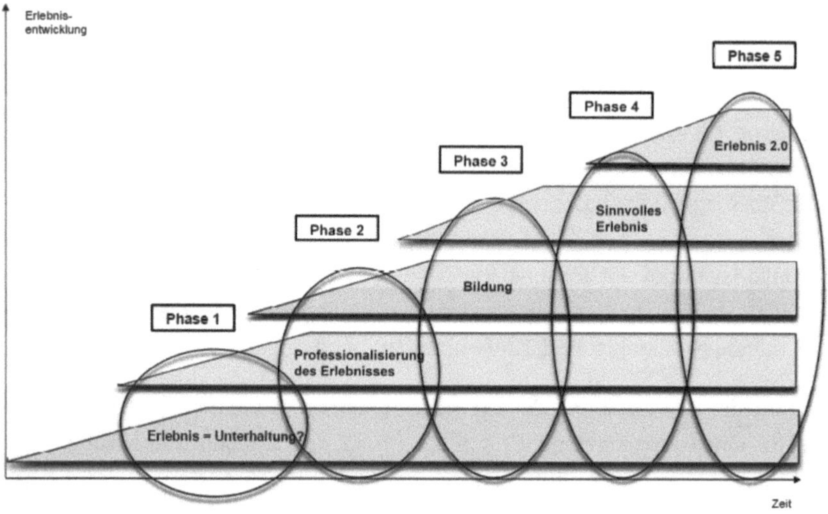

Quelle: eigene Darstellung

Die erste Phase **„Erlebnis = Unterhaltung"** beinhaltet den in Kapitel 3.1. beschriebenen Beginn der Erlebnisorientierung und die Tendenz, das Erlebnis mit Unterhaltung und Spaß gleichzusetzen. Diese Phase beinhaltet darüber hinaus die grundlegende Entwicklung der Erlebnisgesellschaft mit den resultierenden Veränderungen und Aspekten, wie z.B. Individualisierung und der Mehr-Kultur.

Die zweite Phase ist die **„Professionalisierung des Erlebnisses"**, da das Erlebnis als Marketinginstrument genutzt wird und Angebote mit dem Zusatz Erlebnis aufgewertet werden. Erlebnis-, Konsum- oder Themenwelten stellen dabei den Prototypen für das wirtschaftlich angebotene Erlebnis mit einer professionellen Inszenierung und vielfältigen Angeboten dar.

Die ersten beiden Phasen bilden die Basis für die Entwicklung der Erlebnisorientierung und haben Auswirkungen auf alle nachfolgenden Phasen.

Bereits Pine und Gilmore (1999) haben als Begründer der Erlebnisökonomie die Bildung als Teil des Erlebnisprodukts dargestellt, wobei es dabei vor allem um die aktive Teilnahme und Verstärkung des Erlebnisses als um das wirkliche Lernen ging. Lernen im Zusammenhang mit Erlebnis wird in dieser Studie und für das Modell als eine separate Phase, der Phase 3 **„Bildung"**, angesehen, da sich ein spezielles Angebot aus der Kombination von Erlebnis und Lernen entwickelt hat, wie es z.B. in Science Centern oder in einigen Museen und Zoos zu finden ist.

Mit der nächsten Phase ist dann vorbereitet durch den Einfluss der Bildung eine neue Ausprägung des Erlebnisses entstanden, bei dem es vordergründig nicht mehr ‚nur' um Unterhaltung geht: die Phase 4 **„sinnvolles Erlebnis"**. Als neue Merkmale sind in dieser Entwicklungsstufe Aspekte wie Wellness, Rückzug in die soziale Geborgenheit von Familie und Freunden und der Wunsch nach echten, kulturellen und authentischen Erlebnissen identifiziert worden. Die neue Entwicklung zur Sinnfindung und sinnvollen Erlebnissen ist Bestandteil dieser Phase und beeinflusst die weiterführende Entwicklung der Erlebnisgesellschaft und -wirtschaft, so dass das Erlebnis letztendlich nicht mehr nur auf Spaß und Unterhaltung reduziert werden kann und eine neue Ausprägung erlangt hat. Daran ist die Weiterentwicklung der Erlebnisorientierung und auch ein typisches Merkmal des Projekts des schönen Lebens zu erkennen: ein Ankommen wird wahrscheinlich nie möglich sein, stattdessen wird es eine ständige Entwicklung und Suche nach neuen Arten von Erlebnissen geben.

Die fünfte und letzte Phase, **„Erlebnis 2.0"**, bezieht sich auf zukünftige Entwicklungen, die sich ansatzweise bereits abzeichnen bzw. von Experten vorhergesagt werden, aber in der Ausprägung und Form noch nicht bestimmt werden können. Es ist deutlich geworden, dass das Projekt des schönen Lebens und insbesondere die Erlebnisorientierung weiter anhalten und einen Platz in der Gesellschaft und Wirtschaft behalten. Allerdings ist abzusehen, dass es eine weiterführende Entwicklung des Erlebnisses gibt.

Die Phasen bilden insgesamt indirekt und unbeabsichtigt die Erlebnis-Dimensionen von Pine und Gilmore (1999) ab: das Erlebnis bezogen auf Unterhaltung, die Ästhetik verbunden mit dem Projekt des schönen Lebens, die Einbindung des Konsumenten durch Inszenierung und die Integration von Bildung. Die vierte Phase mit dem sinnvollen Erlebnis vereint alle Erlebnis-

Sphären und bietet dem Gast mehr als nur Unterhaltung, professionelle Settings des Erlebens und Bildungsansätze, sondern ein ganzheitliches und weiterentwickeltes Erlebnis. Diese Parallele zeigt, dass nicht nur Erlebnisangebote alle vier Erlebnis-Bereiche enthalten sollten, sondern auch die Entwicklung der Erlebnisorientierung diese Aspekte beinhaltet.

Mit dem Erlebnis-Phasen-Modell sollen bei der Anwendung an Erlebnis-Angeboten bzw. -Branchen Rückschlüsse auf deren Entwicklungsstand bezogen auf die Erlebnisorientierung dargestellt werden. Je nachdem wie die Bewertungskriterien, die im Folgenden vorgestellt werden, erfüllt werden, kann eine Aussage über die Erfüllung einer Phase getroffen werden. Mit dem Ergebnis der erfüllten Kriterien kann bestimmt werden, in welchen Phasen die Branche/ das Produkt anzusiedeln ist oder ob es überhaupt innerhalb der Erlebnisorientierung liegt. Durch das Erfüllen bestimmter Phasen wird deutlich, inwiefern das Angebot in der Entwicklung vorangeschritten ist und ermöglicht Rückschlüsse über noch auszubauende Bereiche der weiterentwickelten Erlebnisorientierung.

Zu beachten ist, dass das Erlebnis-Phasen-Modell einen idealtypischen Verlauf der Erlebnisorientierung auf Grundlage der untersuchten wissenschaftlichen Sekundärliteratur darstellt. Inwiefern die Erlebnisangebote diese Entwicklung idealtypisch widerspiegeln, muss bei der Anwendung überprüft werden.

4.1. Die Phasen und Bewertungskriterien des Erlebnis-Phasen-Modells

Die Bewertungskriterien für die Anwendung des Modells basieren ebenfalls auf der vorangegangenen Literaturanalyse. So bestehen die Bewertungskriterien aus Merkmalen, die für die jeweilige Phase aufgrund der Inhalte der Entwicklungsstufen als bedeutend identifiziert wurden. Dabei wurden die als am prägnantesten angesehen Aspekte für das Modell herausgefiltert. Die für die Phase charakteristischen Aspekte wurden umformuliert, so dass sie als Bewertungskriterien bei Erlebnisangeboten angewendet werden können. Nicht jeder Aspekt, der in den zuvor beschriebenen Entwicklungsstufen dargestellt wurde, wird auch als Bewertungskriterium genutzt. Bei den Kriterien geht es vielmehr darum, eine Anwendbarkeit des Modells zu erzielen, indem die aussagekräftigen und charakteristischen Inhalte der einzelnen Entwicklungsstufen die Phasen des Modells bilden. Da das Modell auf Branchen bzw. einzelnen Unternehmen und Einrichtungen im Bereich Freizeit und Tourismus angewendet werden soll, ist eine Berücksichtigung dessen bei der Definition der Kriterien erfolgt.

Das Projekt des schönen Lebens, wie von Schulze (2000) beschrieben, ist ein Merkmal aller Entwicklungsstufen, aber nicht direkt als Bewertungskriterium für Erlebnisangebote anwendbar, da es ein Streben der Menschen in der Erlebnisgesellschaft darstellt. Dennoch ist dieser Aspekt in Kriterien wie z.B. Ästhetik oder Erlebniswelten wiederzufinden, aber nicht als gesondertes Kriterium aufgeführt.

Alle Phasen bauen unabhängig voneinander auf dem Erlebnis laut Definition auf. D.h., als Grundlage für die Anwendung des Modells muss mindestens das Erlebnis in Form von positiven Emotionen, einprägsamen Ereignissen und die dazugehörende unterstützende Umgebung gegeben sein. Die Gefühle der Konsumenten müssen angesprochen werden, um sie persönlich zu berühren und um nicht nur funktionale Aspekte des Angebots zu vermitteln. Deswegen ist das Erlebnis als solches nicht als Bewertungskriterium in dem Erlebnis-Phasen-Modell zu finden, da es die grundlegende Voraussetzung ist, um das Modell überhaupt anwenden zu können. Damit ist die Anwendung des Modells wie beabsichtigt ausschließlich auf Erlebnis-Produkte ausgerichtet.

Neben dem Erlebnis gibt es noch die folgenden weiteren Voraussetzungen (s. Abb. 11) für ein mögliches Erfüllen der Phasen:

Abbildung 11: Voraussetzungen für das Erfüllen der Phasen

Phase	Voraussetzung
Phase 1 – 5	Erlebnis-Angebot
Phase 3	Unterhaltung + Realitätsflucht + Ästhetik
Phase 4 + 5	Unterhaltung + Realitätsflucht + Ästhetik + Bildung

Quelle: eigene Darstellung

Die Voraussetzungen sind angelehnt an die Parallelen mit den Erlebnis-Dimensionen von Pine und Gilmore (1999). So ist z.B. die Voraussetzung um ein Angebot überhaupt in Phase 4 ansiedeln zu können das Vorhandensein von Unterhaltung, Realitätsflucht, Ästhetik und Bildung. Diese Voraussetzungen wurden definiert, um das Erlebnisangebot gemäß der Entwicklung den Phasen zuordnen zu können. Des Weiteren ergeben sich aus dem gegenseitigen Einfluss der Phasen Abhängigkeiten, die Voraussetzungen für das Erreichen einer weiteren Phase notwendig machen.

Nach der Übersicht aller Phasen mit den jeweiligen Bewertungskriterien (s. Abb. 12) werden im Folgenden zu jeder Phase einzeln die jeweiligen Bewertungskriterien beschrieben. Eine Übersicht aller Bewertungskriterien im Erlebnis-Phasen-Modell ist im Anhang 4 dargestellt. Es wurde bewusst darauf verzichtet die Anzahl der Kriterien pro Phase anzugleichen, da so ausschließlich die charakteristischen Ausprägungen als Bewertungskriterien ausgewählt werden konnten. Die Bewertungskriterien stellen die Aspekte dar, die die zu untersuchenden Erlebnisangebote oder –Branchen erfüllen müssen, um einer Phase zugeordnet werden zu können. Deswegen bedeutet das Vorhandensein bzw. Erfüllen der Kriterien eine Zuordnung zur entsprechenden Phase.

Abbildung 12: Übersicht der Bewertungskriterien

Phase	Bewertungskriterien
Phase 1 Erlebnis = Unterhaltung	• Unterhaltung • Individuelle Wunscherfüllung / Auswahl • Zusatznutzen
Phase 2 Professionalisierung des Erlebnisses	• Erlebnis-Setting • Innovationen • Erlebniswelt-Kriterien • Events
Phase 3 Bildung	• Erlebnisorientierte Lernorte • Edutainment
Phase 4 Sinnvolles Erlebnis	• Entschleunigung / Rückzugsmöglichkeiten • Sicherheit • Gesundheit und Wellness • Authentizität und Kultur • Transparenz und Qualität des Angebots • Umwelt-Management des Anbieters
Phase 5 Erlebnis 2.0	• Wissensangebote und Kreativität • Angebote für die persönliche Entwicklung • Nachhaltigkeit • Künstliche Multi-Urlaubswelten und Abenteuer

Quelle: eigene Darstellung

4.1.1. Phase 1: Erlebnis = Unterhaltung

In dieser ersten Stufe der Erlebnisorientierung liegt der Fokus auf den eher oberflächlichen Aspekten der Erlebnisorientierung, wie Spaß, Unterhaltung, Genuss und der Vermeidung von Langeweile, weswegen der Zusatz des Erlebnisses z.B. bei Freizeiteinrichtungen zum Versprechen von Spaß und Unterhaltung geworden ist (vgl. Romeiß-Stracke 2003, S. 20).

Unterhaltung: Erlebnisangebote der Phase 1 müssen einen Unterhaltungswert vermitteln. In welcher Form, ob mit Spaß, Action oder Genuss, wird nicht festgelegt, da es je nach Zielgruppe und Angebot unterschiedlichste Arten von Unterhaltungsmöglichkeiten geben kann.

Individuelle Wunscherfüllung / Auswahl: Zur ersten Phase gehört außerdem die individuelle Auswahl und Wunscherfüllung, angelehnt an den Trend der Individualisierung, Auflösung von Milieus und dem Projekt des schönen Lebens. Die individuellen Bedürfnisse sollen mit dem Erlebnisangebot dieser Phase befriedigt werden können und Auswahlmöglichkeiten bieten. Im Sinne der Erlebnisrationalität (vgl. Schulze 2000) müssen die äußeren Umstände in dieser Phase wählbar und individuell gestaltbar sein, um das individuelle Wohlfühlen und Vergnügen zu sichern.
Dieses Kriterium beinhaltet die anhaltende Entwicklung im Tourismus der dynamischen Angebote und hybriden Kunden, bei denen z.B. der Konsument mit individuellen Kombinationsmöglichkeiten, Aufenthaltsdauern und Baustein-Programmen sein individuelles Produkt zusammenstellen kann.

Zusatznutzen: Das letzte Bewertungskriterium dieser Phase ist der Zusatznutzen, den ein Angebot besitzen muss. Der funktionelle Nutzen, wie bei Gütern, Produkten oder Services, reicht nicht aus: der Zusatz von Inszenierung, von Emotionen, von der Schaffung von Erlebnissen muss das Angebot ergänzen. Dieses Bewertungskriterium spiegelt den Mehrwert von Erlebnissen wider, den laut dem Modell „Fortschritt des wirtschaftlichen Werts“ (vgl. Pine/ Gilmore 1999) Erlebnisse von Dienstleistungen und Gütern unterscheiden.

4.1.2. Phase 2: Professionalisierung des Erlebnisses

Für die Phase 2 ist ebenso das Erlebnis Voraussetzung für die Anwendung des Modells. Weiterhin bildet diese Phase besonders das Erlebnis als professionell angebotenes Produkt ab.

Erlebnis-Setting: Zum Erlebnis-Setting gehört die Schaffung einer positiven und als sicher empfundenen Umwelt, so dass die positiven Emotionen erfahren werden können. Wie das Umfeld aufgenommen wird, kann sehr unterschiedlich sein: so ist für den einen die Ansammlung von Menschen vor Fahrgeschäften ein Graus und lässt den ganzen Besuch eines Freizeitparks negativ besetzen, für andere jedoch bedeutet dieses Spaß. In diesem Sinne gehört auch eine gelungene Besucherlenkung zum Erlebnis-Setting (vgl. Müller/ Scheurer 2004, S. 13), sowie eine Inszenierung, bei der die Sinne angesprochen werden. Das gelungene Setting schließt ebenso qualitativ hochwertige Einrichtungen, ein ästhetisches Gesamtbild und Sauberkeit ein. Des Weiteren wird zum gelungenen Erlebnis-Setting auch die Rolle der Mitarbeiter gezählt, die maßgeblich zum Erlebnis der Konsumenten beitragen. Sie können das Erlebnis für den Besucher noch einprägsamer machen und die Inszenierung vervollständigen.

Innovationen: Um ein Angebot oder eine Branche in Phase 2 einordnen zu können, müssen ständige Innovationen erbracht werden. Die Konsumenten wollen immer wieder aufs Neue unterhalten werden und können mit Neuheiten wiederholt in Einrichtungen ‚gelockt' werden. Es werden neue Erlebnisse gesucht, die durch neue Ereignisse und Erfahrungen entstehen können. Innovations-Management wird dabei als Antrieb für die Erlebnisökonomie gesehen.

Erlebniswelt-Kriterien: Ein weiterer zentraler Aspekt der Phase 2 sind die Erlebniswelt-Kriterien, die zum Mindscapes-Modell von Steinecke (vgl. 2009) gehören und den Erfolg von Erlebniswelten ausmachen. Dazu gehören Faktoren wie: Marken, Themen, Illusionen, Gütesiegel/Normung, Serien, Dramaturgie, Allianzen, Prominente und Multifunktionen/-optionen.

Events: Als weiteres Kriterium der Phase 2 gelten Events. Diese zeitlich begrenzten Ereignisse sind eigene Erlebniswelten oder ein Bestandteil derer. Wechselnde Veranstaltungen dienen dem Innovations-Management und bieten ständig neue Erfahrungen für den Konsumenten.

4.1.3. Phase 3: Bildung

Als Voraussetzung für die Phase 3 gelten das Erlebnis und die folgenden Erlebnis-Dimensionen: Unterhaltung + Realitätsflucht + Ästhetik. Im Rahmen der idealtypischen Entwicklung der Erlebnisorientierung sind mit den ersten beiden Phasen diese Erlebnis-Dimensionen abgedeckt und müssen für Erlebnisangebote in den kommenden Phasen vorhanden sein. Mit der Phase 3 wird Bildung offensichtlich in die Angebote integriert und bietet entscheidende neue Einflüsse für die folgende Entwicklung der Erlebnisorientierung. Auf Basis der Informationen, dargestellt in Kapitel 3.3., gehört zu dieser Entwicklungsstufe auch die Unsicherheit, Zwang und Enttäuschung in Bezug auf das Erlebnis. Die Erfüllung der Erwartungen, und inwiefern negative Auswirkungen auf die Kunden durch die Erlebnisangebote herbeigeführt werden, kann im Rahmen der Angebots-Analyse mit dem Erlebnis-Phasen-Modell nicht untersucht werden. Da für die Anwendung des Modells hauptsächlich Marktführer der jeweiligen Branchen ausgesucht wurden, wird angenommen, dass die Bedürfnisse der Gäste weitestgehend erfolgreich befriedigt werden.

Erlebnisorientierte Lernorte: Erlebnisorientierte Lernorte bedeuten als Bewertungskriterium das Vorhandensein von speziellen Angeboten oder Einrichtungen, die mit aktiver Beteiligung der Konsumenten das freiwillige und selbstgesteuerte Lernen, auf die Zielgruppe abgestimmt, unterstützen. Dabei stehen lern-intensive Angebote zur gezielten Förderung des Lernens im Mittelpunkt.

Edutainment: Im Vergleich dazu ist das Kriterium Edutainment auf lernanimative Angebote bezogen, bei denen das Erlebnis und die Unterhaltung im Vordergrund stehen. Dabei wird Unterhaltung mit dem Nebeneffekt des Lernens angeboten.

4.1.4. Phase 4: Sinnvolles Erlebnis

Mit der Phase 3 des Erlebnis-Phasen-Modells ergibt sich eine neue Voraussetzung für die Phase 4: Unterhaltung + Realitätsflucht + Ästhetik + Bildung müssen für das Erlangen dieser Phase erfüllt sein.

Entschleunigung / Rückzugsmöglichkeiten: Der Aspekt der Entschleunigung wird für die Phase 4 als Bewertungskriterium in Form von Rückzugsmöglichkeiten innerhalb des Erlebnisangebots definiert. Damit verbunden erfüllt das Angebot oder die Branche Faktoren, die Aspekte des sinnvollen Erlebnisses aufgreifen und erweitert das Erlebnisangebot um eine neue Facette, die eine Work-Life-Balance, persönliches Gleichgewicht und ein noch intensiveres Erleben ermöglichen soll. Rückzugsmöglichkeiten können Orte oder Einrichtungen sein, die eine Entschleunigung unterstützen und den Gast zur Ruhe kommen lassen.

Sicherheit: Das Kriterium der Sicherheit einer Einrichtung oder eines Angebots ist auf die körperliche Sicherheit und das Wohlbefinden bezogen. Für gelungene Erlebnisse und intensives Erleben muss der Konsument das Gefühl von Sicherheit haben, besonders in der immer hektischer werdenden und von Terroranschlägen bedrohten ‚realen' Welt.

Gesundheit und Wellness: Einrichtungen, die Angebote für Wellness und Gesundheit in ihrem Programm integrieren, erfüllen dieses Kriterium. Angelehnt an die Sinngesellschaft und Entschleunigung ist Wellness im Erlebnis-Geschäft dieser Phase unverzichtbar.

Authentizität und Kultur: Mit der Suche nach Sinn werden das authentische Erlebnis und kulturelle, echte Erfahrungen bedeutender, wie z.B. bei den Kurz- und Städtereisen (vgl. FUR Kultur 2009). So wird bspw. bei Städtereisen die echte ‚Kulisse' zum Erlebnis-Setting. Da die wirklich authentischen Kulissen nicht immer einbezogen werden können oder sollen, ist mit diesem Kriterium die Verbindung zu authentischen und kulturellen Einflüssen jeglicher Art gemeint. Der Aspekt der Bildung spielt bei dem Wunsch nach kulturellen Erfahrungen eine bedeutende Rolle und zeigt die Verbindung zwischen den Phasen.

Transparenz und Qualität des Angebots: Die Kunden werden immer Reise-erfahrener und anspruchsvoller, so dass ein transparentes Angebot und Qualität bei jeder Art von Erlebnis-Produkten zum wichtigen Faktor wird. Bei der Anwendung des Modells wird dieses Kriterium erfüllt, wenn bspw. Informationen zu Abläufen, dem Angebot, Preisen usw. angemessen vorhanden sind.

Umwelt-Management des Anbieters: Mit der Entwicklung des sinnvollen Erlebnisses wird mit diesem Kriterium die Nachhaltigkeit des Anbieters abgefragt. Ein Umwelt-Management vonseiten des Unternehmens und damit ökologische Verantwortung wird von den Kunden erwartet und für das Erreichen dieser Phase vorausgesetzt.

4.1.5. Phase 5: Erlebnis 2.0

Für Anbieter ist es wichtig die gesellschaftlichen Veränderungen und Weiterentwicklungen vorausschauend zu beobachten und zu analysieren, um daraus Rückschlüsse für zukünftige Marktentwicklungen zu ziehen. Mit der in die Zukunft gerichteten Phase 5 wird aufgrund von den vorangegangen Entwicklungen und möglichen zukünftigen Ausprägungen, die in der Literatur beschrieben werden, bei den zu untersuchenden Angeboten und Branchen ermittelt, inwiefern zukünftige Entwicklungen bereits sichtbar sind.

Die Phase 5 stellt sich durch die Informationen aus der Literatur als eine Phase der Gegensätze dar: immaterielle Faktoren wie Glück, soziale Sicherheit und Religion nehmen an Bedeutung zu, wobei gleichzeitig Entwicklungen hin zu Space Tourism, Abenteuer und künstlichen Multi-Urlaubswelten zu beobachten sind. Es wird billig aber auch sehr teuer konsumiert, es wird für mehrere Monate und ebenso für wenige Tage verreist. Zusätzlich wird ein Angebot für Senioren bedeutender, die als wachsende Zielgruppe zukünftig mehr spezielle Angebote erforderlich machen.

Wissensangebote und Kreativität: Der Aspekt der Bildung wird beruflich mit dem lebenslangen Lernen und wissensintensiven Tätigkeiten weiter an Bedeutung gewinnen. In Verbindung mit persönlichkeits-verändernden Ansätzen zielt dieses Kriterium auf langfristige Bildungsaspekte und der Förderung von Kreativität ab. Mit neuen Jobs der kreativen Wissensarbeiter wird auch in Freizeit und Tourismus dieser Aspekt integriert werden. Dieses Kriterium wird erfüllt, wenn das Erlebnisangebot den Aufbau von Wissen und Kreativität nachhaltig fördert.

Angebote für die persönliche Entwicklung: Entscheidend für das Erreichen der Phase 5 und damit einer ganz neuen Dimension des Erlebens ist in Anlehnung an die Stufe der Transformation von Pine und Gilmore (vgl. 1999) die Wandlung des Konsumenten durch das Erlebnisangebot. Die langfristige individuelle Wirkung macht den Kunden zum Produkt, wobei der Anbieter den Weg zur Wandlung mit Gütern, Dienstleistungen und Prozessen bereitet. Diese neue Art von Erlebnis-Angeboten kann z.B. fit und kompetent für den Beruf und das Leben allgemein machen (vgl. Horx 2005).

Nachhaltigkeit: In dieser Phase muss nicht nur das Angebot nachhaltig ausgerichtet sein, sondern auch der Konsument mit dem Kauf oder der Nutzung nachhaltig wertvoll handeln. Damit ist nicht mehr nur das Umwelt-Management der Unternehmen gefragt, sondern ganzheitliche, nachhaltige Angebote. Mit Erfüllen dieses Kriteriums wird z.B. ein Urlaub geboten, der als nachhaltig bezeichnet werden kann und somit bereits viele Urlaubsformen ausschließt.

Künstliche Multi-Urlaubswelten und Abenteuer: Mit diesem Kriterium wird der Wunsch nach außergewöhnlichen Abenteuern wie dem Space Tourism abgedeckt. Ebenso das Bedürfnis nach Einrichtungen, die an einem Ort möglichst viele Wünsche abdecken und Anforderungen erfüllen. Die Multi-Urlaubswelten stellen dabei eine Erweiterung der Erlebniswelten für den Tourismus dar, da sie verschiedene Urlaubswelten vereinen und als authentische Erfahrungen inszenieren.

4.2. Das Bewertungssystem des Erlebnis-Phasen-Modells

Für die Anwendung des Erlebnis-Phasen-Modells wurde ein Bewertungssystem entwickelt, um bestimmen zu können, inwiefern die einzelnen Bewertungskriterien durch das Angebot erfüllt werden. Die Gewichtung der Bewertungskriterien ist identisch. Das Bewertungssystem ist ausführlich im Anhang 5 dargestellt.

Ein Bewertungskriterium kann entweder

- „komplett erfüllt" ●
- „teilweise erfüllt" ◐
- oder „nicht erfüllt" ○

werden, und wird bei der Anwendung mit den jeweiligen Bewertungspunkten markiert. Diese differenzierte Bewertung wurde gewählt, da ein Kriterium auch teilweise erfüllt werden kann und damit Tendenzen der Entwicklung aufzeigt.

Für die Summe der Kriterien einer ganzen Phase gibt es außerdem die Bewertungsmöglichkeit „ansatzweise erfüllt" ◌. Diese Beurteilung kommt zum Tragen, wenn von mehreren Kriterien einer Phase nur wenige erfüllt werden.

Für die Anwendung des Modells wurde diese Art der Bewertung gewählt und erarbeitet, da so das Ziel der Anwendung, nämlich herauszufinden in welcher Phase sich das Unternehmen bzw. die Branche befindet, schnell bei den Ergebnissen ersichtlich wird. Außerdem werden Ansätze einer Phase erkennbar und geben Aufschluss über mögliche Entwicklungen in der Branche.

Wird bspw. ein Angebot in den ersten beiden Phasen eingeordnet, bedeutet dies zunächst, dass sich der Anbieter auf einen bestimmten Bereich der Erlebnisorientierung schwerpunktmäßig konzentriert, für welches eine ausreichend große Zielgruppe vorhanden sein kann. Allerdings besteht die Möglichkeit, Elemente aus nachfolgenden Phasen zu integrieren, und somit den Anschluss an die gesellschaftliche und auch die wirtschaftliche Entwicklung nicht zu verpassen.

II. Teil: Anwendung des Erlebnis-Phasen-Modells und Messung des Entwicklungsstands in der Themenpark- und Kreuzfahrtbranche

Nach der Entwicklung des Erlebnis-Phasen-Modells auf Grundlage der wissenschaftlichen Sekundärliteratur soll im zweiten Teil dieser Studie das Modell an der Themenpark- und Kreuzfahrtbranche angewendet werden. Die Ergebnisse werden bezogen auf den Entwicklungsstand der Erlebnisorientierung dieser Branchen ausgewertet.

5. Anwendung des Modells anhand der Themenpark- und Kreuzfahrtbranche

Das Erlebnis-Phasen-Modell wird anhand einer Internet-Analyse an den beiden Beispielbranchen Kreuzfahrt und Themenparks angewendet. Die Vorgehensweise, ein Überblick über die Branchen und Aspekte der Anwendung werden in diesem Kapitel vorgestellt.

5.1. Methodik Internet-Analyse

Die Internet-Analyse wurde als Methode für die Anwendung des Erlebnis-Phasen-Modells im Bereich Freizeit und Tourismus gewählt, da das Internet für die Kunden eine wachsende Bedeutung hat: z.B. als „Informationsquelle für Reiseentscheidungen" ist das Internet wichtiger und auch wirksamer als die Reisekataloge geworden (Opaschowski 2008, S. 368). Besonders die jüngere Generation nutzt das Internet für die Reiseentscheidung, aber auch immer mehr der „über 55-Jährigen" schätzen die Informationen und Buchungsmöglichkeiten über das Internet (Opaschowski 2008, S. 369). Alle für den Kunden wertvollen Informationen sind auf den Internetseiten zu finden, außerdem oftmals eine Darstellung des jeweiligen Unternehmens. Der Internet-Auftritt spiegelt die Ausrichtung des Unternehmens wider und stellt das zu vermittelnde Image dar.

Das Internet ist auch bei den beiden Beispielbranchen eine wichtige Informationsquelle für den Kunden. Kreuzfahrten weisen noch viele ‚Geheimnisse' für potenzielle Kunden auf und die teilweise sehr umfangreichen Informationen geben dem Kunden die Möglichkeit, sich bereits vorab bestens über das

Schiff und die Angebote zu informieren. Die Animationen und gegebenenfalls Videos bieten einen besseren Eindruck vom Urlaub auf dem Schiff, als ein Katalog dies vermitteln könnte. Ebenso können die Themenparks mit einer Vielzahl von Angeboten, wechselnden Events und Neuheiten von den aktuellen Darstellungen auf der Internet-Seite profitieren und sich so noch besser präsentieren.

Bei der Auswahl der Beispielunternehmen wurden die in ihrem Segment erfolgreichen und bekanntesten Anbieter ausgewählt, um so das Angebot der Marktführer analysieren und als Anhaltspunkt für andere Unternehmen nutzen zu können. Diese Unternehmen scheinen aufgrund der Bekanntheit und des Erfolges am ehesten die Wünsche der Konsumenten als Marktführer zu erfüllen. Damit die Branchen möglichst als Ganzes abgebildet werden, wurden jeweils auch kleinere Unternehmen analysiert, um ein breites Spektrum an Angeboten untersuchen zu können. Die ausgewählten Beispielunternehmen sind in den Ländern der Erlebnisökonomie vertreten, insbesondere auf dem deutschen und dem US-amerikanischen Markt. Diese Auswahl hängt außerdem mit der Literatur aus dem ersten Teil dieser Arbeit zusammen, die hauptsächlich aus diesen Kulturen stammt. Gründe zur Auswahl der einzelnen Angebote werden in den folgenden Kapiteln zu der jeweiligen Branche dargestellt.

Vordergründig wird bei der Internet-Analyse das Angebot untersucht, aber auch die Gestaltung der Internetseiten fließt in den Gesamteindruck und in die Bewertung mit ein. Bei dieser Art der Analyse ist es durchaus möglich, dass Informationen, die für das Ergebnis wichtig sein könnten, nicht auf den Internetseiten zu finden sind. Da bewusst diese Methode gewählt wurde, werden die fehlenden Informationen als nicht ausschlaggebend für die Anwendung und Auswertung des Modells gesehen.

Die Analyse erfolgt anhand der zuvor dargestellten Bewertungskriterien. Dabei wird der jeweilige Internetauftritt entlang der Kriterien untersucht und geprüft, ob und inwiefern das jeweilige Kriterium sichtbar wird und wie es sich darstellt. Dazu wurden umfassend die Internetseiten insgesamt, die verschiedenen Details zum Angebot sowie der Aufbau und Eindruck der Seite analysiert. Wenn vorhanden, wurden außerdem die Informationen zum Unternehmen in die Analyse mit einbezogen. Anhand des Bewertungssystems (s. Anhang 5) wurde geprüft, ob das Kriterium „komplett“, „teilweise“ oder „nicht“ erfüllt wird. Da die Phase 5 auf Vermutungen basiert, können neben den definierten Bewertungskriterien bereits neue Entwicklungen angeboten werden, die aber nicht durch die Kriterien der Phase 5 abgedeckt werden. Deswegen wird bei der Internet-Analyse auf Neuheiten und besondere Angebote geachtet, die eventuell zukunftsweisend für die Erlebnisorientierung, die Branche oder den Tourismus sein könnten.

Die detaillierte Analyse ist aufgrund des Umfangs im Anhang (s. Anhang 6 - 7) angefügt. Die Ausführungen zu der Analyse starten jeweils mit einer kurzen Vorstellung des Angebots, gefolgt von den Ausführungen zu jedem Bewertungskriterium, einer abschließenden Bewertung jeder Phase und dem Gesamtergebnis. Die Informationen für die Anwendung der Bewertungskriterien stammen von den angegebenen Internetseiten der Unternehmen, Parks oder Schiffen. Sollten bei der kurzen Vorstellung des Unternehmens andere Quellen benutzt worden sein, sind diese kenntlich gemacht. Die verwendeten Informationen spiegeln lediglich den Stand der jeweiligen Internetseiten zum Zeitpunkt der Untersuchung wider (Zugriff der Internetseiten siehe Quellenverzeichnis).

5.2. Die Themenparkbranche

Themenparks wurden für die Anwendung des Modells ausgewählt, da diese Art von Parks die „reinste, typischste Form von Erlebniswelten“ darstellt (vgl. Kagelmann 2004, S. 160). Aufgrund dieser Einstufung müssten die Themenparks insbesondere den ersten beiden Phasen zuzuordnen sein. Mit Anwendung des Modells soll der tatsächliche Entwicklungsstand untersucht werden.

5.2.1. Überblick zur Themenparkbranche

Freizeitpark ist „ein Sammelbegriff für alle großflächig angelegten, in sich abgeschlossenen Freizeitanlagen", die Unterhaltung bieten und Ausflugsziele sind (vgl. Kagelmann 2004, S. 160). Themenparks sind ebenfalls Freizeitparks, unterscheiden sich aber vor allem durch die Thematisierung von anderen Freizeitparks. Was genau die Themenparks ausmacht und um einen Überblick über die Themenparkbranche zu erhalten, wird im Folgenden diese Branche kurz dargestellt.

Themenparks gehören laut Steinecke (2009, S. 60) zur Gruppe der Themenwelten, wie auch z.B. Themenhotels oder Urban Entertainment Center, jedoch sind die Themenparks die „Prototypen kommerzieller Themenwelten". Das bedeutendste Merkmal ist die Orientierung an „einem oder mehreren Themen", die konsequent inszeniert werden (Scheurer 2003, S. 79) und dem Besucher schon durch Medien vertraut sind (vgl. Steinecke 2009, S. 1). So unterscheiden sich die Themenparks von den Freizeitparks durch das Dachthema bzw. durch die mehreren thematisch gegliederten Welten innerhalb des Parks (vgl. Steinecke 2009, S. 63). Dabei muss eine konsequente und bis ins Detail stimmige Durchführung des Themas über das Erzählen von Geschichten erfolgen, die den Besucher emotional einbinden und anregen (vgl. Kagelmann 2004, S. 162ff). Die Thematisierung in den großen Parks wie *Disneyland*, *Heide-Park*, *Europa-Park*, oder *Phantasialand* findet bezogen auf Regionen, Länder, Europa und die Welt statt (vgl. Nahrstedt et al. 2002, S. 66).

Typisch für die Themenparks ist die Schaffung von Illusionen, wodurch die Einrichtungen zu Traumwelten im Gegensatz zum Alltag werden (vgl. Steinecke 2007, S. 133). Über die perfekte Inszenierung, einer beeindruckenden Architektur und Kulisse werden faszinierende Illusionen geschaffen, die alle Sinne einbeziehen, positive Emotionen auslösen und so Geborgenheit bieten und eine perfekte Erlebniswelt darstellen (vgl. Steinecke 2009, S. 64; Steinecke 2010, S. 143f). Des Weiteren weisen Themenparks, wie sie für diese Studie verstanden werden, einen multifunktionalen Charakter auf: d.h. es gibt eine große Anzahl von Erlebnisangeboten und Einrichtungen, ähnlich einer Stadt (vgl. Kagelmann 2004, S. 164). Gastronomie, Unterkunft, Shopping-,

Sport- und Spielmöglichkeiten für Erwachsene und Kinder, Events, Edutainment, Ausflugsmöglichkeiten und Konferenzräume sind innerhalb des Themenpark-Resorts zu finden, alles auf das Dachthema und Erlebnis ausgerichtet (vgl. Kagelmann 2004, S. 164). Ein weiteres Merkmal von Themenparks ist die vielfältige Unterhaltung: neben den Fahrgeschäften gibt es Shows, Paraden, Ausstellungen, Kinos und vieles mehr (vgl. Kagelmann 2004, S. 165). Aus diesem großen Angebot von Erlebnisprodukten und -einrichtungen können die Gäste je nach Bedürfnissen und Vorlieben individuell auswählen. Hier tritt die in Entwicklungsstufe 3 benannte Spaß-Arbeit ein, denn der Gast muss eine Auswahl treffen, um zum erhofften Erlebnis zu gelangen.

Die für Themenparks typische räumliche Aufteilung ist eine „Konstruktion von Ordnung" (Steinecke 2007, S. 134), die an barocke Gartenanlagen erinnert: z.B. in den *Disneyland Parks* mit der *Main Street* als Hauptachse hin zum Schloss und den darum verteilten Themenländern (vgl. Steinecke 2007, S. 134). Diese Ordnung erleichtert die Schaffung einer Kunstwelt und ein Eintauchen in diese Welt, der ästhetische Aspekt wird bedient und das Erlebnis wird nicht durch störende Faktoren gehemmt.

Themenparks sind weltweit zu finden, jedoch besonders in „[...] Ländern mit wirtschaftlichem Wachstum, einem hohen Urbanisierungsgrad und einer konsumkräftigen Mittelschicht [...]", also vor allem in Europa, USA und Asien mit zukünftigen Wachstumsmärkten in Dubai und China (Steinecke 2009, S. 96). Besonders bekannte Beispiele sind der *Europa-Park,* das *Phantasialand*, die *Disney-Parks* in Anaheim, Orlando, Tokio und Paris, und in Spanien die Parks *Isla Mágica* und *Port Aventura* (vgl. Steinecke 2007, S. 127). 1955 wurde mit der Eröffnung des *Disneylands* in Kalifornien der erste Themenpark ins Leben gerufen und hat den Beginn von Freizeit- und Erlebnisparks im Übergang von der industriellen zur nachindustriellen Gesellschaft angestoßen. In Deutschland gibt es seit Ende der 1960er Jahre die ersten Freizeitparks, die mit dem *Potts Park* in Minden seinen Vorreiter gefunden haben (vgl. Nahrstedt et al. 2002, S. 39). Die Wurzeln der Freizeitparks liegen in Europa: der erste Freizeitpark, *Bakken,* hat 1583 eröffnet und ist noch heute einer der meistbesuchten Parks in Dänemark (vgl. IAAPA Industry Trivia 2010). Im 19. Jahrhundert sind dann Freizeitparks als „stationäre Volksfeste", Gärten mit kleineren Attraktionen und die Weltausstellungen entstanden (Kagelmann 2004, S. 161). Die englischen Gärten aus dem 18. Jahrhundert mit kunstvollen Anlagen werden ebenfalls als Ursprung der Themenparks angesehen (vgl. Mundt 2006, S. 335).

In den 1990er Jahren haben sich das Angebot und die Anzahl von Freizeit- und Erlebnisangeboten vervielfacht und der Markt ist mittlerweile derart gewachsen, dass der Konsument nur einen kleinen Teil des Erlebnisangebots wahrnehmen könnte (vgl. Nahrstedt et al. 2002, S. 38). So haben sich die Themenparks zu „eigenständigen Tourismusdestinationen" entwickelt, die mit den zum Park gehörenden Themenhotels zu beliebten Kurzreisezielen geworden sind (vgl. Steinecke 2009, S. 27f). Den großen Erfolg der Themenwelten seit den 1990er Jahren führt Steinecke (vgl. 2009, S. 43) auf den Wertewandel und das veränderte Konsumentenverhalten seit den 1980er Jahren zurück, also auf die Entwicklung der Erlebnisorientierung, wie sie in Kapitel 2 und 3 beschrieben wurde.

Die genaue Anzahl von Freizeit- und Erlebnisparks, oder speziell Themenparks, ist schwer zu ermitteln, da die Bezeichnungen unterschiedlich ausgelegt werden. Laut der "International Association of Amusement Parks and Attractions (IAAPA)" gibt es mehr als 400 "amusement parks and traditional attractions" in den USA mit 300 Millionen Besuchern im Jahr 2008 (IAAPA Statistics 2010). In Europa soll es laut IAAPA 300 Freizeitparks geben (vgl. IAAPA Statistics 2010). In Deutschland gibt es laut dem „Verband Deutscher Freizeitparks und Freizeitunternehmen e.V." aktuell 72 Freizeitparks und Indoor-Attraktionen (vgl. VDFU 2010). Jeder dritte Deutsche besucht mindestens einmal im Jahr einen Freizeit- oder Themenpark und ca. 75% sind Wiederholungsbesucher (vgl. Steinecke 2009, S. 95). Die Besucher von Freizeitparks sind vor allem Familien mit Kindern bis 14 Jahre, Jugendliche und junge Erwachsene mit überdurchschnittlich hohem Einkommen und höherem Bildungsniveau (vgl. Steinecke 2009, S. 95; Nahrstedt et al. 2002, S. 57f). Senioren gehören weniger zur Zielgruppe der Freizeitparks (vgl. Nahrstedt et al. 2002, S. 58).

Typisch für die Themenparks, sowie auch für alle anderen Freizeit- und Erlebnisparks, ist die einmalige Bezahlung eines Eintrittsgeldes und die im

Preis inkludierte Nutzung aller Attraktionen (vgl. Nahrstedt et al. 2002, S. 45). Neben dem Eintrittspreis werden Einnahmen durch Speisen, Getränke, Souvenirshops sowie teilweise extra zu zahlende Shows generiert (vgl. Nahrstedt et al. 2002, S. 46). Mit der Entwicklung von Tagesbesuchen hin zu Mehrtagesaufenthalten sind die Übernachtungen im oder direkt am Park zu einer weiteren wichtigen Einnahmequelle geworden. Die thematisch gestalteten Resort-Hotels lassen den Gast auch während der Zeit außerhalb des Parks in der Erlebniswelt verweilen (vgl. Nahrstedt et al. 2002, S. 47). Das Erlebnis wird verlängert und das Eintauchen in eine andere Welt wird über mehrere Tage möglich. So stellen die Themenparks nicht nur einen Aspekt der Freizeitgestaltung für Besucher aus der Region dar, sondern sind auch zu touristischen Attraktionen mit mehrtätigen Aufenthalten geworden (vgl. Nahrstedt et al. 2002, S. 49). Um die Besucher wiederholt zu einem Besuch zu bewegen, müssen die Unternehmen regelmäßig Neuheiten bieten (vgl. Nahrstedt et al. 2002, S. 50). Im Sinne des Erlebnis-Begriffs müssen neue Erfahrungen geschaffen werden, um den Erlebnis-Effekt zu erhalten. Als neuer Trend wird dabei von Schulze (vgl. 2005, S.VII) die Entwicklung hin zu mehr Freiräumen für den Einzelnen und weg von der Konzentration auf Fahrgeschäfte gesehen. Steinecke (2009, S. 286) sieht als zukünftigen Trend bei den Themenparks die Positionierung als „Alltagsorte", bei denen authentische Elemente des Alltags in das Parkangebot integriert werden. Eine Vermischung von unterschiedlichen Erlebniswelten, wie Themen- und Wasserparks, zu großen „Ferien-Freizeit-Resorts" wird ebenfalls prognostiziert (Kagelmann 2004, S. 171). Im Gegensatz dazu wird auch eine fortschreitende Entwicklung hin zu spezialisierten Parks wie Brandlands oder Edutainment-Einrichtungen erwartet, bei denen der Aspekt des Lernens weiterhin im Vordergrund steht (vgl. Kagelmann 2004, S. 172).

Die Stiftung für Zukunftsfragen (vgl. 2010, S. 31) beschreibt in der aktuellen Ausgabe der Tourismusanalyse, dass das Interesse der deutschen Touristen an Kurzurlauben in Freizeit- und Themenparks zukünftig zunehmen wird, insbesondere bei den bereits angesprochenen Zielgruppen der Jugendlichen und Familien. Der Grund für das anhaltende Interesse wird u.a. in der hohen Qualität der Einrichtungen und der Serviceorientierung gesehen. Die Themenparks befinden sich aber vor allem auf „Wachstumskurs" wegen der „Erlebnisgarantie", die die Themenparks in Verbindung mit Leistungen wie Unterkunft und Gastronomie bieten, und so zur Konkurrenz für herkömmliche Destinationen werden (Stiftung für Zukunftsfragen 2010, S. 31).

5.2.2. Aspekte der Anwendung - Themenparkbranche

Für die Internet-Analyse wurden ausschließlich Parks in den USA und Europa bzw. vorrangig in Deutschland untersucht, da die verwendete Literatur ebenfalls aus diesen Ländern stammt, bzw. auf diese Gesellschaften bezogen ist. In Nahrstedt et al. (2002, S. 22f, 41) werden folgende deutsche Erlebniswelten als Themenparks bezeichnet und als meistbesuchte Parks Deutschlands mit in die Analyse aufgenommen:

- ***Europa-Park***
- ***Phantasialand***

Als weitere deutsche Parks werden der ***Potts Park*** als einer der ältesten Themenparks Deutschlands und das ***LEGOLAND Deutschland*** analysiert. Das *LEGOLAND* kann nicht nur als Brandland, sondern auch als Themenpark bezeichnet werden (vgl. VDFU 2010), und wurde aufgrund der Ausrichtung auf Bildung als eines der Beispielunternehmen ausgewählt. Um die internationalen Themenparks ebenfalls abzudecken, werden nach der Auflistung der 20 größten Themenparks aus Kagelmann (vgl. 2004, S. 167), der Top 10-Themenparks in den USA aus Steinecke (vgl. 2009, S. 87) und der meistbesuchten Parks weltweit veröffentlicht von der IAAPA (vgl. IAAPA Statistics 2010) die folgenden Themenparks analysiert:

- ***Magic Kingdom***/ *Walt Disney World* in Florida
- ***Universal Studios Florida***
- ***Disneyland Paris***

Bei den Themenparks werden ausschließlich die Angebote und nicht die dahinter stehenden Unternehmen untersucht, da in diesem Bereich die Betreiberfirmen häufig nicht bekannt sind bzw. nicht bei der Internet-Präsenz im Vordergrund stehen.

Da laut Kagelmann (vgl. 2004) und Steinecke (vgl. 2009) Themenparks Erlebnis- bzw. Themenwelten sind, wird für die Analyse davon ausgegangen, dass die Phasen 1 und 2 als Phasen der Unterhaltung und Professionalisierung von den ausgesuchten Parks vollständig erfüllt werden. Dennoch werden bei der Internet-Analyse diese Bewertungskriterien ebenfalls berücksichtigt und Besonderheiten oder Unstimmigkeiten aufgeführt. Bezogen auf das Bewertungskriterium „erlebnisorientierte Lernorte" in Phase 3 benötigen die Parks Bildungsangebote wie z.B. einen Leitfaden zum Thema ‚Erlebnis und Lernen' für Lehrer oder ausgewiesene Einrichtungen/Attraktionen zum Lernen. Ansonsten kann lediglich ein Angebot von Edutainment bestehen. Zum Kriterium der Sicherheit aus Phase 4 ist bei den Themenparks anzumerken, dass sie generell einen „sicheren, sauberen und berechenbaren Ort" widerspiegeln (Steinecke 2010, S. 142). Für die Internet-Analyse wird davon ausgegangen, dass die untersuchten Themenparks dieses Kriterium bezogen auf das Sicherheitsgefühl der Gäste und die Sicherheit der Fahrgeschäfte aufgrund von Vorschriften und Richtlinien komplett erfüllen. Zum Thema Umweltmanagement ist anzunehmen, dass ohne weiterführende Informationen auf der Internet-Seite dieses Thema keine übergeordnete Rolle bei der Präsentation nach außen und bei der Zielgruppe spielt. Für die Bewertung wird dieses Kriterium als erfüllt angesehen.

5.3. Die Kreuzfahrtbranche

Die Kreuzfahrtbranche wurde für die Anwendung des Modells ausgewählt, da besonders die modernen Kreuzfahrtschiffe immer mehr den typischen Erlebniswelten ähneln (vgl. Kagelmann 2004a, S. 67). Hochseekreuzfahrten lösen eine Faszination aus und werden auch als *„Erlebnisreise auf dem Wasser"* angesehen (Opaschowski 2002, S. 274). Außerdem stellen Kreuzfahrten *den* Wachstumsmarkt im Bereich Freizeit und Tourismus dar, mit sehr guten Voraussetzungen auch zukünftig weiter zu wachsen. Die Stiftung für Zukunftsfragen (2010, S. 16) nennt die Reiseform der Kreuzfahrt den möglichen „Gewinner der Zukunft", wobei das Interesse der potenziellen Kunden viel höher ausfällt als die tatsächlich getätigten Buchungen. Doch das Wachstum in den letzten Jahren lässt keinen Zweifel daran, dass die Kreuzfahrtbranche mehr als nur ein kurzer Trend ist. Kreuzfahrten stellen zwar nur einen kleinen Teil des Tourismus dar, sind aber mit einem jährlichen internationalen Wachstum an Passagieren von über 7% *der* Wachstumsmarkt im Tourismus- und Freizeitsektor (vgl. Ward 2009, S. 12; CLIA 2009, S. 1).

In den letzten zehn Jahren hat sich eine Vielfalt an Angeboten mit neuen Zielgebieten, Schiffsdesigns, Aktivitäten, Themen und Reisedauern entwickelt, die die aktuellen Reisewünsche der potenziellen Kunden widerspiegeln (vgl. CLIA 2009, S. 1). Den Gästen gefällt die Kombination von Gegensätzen, die so nur an Bord eines Kreuzfahrtschiffes zu finden sind: Freiheit und Geborgenheit, neue Kulturen und bekanntes Umfeld auf dem Schiff, Ruhe aber auch Action (vgl. Stiftung für Zukunftsfragen 2010, S. 26).

5.3.1. Überblick Kreuzfahrtbranche

Entstanden ist die Kreuzfahrt mit der Einführung der Düsenverkehrsflugzeuge nach dem 2. Weltkrieg, die die Linienschifffahrt zum Teil überflüssig gemacht hat (vgl. Gibson 2006, S. 33; Mundt 2006, S. 321). Die Reedereien mussten andere Möglichkeiten der Passagierschifffahrt finden, so dass die Kreuzfahrten als Urlaubsform entstanden sind. Aktuell setzt sich die Kreuzfahrtbranche aus ca. 75 Unternehmen (vgl. Ward 2009, S. 144) mit 281 Hochsee-Kreuzfahrtschiffen zusammen (vgl. Cruise Industry News 2010, S. 16). Insgesamt ergibt sich damit eine Passagierkapazität von aktuell 17,8 Millionen Passagieren (vgl. Cruise Industry News 2010, S. 16). Der wichtigste und größte Markt ist Nordamerika (vgl. Cruise Industry Wire 2010) mit einem Marktanteil von 66% (vgl. Cruise Industry News 2010, S. 16). In Europa gibt es derzeit laut dem Magazin *Cruise Industry News* (vgl. 2010, S. 16) 116 Schiffe mit einer Passagierkapazität von 5,2 Millionen Gästen. In Deutschland haben 2009 mehr als 1 Million Menschen eine Kreuzfahrt gemacht, in Großbritannien als Europas Marktführer 1,5 Millionen (vgl. Mathisen 2010, S. 18). Da ständig neue Schiffe gebaut oder alte Schiffe aus dem Dienst genommen werden, sind diese Zahlen schnell überholt.

Die drei größten Unternehmen, zu denen die bekanntesten Kreuzfahrt-Marken gehören, sind *Carnival Corporation, Royal Caribbean Cruises* und *Star Cruises Group* (vgl. Ward 2009, S. 110). Der Marktführer ist dabei unangefochten die *Carnival Corporation* mit derzeit 90 Schiffen (vgl. Bahn/ Bohrmann 2009, S. 87). Daneben gibt es einige ‚unabhängige', meist kleinere und spezialisierte Anbieter. *MSC Crociere* ist dabei an vierter Stelle der Marktführer als ein familiengeführtes Unternehmen und damit „[...] die weltweit größte eigenständige Kreuzfahrtreederei" (Bahn/ Bohrmann 2009, S. 87). In Europa gibt es neben den großen Unternehmen auch regionale Marken, die z.B. hauptsächlich auf dem spanischen oder deutschen Markt angeboten werden. Ebenso schließt das Angebot Low-Cost-Anbieter wie *Thomson Cruises* in Großbritannien und hoch-preisige Nischenanbieter für Luxus- oder Expeditionskreuzfahrten ein (vgl. Mathisen 2010, S. 18).

Das aktuell größte Kreuzfahrtschiff der Welt ist die *Oasis of the Seas* mit Platz für 5400 Passagiere (vgl. Ward 2009, S. 143). Aktuell gibt es ca. 41

Hochseekreuzfahrtschiffe mit einer Passagierkapazität von jeweils über 2600 Passagieren (vgl. Ward 2009, S. 143). Die Einteilung der Schiffe, bezogen auf die Anzahl der Passagiere, lässt sich wie folgt darstellen:

- Large Resort Ship: 1600 – 6000 Passagiere (zukünftig noch mehr),
- Mid-Size Ship: 600 – 1600 Passagiere,
- Small Ship: 200 – 600 Passagiere,
- Boutique Ship: 50 – 200 Passagiere (vgl. Ward 2009, S. 174).

Von Beginn der Kreuzfahrten bis in die 1990er Jahre galt diese Form des Reisens als besonders teuer mit strikten Kleiderordnungen und ausschließlich für ältere Reisende, die sich diesen Luxus leisten können (vgl. Mundt 2006, S. 321). Doch die Entwicklungen in den letzten Jahrzehnten zeigen einen deutlichen Wandel, der auch die Erlebnisorientierung widerspiegelt: mit intensivem Marketing werden bis dahin weniger beachtete Zielgruppen wie Familien, Singles und junge Erwachsene angesprochen, und mit dem Angebot bestmöglich deren Bedürfnisse befriedigt (vgl. Kagelmann 2004a, S. 68). Auf den vielen verschiedenen Schiffen gibt es in Bezug auf das Angebot und den inkludierten Leistungen große Unterschiede. Angebote mit All-Inklusive-Leistungen werden vor allem auf den großen Schiffen immer häufiger (vgl. Kagelmann 2004a, S. 68). Neben der Verpflegung und einer hohen Servicequalität ist im Allgemeinen das Unterhaltungsprogramm am wichtigsten: die Unterhaltung muss innovativ und abwechslungsreich sein, aber gleichzeitig auch der Mehrheit der Gäste an Bord gefallen (vgl. Ward 2009, S. 58). Außergewöhnliche Angebote und Aktivitäten wie Eislaufbahnen an Bord oder Kabinen mit Balkonen waren früher undenkbar, sind aber durch die Entwicklung der großen Resort-Schiffe zum normalen Angebot geworden (vgl. Lyons 2010, S. 24). Schiffe mit einem umfangreichen und innovativen Unterhaltungsangebot werden auch als „Fun-Cruiser“ bezeichnet, die „schwimmende Erlebniswelten“ darstellen und somit die Wünsche der Erlebnisgesellschaft abdecken (Kagelmann 2004a, S. 69). Das Ziel der Gäste auf diesen Schiffen ist die Erlebniswelt Schiff, und nicht mehr die Kreuzfahrt an sich, zu erleben (vgl. Kagelmann 2004a, S. 71).

In den letzten Jahrzehnten gab es eine Entwicklung hin zu kürzeren Reisen und festen Routen, die meist im wöchentlichen Rhythmus wiederholt werden (vgl. Kagelmann 2004a, S. 68). Durchschnittlich beträgt die Dauer einer Kreuzfahrt sieben Tage (vgl. CLIA 2009, S. 5). Die Auswahlmöglichkeiten sind zum wichtigen Aspekt geworden und jeder Reisende kann das „own cruise experience“ aus den vielen Optionen für sich auswählen (Lyons 2010, S. 24). Diese Multioptionalität wird erst durch die großen Kreuzfahrtschiffe und der damit verbundenen Masse an Reisenden ermöglicht, die dem Gast eine „mass personalization“, private Inseln, verschiedenste Arten von Landausflügen und außergewöhnliche Aktivitäten bieten, unter dem Motto „do what you want when you want“ (Lyons 2010, S. 24ff).

Als Trends im Kreuzfahrtmarkt hat Ward (vgl. 2009, S. 10) die Folgenden identifiziert:

- mehr größere Schiffe, bei denen Extras für Umsatz sorgen,
- mehr Mehr-Generationen-Schiffe, besonders bei den Resort Ships,
- ein Anstieg von Singles mit Kindern,
- im Gegensatz dazu mehr Schiffe ohne Kinder für die Gäste, die Wert auf Ruhe und Erholung legen, anstatt Spiele und Lärm,
- und kleine Schiffe für Kunden, die nicht auf die Resort Ships mit Massen von Reisenden möchten,
- mehr Themenreisen bezogen auf Essen und Genuss,
- mehr fortgeschrittene Spa- und Wellnessangebote,
- eine noch größer werdende Vielfalt von aktiven Abenteuer-Landausflügen,
- ansteigende Nachfrage nach Nichtraucher-Schiffen,
- eine wachsende Nachfrage nach längeren Kreuzfahrten,
- und gleichzeitig ein Anstieg von kurzen „getaway“ Kreuzfahrten.

Für die Zukunft wird eine Tendenz zu Extremen vorhergesagt: große Resort Ships und kleine Schiffe als Nischenprodukte (vgl. Ward 2009, S. 14). Dabei sind die großen Schiffe für die Anbieter interessant, weil die ‚Economies of Scale‘ die Kosten pro Passagier gering halten. Die kleinen Schiffe bieten besonders im Luxus-Segment einen hohen Qualitätsstandard, persönlichen Service und die Möglichkeit kleine, weniger frequentierte Häfen anzulaufen (vgl. Ward 2009, S. 15). Außerdem werden zukünftig die Kreuzfahrtschiffe mit den Neubauten und Modernisierungen immer umweltfreundlicher (vgl. Ward

2009, S. 15). Die Wirtschaftskrise hat auch Veränderungen im Kreuzfahrtmarkt verursacht: Marketingkampagnen, Rabatte und kürzere Reisen sollen den preisbewussten Kunden ansprechen und zu Buchungen bewegen (vgl. Ward 2009, S. 7).

5.3.2. Aspekte der Anwendung - Kreuzfahrtbranche

Nach dem kurzen Überblick der Kreuzfahrtbranche sollen im Folgenden die ausgewählten Beispielunternehmen und Besonderheiten der Anwendung des Modells dargestellt werden.

Bei der Anwendung des Modells bezogen auf die Kreuzfahrtbranche sollen wie bei der Themenparkbranche die Marktführer untersucht werden: *AIDA* als Marktführer in Deutschland und *Royal Caribbean International* als weltweit erfolgreiches Unternehmen mit dem aktuell größten Schiff. Mit diesen Unternehmen werden ebenfalls die sogenannten Resort Ships und Clubschiffe abgedeckt. Ein weiterer international tätiger Konzern mit Resort Ships ist *Disney Cruise Line*, die als Beispiel für den Bereich der Family Cruises untersucht werden. Die Schiffe der deutschen Anbieter *Sea Cloud Cruises* und *Hapag-Lloyd Kreuzfahrten* decken die Bereiche Segel- und Luxuskreuzfahrten ab. Als Segment mit speziell ausgestatteten Schiffen und besonderen Routen wird die Expeditionskreuzfahrt durch das Beispiel der *Prince Albert II* von *Silversea Expeditions* vertreten. Als traditionelles und kleines Kreuzfahrtprodukt auf dem deutschen Markt wird außerdem die MS *Astor* als Kontrast zu den großen und sehr modernen Resort Ships analysiert. Damit wird ein breites Spektrum der Kreuzfahrtbranche abgedeckt, wobei jeweils innerhalb der Segmente erfolgreiche Angebote als Beispiel-Anbieter bzw. -Schiffe ausgewählt wurden. Insgesamt stellt sich die Auswahl der international und national angebotenen Kreuzfahrtschiffe und -Anbieter in der Übersicht wie folgt dar:

- ***Royal Caribbean International / Oasis of the Seas***
- ***Disney Cruise Line***
- ***AIDA Cruises***
- ***Sea Cloud Cruises***
- ***Hapag-Lloyd Kreuzfahrten / Europa***

- ***Silversea Expeditions / Prince Albert II***
- ***TransOcean Kreuzfahrten / Astor***

Der Bereich der Flusskreuzfahrten, ‚Kreuzfahrten' auf Frachtschiffen und Kurzreisen mit Fähren, die immer mehr den Hochseeschiffen in der Ausstattung ähneln, werden in der vorliegenden Studie für die Anwendung des Modells nicht berücksichtigt.

Kreuzfahrtschiffe werden von Experten als Erlebniswelten bezeichnet (vgl. Kagelmann 2004a, S. 71; Rudolphi 2007, S. 16f), vor allem aufgrund des Angebotes auf den großen modernen Schiffen, die verschiedenste Einrichtungen und Attraktionen an Bord vereinen und eine (Erlebnis-)Welt für sich bilden, die der Gast nicht für Landgänge verlassen muss. Parallel zur Analyse der Themenparks müssten somit auch die Kreuzfahrt-Produkte die Phasen 1 und 2 komplett erfüllen. Dennoch werden aufgrund der unterschiedlichen Schiffe und deren differenziertes Angebot, z.B. bezogen auf Events, Unterhaltung und Erlebniswelt-Kriterien, die Bewertungskriterien dieser Phasen genau untersucht. Es wird bei der Untersuchung allerdings davon ausgegangen, dass alle Kreuzfahrtangebote positive Emotionen und besondere Ereignisse darstellen, und somit in jedem Fall Erlebnisse für die Gäste bedeuten. Ebenso bedürfen die Kriterien des Zusatznutzens und des Erlebnis-Settings mit Aspekten wie Sauberkeit, Qualität und Ästhetik keiner Bestätigung, da diese Kriterien auf Kreuzfahrtschiffen als erfüllt angesehen werden. Auch die qualifizierte Crew, die über mehrere Monate nicht nur an Bord arbeitet, sondern lebt, wirkt als besonderer Aspekt des Settings. Aus diesen Gründen wird das Erlebnis-Setting mit „komplett erfüllt" und Erlebniswelt-Kriterien mit mindestens „teilweise erfüllt" bewertet.

Zum Kriterium der Sicherheit in Phase 4 gibt es internationale Bestimmungen, die für die Sicherheit der Passagiere und Crew an Bord sorgen. Die Sicherheit auf See bezogen auf lebensrettende Maßnahmen, Schutz vor Feuer und der Stabilität des Schiffes wird durch strenge internationale Standards und Richtlinien gewährleistet. Diese Standards sind durch die „International Convention for the Safety of Life at Sea (SOLAS)" festgelegt und werden ständig aktuellen Gegebenheiten angepasst (vgl. Gibson 2009, S. 36). Dazu gehören u.a. regelmäßige Übungen, so genannte ‚drills', bei denen Abläufe für Notfallsituationen geübt werden. Auch die Passagiere müssen an einer Seenotrettungsübung pro Kreuzfahrt teilnehmen, um ihnen die Sicherheitseinrichtungen für einen Notfall erklären und den Weg zu den Rettungsbooten zeigen zu können (vgl. Gibson 2009, S. 38). Zusätzlich gibt es seit den Terroranschlägen die „Marine Security (MARSEC)“ mit Bestimmungen und Standards für die Sicherheit der Passagiere und Crew (vgl. Gibson 2009, S. 39). Z.B. wurde der „International Ship and Port Facility Security Code (ISPS)“ im Rahmen von MARSEC für den Schutz vor Angriffen auf Kreuzfahrtschiffen 2004 eingeführt (vgl. Gibson 2009, S. 39). Ebenso wird durch persönliche Bordkarten streng der Zutritt zum Schiff kontrolliert und durch Sicherheitsmaßnahmen das Mitführen von Waffen verhindert. Die „International Maritime Organization“ (IMO) ist als Organisation der Vereinten Nationen für die oben genannten Regularien und deren Einhaltung verantwortlich (vgl. Gibson 2009, S. 40). Sicherheit bezogen auf hygienische Verhältnisse an Bord wird durch strenge Hygienevorschriften besonders beim Umgang und der Verarbeitung von Lebensmitteln sichergestellt, damit in dem geschlossenen System des Kreuzfahrtschiffes keine Krankheiten entstehen (vgl. Ward, 2009, S. 19f). Da ein Mindestmaß an Sicherheit durch diese als Beispiele genannten Bestimmungen garantiert wird, gilt dieses Kriterium bei der Anwendung des Modells bei allen untersuchten Kreuzfahrtschiffen bzw. -anbietern als komplett erfüllt.

Bezogen auf das Kriterium des Umwelt-Managements des Anbieters, ebenfalls Phase 4, gelten für Kreuzfahrt-Unternehmen mit MARPOL Richtlinien, die eine Verschmutzung der Meere durch Kreuzfahrtschiffe verhindern soll. MARPOL ist die „International Convention for the Prevention of Pollution from Ships“, wodurch bspw. Vorgehensweisen für die Entsorgung von Abfall und Abwasser geregelt werden (vgl. Gibson 2006, S. 35). Bei den ausgewählten Kreuzfahrtunternehmen wird dieses Kriterium aufgrund der Bestimmungen als komplett erfüllt betrachtet, auch wenn keine Angaben dazu auf der Internet-Seite zu finden sein sollten. Sollte spezielles oder weiterreichendes Engagement zu diesem Kriterium auf der Internetseite präsentiert werden, wird dieses der Vollständigkeit halber hervorgehoben und bei der Analyse berücksichtigt.

6. Entwicklungsstand der Erlebnisorientierung in der Themenpark- und Kreuzfahrtbranche

Nach der Entwicklung des Erlebnis-Phasen-Modells ist das Modell anhand der Internet-Analyse bezogen auf die beiden Beispielbranchen Themenparks und Kreuzfahrt angewendet worden. Die detaillierte Analyse und die einzelnen Ergebnisse der Anwendung sind im Anhang (s. Anhang 6-7) zu dem jeweiligen Angebot dargestellt.

Die gewählte Methode der Internet-Analyse hat ausreichend Informationen für die Anwendung des Erlebnis-Phasen-Modells erbracht und die Vermutung bestätigt, dass das Internet als Medium zur Informationsbeschaffung für die Konsumenten eine wichtige Rolle der Unternehmens- und Angebotspräsentation spielt. Generell hat sich bei der Internet-Analyse herausgestellt, dass die Internetseiten der Anbieter eine Fülle an Informationen für den (potenziellen) Kunden bieten und die Anwendung der Bewertungskriterien sehr gut möglich war. Lediglich bei den im Verhältnis kleineren Anbietern sind die Informationen und die Darstellungen der Angebote weniger umfangreich, dafür ist bei diesen Anbietern, bezogen auf die Kreuzfahrtbranche, der Katalog online einsehbar, so dass für die Analyse und für die Kreuzfahrtgäste die notwendigen Informationen verfügbar sind. In diesem Kapitel werden die Ergebnisse der Modell-Anwendung zunächst bezogen auf die Themenpark- und Kreuzfahrtbranche getrennt vorgestellt, und folgend die Ergebnisse übergeordnet im Vergleich der Branchen aufgezeigt.

6.1. Ergebnis Themenparkbranche

Da für diese Studie der aktuelle Entwicklungsstand der gesamten Branche im Vordergrund steht, sollen im Folgenden die Ergebnisse der untersuchten Themenparks bezogen auf die Branche ausgewertet werden. Die Ergebnisse der einzelnen Themenparks sind unter Anhang 6 beschrieben. Die nachfolgende Tabelle (Abb. 13, Anhang 6.8) zeigt eine Übersicht der Ergebnisse zu den einzelnen Parks und der Bewertung der Phasen.

Abbildung 13: Ergebnisse Internet-Analyse Themenparks

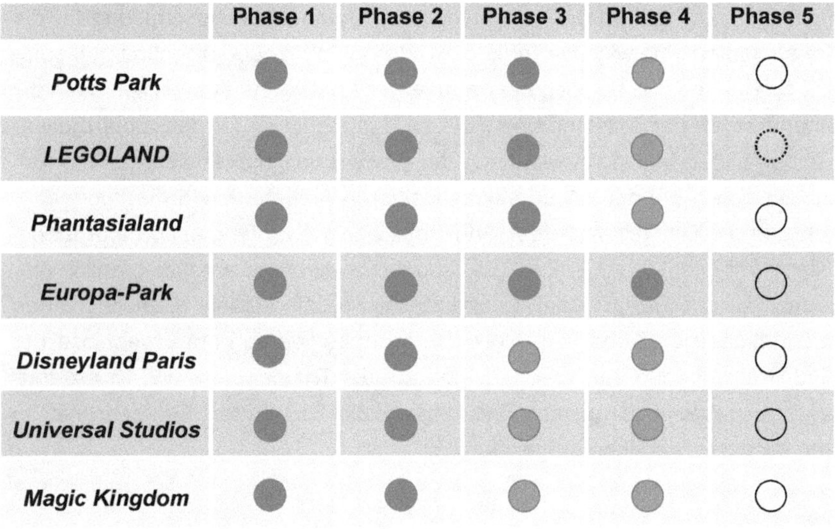

Quelle: eigene Darstellung

Bei den Ergebnissen bedeutet die Abstufung der Farbe, entsprechend dem zuvor vorgestellten Bewertungssystems, inwiefern die Kriterien des Erlebnis-Phasen-Modells erfüllt wurden und damit das Beispielunternehmen in eine Phase einzuordnen ist. Eine Phase wird als nicht erfüllt angesehen, wenn keine der Kriterien durch die Internet-Analyse erfüllt wurden. Da aber das Vorhandensein einiger Kriterien auch Ansätze der Phase widerspiegelt und die Internet-Analyse eventuell nicht alle Punkte aufdecken kann, werden bei der Analyse ebenfalls die Phasen berücksichtigt, die teilweise erfüllt wurden.

Wie im vorherigen Abschnitt beschrieben, wurde bei der Analyse davon ausgegangen, dass die Themenparks komplett die Kriterien der ersten beiden Phasen erfüllen. Bei der Untersuchung der einzelnen Internetseiten wurde diese Annahme bestätigt: in jedem untersuchten Park ist die Konzentration auf Emotionen und Erleben zu erkennen, es werden verschiedenste und mehrheitlich umfassende Unterhaltungsmöglichkeiten angeboten, der Zusatznutzen ist bei allen Angeboten erkennbar und es bestehen Auswahlmöglichkeiten für die Gäste. Die Multioptionalität bzw. Flexibilität wird besonders in Bezug auf Eintrittskarten, Übernachtung und Kombinationen, z.B. für Kurzurlaube in den größeren Parks mit angeschlossenen Resort-Hotels, gewährleistet. Je nach Größe des Parks ist das Angebot entsprechend vielfältiger und die Auswahlmöglichkeiten steigen. Besonders bei dem *Potts Park* und dem *LEGOLAND* wird dabei die fokussierte Ausrichtung auf Kinder deutlich. Insgesamt sind alle Parks der Phase 1 mit komplett erfüllten Kriterien zuzuordnen.

Bei der Phase 2 wurden die Bewertungskriterien ebenso wie vermutet von allen Themenparks erfüllt. Es sind zwar Unterschiede in der Ausführung zu erkennen, aber Erlebnis-Settings, Innovationen, Aspekte der Erlebniswelten und Events sind in allen Parks wiederzufinden. Die *Disney-Parks* sind ohne Zweifel die Vorreiter der Themenparks und bieten perfekte Erlebniswelten mit einzigartigen Inszenierungen und Illusionen, die z.B. in kleineren Parks wie dem *Potts Park* in der Form nicht möglich sind (vgl. Steinecke 2009, S. 88). Dennoch erfüllt jeder Park entsprechend der Ausrichtung und Größe die Bewertungskriterien und ist damit ebenso der Phase 2 zuzuordnen.

Bei der Phase 3 gehen die Ergebnisse im Vergleich auseinander: die Bewertungskriterien erlebnisorientierte Lernorte und Edutainment wurden besonders von den kleinen Parks, dem *Potts Park* und dem *LEGOLAND,* und auch von dem *Phantasialand* und *Europa-Park* komplett erfüllt, da diese Einrichtungen auf Erlebnis und Lernen ausgerichtet sind. In den Parks, in denen die Kriterien zur Bildung komplett erfüllt werden, gibt es als Einrichtungen bzw. als Attraktionen z.B. Science Center, die in den Themenpark integriert sind und somit ein Angebot über Edutainment hinaus bieten. Bei den größten und besucherstärksten Parks in den USA spielt der Aspekt der Bildung scheinbar eine untergeordnete Rolle und wird nur am Rande auf den Internetseiten als vorhanden dargestellt. In dieser Phase wird deutlich, dass die Parks mit dem größten Unterhaltungsangebot und den perfektesten Inszenierungen das Kriterium der Bildung weniger in das Angebot integrieren, als die kleineren Parks. Die Gründe hierfür können die Zielgruppe und die gewünschte Konzentration auf Unterhaltungsangebote sein. Für die kleineren Parks ist es weiterhin sinnvoll sich durch spezielle Angebote wie Science Center am Markt zu positionieren und sich so von den großen Freizeitparks abzuheben. Als Ausnahme wird der *Europa-Park* gesehen, der als Deutschlands größter und erfolgreichster Themenpark den Aspekt der Bildung komplett erfüllt. Insgesamt ist für die Phase 3 festzustellen, dass die internationalen Beispielparks lediglich das Kriterium des Edutainment und damit die Phase 3 nur teilweise erfüllen. Dahingegen integrieren die kleinen Parks, und die deutschen Beispielparks insgesamt, die Bildung im Angebot als erlebnisorientierte Lernorte und erfüllen somit die Phase 3 komplett.

Die Phase 4 wurde von den meisten der untersuchten Parks teilweise erfüllt, lediglich der *Europa-Park* ist komplett dieser Phase zuzuordnen. Das *„dominierende Motiv der Besucher“* in Freizeitparks ist es sich zu vergnügen, in den Fahrgeschäften und Attraktionen, oder als Zuschauer in den Shows (Steinecke 2009, S. 63), weswegen vermutlich Rückzugsorte weniger angeboten werden. Dennoch sind in den Hotels und teilweise in den Parks selbst diese Aspekte wiederzufinden. Es ist auffällig, dass die Parks mit angeschlossenen Resort-Themenhotels das Kriterium Wellness und Gesundheit besonders hervorheben: in allen Resort-Hotels werden Wellness-Pakete für die Hotelgäste angeboten. Dabei ist zu erkennen, dass der Trend des Wellness zwar verfolgt wird, aber nicht innerhalb des Themenpark-Konzepts. Innerhalb des Parkgeländes scheint der Schwerpunkt weiterhin auf das Vergnügen mit Unterhaltung, Shows und Fahrgeschäften zu liegen. Rückzugsmöglichkeiten oder Angebote bezogen auf Entschleunigung werden nur im *Europa-Park* aktiv angeboten. Dort gibt es die *„grüne Oase“*, die Gärtnerei des Parks, die Ruhe- und Erholungszonen für die Besucher schafft (vgl. Europa-Park 2010). Wie bereits zuvor beschrieben, wurde der Aspekt der Sicherheit für alle Themenparks als erfüllt betrachtet. Die Darstellungen dazu im Internet weichen in der Ausführlichkeit stark voneinander ab, aber alle Parks geben Informationen zu diesem Kriterium. Authentizität und Kultur werden nur ansatzweise in den Themenparks geboten: es wird mit Kulissen und Illusionen gearbeitet, die die Wirklichkeit verstärken und authentisch wirken, aber dennoch Kulissen bleiben. Bei einigen Parks wird das Angebot durch kulturelle Sehenswürdigkeiten in der Region oder z.B. im *Europa-Park* durch eine echte Kirche mit Pfarrer auf dem Parkgelände ergänzt. Außerdem bieten einzelne Parks den Besuchern Museen als kulturelles Angebot. Ebenso wird das Angebot bei allen Anbietern sehr genau und transparent für die Besucher auf den Internetseiten beschrieben. Das Kriterium des Umwelt-Managements wurde als erfüllt betrachtet, weitere Informationen zu einem Engagement in diesem Bereich bieten lediglich die Parks der großen Konzerne, wie *Disney* und *Universal Studios*. Insgesamt wird die Phase 4 von der Themenparkbranche teilweise erfüllt.

Die Bewertungskriterien der Phase 5 wurden von keinem der sieben ausgesuchten Themenparks erfüllt. Ansatzweise kann der Punkt „Wissen und Kreativität" dem *LEGOLAND* zugeordnet werden, da dort die Kinder stark in Bezug auf diese Aspekte hin gefördert werden und die Erlebnisse darauf aufbauen. Dennoch reichen die Ergebnisse nicht für ein Erfüllen der Phase 5. Als weitere Neuheiten wurden zukunftsweisende technische Aspekte erkennbar: neben der teilweise sehr aufwendig animierten Internetpräsentation werden bei den größeren Parks Extras wie z.B. Applications für das Mobiltelefon mit dem Park Guide auf der Internetseite zum ‚download' angeboten (vgl. Europa-Park 2010).

Abbildung 14: Ergebnis Themenparkbranche

	Phase 1	**Phase 2**	**Phase 3**	**Phase 4**	**Phase 5**
Themenpark-branche	●	●	● ●	●	○

Quelle: eigene Darstellung

Insgesamt ist bei dem Ergebnis (s. Abb. 14) zu erkennen, dass die erfüllten Phasen die Angebots-Schwerpunkte der Themenparks widerspiegeln. Wenn bei der Phase 3 Edutainment und erlebnisorientierte Lernorte erfüllt sind, dann hat die Bildung einen großen Stellenwert, bzw. gibt es eine besondere Einrichtung oder Attraktion für Erlebnis und Lernen. Wie für das Erlebnis-Phasen-Modell zuvor festgelegt, ist Bildung eine Voraussetzung für das Erfüllen der Phase 4: das Ergebnis zeigt, dass diese Voraussetzung bei den Beispielparks eingehalten wurde, denn alle Parks, die die Phase 4 mindestens teilweise erfüllen, erfüllen auch mindestens teilweise die Phase 3. In der Abbildung 15 ist das Ergebnis anhand des Erlebnis-Phasen-Modells dargestellt:

Abbildung 15: Ergebnis Themenparkbranche - dargestellt am Erlebnis-Phasen-Modell

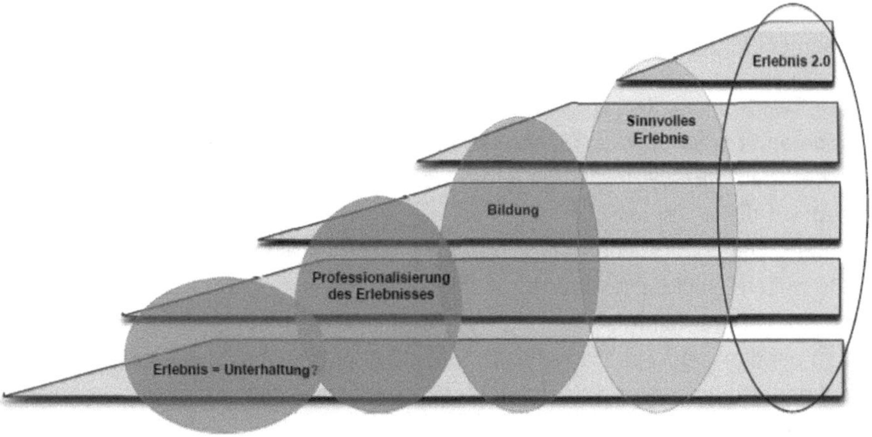

Quelle: eigene Darstellung

Für die Einteilung in das Erlebnis-Phasen-Modell lässt sich für die Themenparkbranche schlussfolgern, dass die Themenparks den Phasen 1 und 2 komplett zuzuordnen sind. Die Phase 3 wird durch die untersuchten deutschen Parks komplett erfüllt. Insgesamt auf die Branche bezogen können die Themenparks dieser Phase zugeordnet werden, auch wenn sie nicht komplett erfüllt wird. Die Kriterien der Phase 4 werden von den meisten Themenparks teilweise erfüllt, so dass insgesamt die Branche auch Ansätze dieser

Phase erfüllt. Die Ansätze für die Phase 5 werden als zu gering für eine Auswirkung auf die Branche angesehen, finden allerdings sicherlich Interesse bei der zukünftigen Gestaltung des Angebots.

Die Darstellung im Erlebnis-Phasen-Modell zeigt deutlich, dass der Entwicklungsstand der Themenparkbranche auf Grundlage der untersuchten Parks über alle der vier aktuellen Phasen verteilt zu sehen ist und damit eindeutig innerhalb der Erlebnisorientierung anzusiedeln ist. Die erfüllten Kriterien von Phase 3 und 4 zeigen dabei, dass die Weiterentwicklungen in den letzten Jahrzehnten in den Themenparks als traditionelle Erlebniswelten aufgenommen und umgesetzt wurden, aber dennoch die Konzentration auf den ersten beiden Phasen der Unterhaltung und der Professionalisierung des Erlebnisses besteht. Für eine weitere Differenzierung des Angebots bieten die Phasen 3 und 4 ideale Ansätze, um auch die Weiterentwicklungen in den Themenparks zu integrieren und so das Angebot zu bereichern und neue Impulse zu bieten, wie es bspw. der *Europa-Park* bereits macht.

Anhand der Darstellung des Ergebnisses im Erlebnis-Phasen-Modell ist zu erkennen, dass die Themenparkbranche eine ähnliche Entwicklung zeigt, wie es aus der Literatur als idealtypisch identifiziert wurde: die ersten beiden Phasen stellen die Basis der Erlebnisorientierung dar und sind die Bestätigung, dass die Themenparks als Prototypen der Erlebniswelten gelten. Das Erfüllen der Phase 3, zumindest bei einigen Parks komplett, stellt eine Weiterentwicklung dar, die das Erlebnisangebot der Parks entsprechend der Entwicklung der Erlebnisorientierung widerspiegelt und zeitgemäße Entwicklungen und Veränderungen aufzeigt. Schließlich reichen die Weiterentwicklungen des Angebots der Beispielparks auch teilweise in die Phase 4 mit den aktuellsten Einflüssen und Weiterentwicklungen der Erlebnisorientierung. Die Themenparks bilden damit idealtypisch die Reihenfolge der Phasen ab und befinden sich insbesondere in den Phasen 1 bis 3, mit eindeutigen Tendenzen der Phase 4.

6.2. Ergebnis Kreuzfahrtbranche

Die Ergebnisse der Internet-Analyse für die einzelnen ausgewählten Kreuzfahrtanbieter bzw. Schiffe sind ausführlich im Anhang 7 dargestellt. Da für die vorliegende Studie der Entwicklungsstand der gesamten Branche im Vordergrund steht, sollen auch im Folgenden die Ergebnisse auf die gesamte Kreuzfahrtbranche bezogen ausgewertet werden, mit Beispielen der einzelnen Anbieter.

Da es ein breites Spektrum von Kreuzfahrtanbietern mit den unterschiedlichsten Angeboten gibt und immer mehr Resort Ships mit über 1600 Passagieren in Dienst gestellt werden, die kleinen Städten oder Ferien-Resorts gleichen, wird auch eine Vielzahl an unterschiedlichen Erlebnissen geboten. Z.B. die Schiffe von *Royal Caribbean International* mit über 5000 Passagieren sind schwimmende Erlebniswelten, die die Zielhäfen zur Nebensache werden lassen. Im Gegensatz dazu gibt es die kleinen Schiffe mit nur wenigen 100 Passagieren, die sich meist auf Traditions-, Luxus- oder Expeditionskreuzfahrten spezialisiert haben, und das traditionelle und ‚pure' Kreuzfahrterlebnis bieten: mit dem Schiff verschiedene Häfen kennenlernen und die Fahrt auf dem Wasser genießen.

In der folgenden Abbildung sind die Ergebnisse der Internet-Analyse zu den einzelnen Kreuzfahrtanbietern und Schiffen dargestellt:

Abbildung 16: Ergebnisse Internet-Analyse Kreuzfahrtprodukte

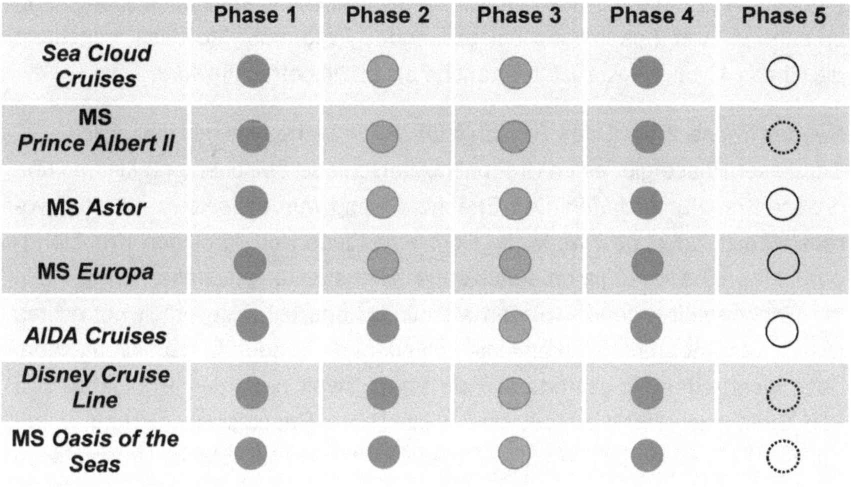

Quelle: eigene Darstellung

Es wurde durch die Analyse bestätigt, dass wie vermutet die Phase 1 von allen Beispielunternehmen als komplett erfüllt bewertet werden kann. Dabei wurden die Kriterien individuelle Wunscherfüllung und Zusatznutzen durchgehend von allen Beispielunternehmen komplett erfüllt. Das Kriterium Unterhaltung wurde bei den kleineren Kreuzfahrtschiffen wie MS *Astor* oder MS *Europa* als teilweise erfüllt bewertet, da im Vergleich zu den großen Schiffen wie von *AIDA Cruises* oder *Disney Cruise Line* eine Unterscheidung bezogen auf den Umfang und die Vielfalt des Unterhaltungsangebotes als sinnvoll betrachtet wird. Das weniger spektakuläre Unterhaltungsangebot auf den kleinen Schiffen wird dabei keinesfalls als ein Nachteil für das Produkt oder als störend für die Zielgruppe angesehen. Es handelt sich lediglich um verschiedene Arten von Kreuzfahrten, die unterschiedliche Unterhaltungsmöglichkeiten bieten. Dabei muss die Tatsache berücksichtigt werden, dass auf den großen Schiffen mit über 1000 Passagieren ganz andere Möglichkeiten vom Platz und vom Spektrum des Angebots gegeben sind, die nicht auf kleine Schiffe übertragbar sind. Außerdem ist eindeutig festzustellen, dass auf den Traditions- und Luxus-Schiffen nicht das Unterhaltungsprogramm an Bord für die Zielgruppe als entscheidend angesehen wird. So sind zwar im Unterhaltungsangebot Unterschiede deutlich, aber alle Kreuzfahrtschiffe bieten entsprechend ihrer Ausrichtung ein passendes Programm, so dass insgesamt die Phase 1 von der Kreuzfahrtbranche als erfüllt betrachtet wird.

Bei der Phase 2 sieht das Ergebnis für die Branche weniger einheitlich aus. Bei dieser Phase gibt es im Ergebnis Unterschiede zwischen den kleinen und großen Kreuzfahrtschiffen. Das Erlebnis-Setting wurde als komplett erfüllt vorausgesetzt, da ohne Zweifel an Bord eines jeden erfolgreichen Kreuzfahrtproduktes eine erlebnis-unterstützende Atmosphäre geschaffen wird. Auch die Erlebniswelt-Kriterien wurden als mindestens teilweise erfüllt betrachtet, jedoch verbunden mit starken Unterschieden, die wiederum deutlich machen, dass nicht jedes Kreuzfahrtschiff als Erlebniswelt nach den Erfolgsfaktoren von Steinecke (2009) zu betrachten ist. Diese Erlebnisinszenierung wurde nur für die großen Schiffe als komplett erfüllt bewertet. Starke Unterschiede sind auch bezogen auf die Kriterien Events und Innovationen zu beobachten. Diese Kriterien wurden von den Anbietern der kleineren Schiffe teilweise gar nicht erfüllt. Insgesamt spiegelt die Phase 2 wider, dass an Bord der Schiffe mit einem großen Unterhaltungsangebot auch die Erlebniswelt-Kriterien und insgesamt die Phase 2 komplett erfüllt werden. So ist als Ergebnis dieser beiden ersten Phasen festzustellen, dass lediglich die untersuchten Anbieter mit großen Schiffen von über 1000 Passagieren diese Phasen komplett erfüllen und als wahrhafte Erlebniswelten zu betrachten sind.

Die Phase 3 des Erlebnis-Phasen-Modells mit den Kriterien erlebnisorientierter Lernort und Edutainment wurde von allen Anbietern teilweise erfüllt, da es ein gewisses Angebot an Edutainment an Bord gibt. Alle analysierten Angebote bieten ein Programm an Vorträgen, Seminaren, Workshops und Kursen, teilweise durch ausgewiesene Experten geleitet. Auch die Informationen zu den verschiedenen Destinationen und Landausflügen bedienen den Aspekt der Bildung im Rahmen von Unterhaltung. Ein erlebnisorientierter Lernort ist bezogen auf die untersuchten Schiffe nicht offensichtlich geworden. Das Angebot von Vorträgen durch Lektoren bietet allerdings einen Ansatz der Integration von Erlebnis und Lernen, was durch bspw. mehrtägige Seminare während einer Reise und aktiven Lernelementen leicht verstärkt werden könnte.

Die Kriterien der Phase 4 mit Entschleunigung und Rückzugsmöglichkeiten, Sicherheit, Gesundheit und Wellness, Authentizität und Kultur, Transparenz und Qualität und Umwelt-Management wurden im Gegensatz zu den ersten beiden Phasen besonders von den kleineren Schiffen komplett erfüllt. Daraus ist zu schließen, dass insbesondere die Anbieter mit kleineren Schiffen ihren Gästen die Möglichkeit des sinnvollen Erlebnisses bieten. Diese Feststellung ergänzt sich mit den Erlebniswelten aus Phase 2 und dem Unterhaltungs-Angebot aus Phase 1: die Schiffe, die ein großes Unterhaltungsspektrum und Erlebniswelten bieten, erfüllen das Kriterium der Entschleunigung nicht komplett. Ebenso wird das Kriterium der Authentizität und Kultur bei diesen großen Schiffen nur teilweise erfüllt. Auf der anderen Seite erfüllen besonders die kleineren Schiffe bei den Kriterien der Muße und Entspannung, und den kulturellen und authentischen Erlebnissen die Anforderungen der Phase 4. Insgesamt wird diese Phase aber für alle untersuchten Angebote als komplett erfüllt bewertet. Dieses liegt an den Kriterien der Sicherheit und des Umwelt-Managements sowie an der hohen Qualität und der transparenten Angebotsgestaltung. Ebenso ist ein Wellness- und Sportangebot auf den Kreuzfahrtschiffen mittlerweile zum Standard geworden und auf jedem der Schiffe mindestens als teilweise erfüllt zu betrachten. Ein Engagement bezogen auf das Umwelt-Management wird besonders bei den größeren Unternehmen dieser Untersuchung hervorgehoben.

Die als letzte und in die Zukunft reichende Phase 5 wurde in dieser Internet-Analyse von keinem der Anbieter teilweise oder komplett erfüllt. Allerdings sind durchaus zukunftsweisende Ansätze zu erkennen, wie die Verknüpfung von verschiedenen Urlaubs- und Erlebniswelten, die über das Angebot von Mixed-Use-Centern hinausgehen. So bieten z.B. die untersuchten Unternehmen *Royal Caribbean International* und *Disney Cruise Lines* ihren Gästen unternehmenseigene Inseln, die als Erweiterung des Angebots an Bord genutzt werden können. Der *Disney*-Konzern bietet zusätzlich zum Kreuzfahrterlebnis eine Kombination mit den Themenparks an. *Disney Cruise Lines* z.B. bietet außerdem Angebote, die mit Seminaren zur Ernährungsberatung und Gewichtsreduktion einen persönlichkeitsverändernden Ansatz beinhalten. Des Weiteren ist eine Einbeziehung der Kunden im Umwelt-Engagement bei dem Beispiel-Anbieter für Expeditionskreuzfahrten zu erkennen, was insbesondere bei diesen speziellen Kreuzfahrten sinnvoll ist. Weiteres Engagement und das Einbinden der Kunden sind bei dem Segment der Kreuzfahrten im Allgemeinen wünschenswert und zukünftig unerlässlich.

Die genannten Ergebnisse sind in der folgenden Abbildung (siehe auch Anhang 7.9) im Überblick dargestellt.

Abbildung 17: Ergebnis Kreuzfahrtbranche

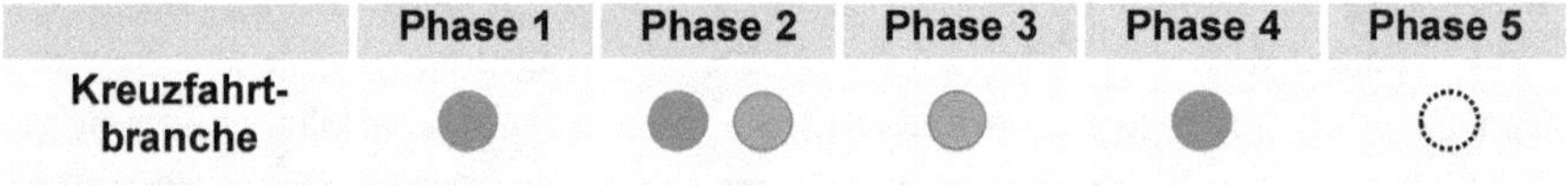

Quelle: eigene Darstellung

Als Ergebnis der Internet-Analyse und der Anwendung des Erlebnis-Phasen-Modells ist für die Kreuzfahrtbranche festzustellen, dass der Kreuzfahrtsektor nicht nur einer Phase zuzuordnen ist. Die Kreuzfahrtanbieter können insgesamt den Phasen 1 bis 4 zugeordnet werden. Die Phase 2 wird von den Anbietern der großen Resort-Schiffe voll erfüllt, die kleineren Schiffe erfüllen diese Phase teilweise. Ebenfalls die Phase 3 muss bei der Gesamtbewertung der Kreuzfahrtbranche und als Voraussetzung für die Phase 4 berücksichtigt werden, da alle Anbieter den Aspekt des Edutainments im Angebot integrieren. Die Phase 5 wird aufgrund der zukunftsweisenden Ansätze einzelner Unternehmen als ansatzweise erfüllt betrachtet.

Die Darstellung des Ergebnisses anhand des Erlebnis-Phasen-Modells (s. Abb. 18) zeigt, dass die wachsende Kreuzfahrtbranche mit ihrem vielfältigen Angebot die Kriterien jeder der vier Phasen erfüllt und damit eindeutig mitten in der Erlebnisorientierung anzusiedeln ist. Somit bieten die Kreuzfahrtschiffe ein breites Spektrum an Erlebnis-Angeboten und können verschiedenste Wünsche und Ansprüche der Kunden erfüllen. Die Ansätze der Phase 5 und vor allem die große Bedeutung von ständiger Erneuerung und Innovationen, besonders bei den großen Kreuzfahrt-Unternehmen zu beobachten, lässt eine zukünftige Weiterentwicklung vermuten, die bezogen auf die Kundenwünsche den jeweiligen aktuellen Anforderungen entsprechen wird. Nicht nur die modernen und großen Resort Ships bieten Angebote zu den neuesten Entwicklungen, die die Erlebnisorientierung gebracht hat, auch die traditionellen und kleinen Kreuzfahrtschiffe können trotz anderer Zielgruppe und Ausrichtung geänderte Kundenansprüche erfüllen, aber genauso das Angebot der ersten Phasen bieten.

Abbildung 18: Ergebnis Kreuzfahrtbranche - dargestellt am Erlebnis-Phasen-Modell

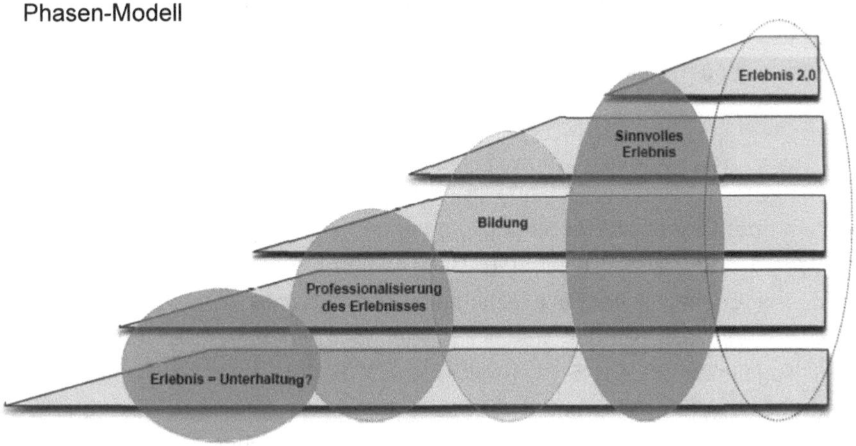

Quelle: eigene Darstellung

Bei der Kreuzfahrtbranche muss aufgrund der sehr unterschiedlichen Angebote im Zusammenhang mit der Größe der Schiffe, der Ausrichtung und der Zielgruppe eine Differenzierung der Ergebnisse vorgenommen werden. So bestehen auf der einen Seite auf den großen Kreuzfahrtschiffen mit über 1000 Passagieren ganz andere Möglichkeiten der Vielzahl und Vielfalt im Angebot, z.B. der Unterhaltung. Auf der anderen Seite müssen die Reedereien mit den großen Schiffen eine viel breitere Masse an potenziellen Kunden als Zielgruppe ansprechen, um die Kabinen entsprechend zu füllen. Die kleineren Schiffe und Anbieter sind im Allgemeinen auf ein Nischenprodukt spezialisiert oder den traditionellen Kreuzfahrten zuzurechnen. So ist ganz klar zu erkennen, dass die großen Schiffe allen vier Phasen des Erlebnis-Phasen-Modells zuzuordnen sind. Aber auch die kleinen Schiffe sind ebenso in diesen Phasen zu finden. Diese Art von Kreuzfahrt ist mehr der Phase 4 als der Phase 1 zuzuordnen, bei den großen Schiffen ist es andersherum.

Die Kreuzfahrtbranche stellt nicht eindeutig die idealtypische Entwicklung der Erlebnisorientierung dar: die Kreuzfahrtprodukte sind den Phasen 1 bis 4 und ansatzweise auch Phase 5, zuzuordnen, wobei der Aspekt der Erlebniswelt nicht komplett zum Tragen kommt und die Bildung ebenfalls lediglich als Ergänzung des Angebots wahrgenommen wird. Allerdings zeigen die Kreuzfahrtprodukte ein weit entwickeltes Angebot bezogen auf die Erlebnisorientierung mit der kompletten Erfüllung des sinnvollen Erlebnisses und einer zukunftsweisenden Ausrichtung.

6.3. Die Branchen im Vergleich

Anhand der Ergebnisse ist eindeutig zu erkennen, dass beide Branchen den Phasen 1 und 2 zuzuordnen sind. Die Themenparks erfüllen erwartungsgemäß als Erlebniswelten alle Kriterien dieser Phasen komplett. Auch die Kreuzfahrtanbieter werden durch Experten den Erlebniswelten zugeordnet (vgl. Kagelmann 2004a, S. 71; Rudolphi 2007, S. 16f), allerdings hat die Analyse gezeigt, dass die Kriterien der Phase 2 komplett nur von den großen Resort Ships erfüllt werden. Aufgrund der unterschiedlichen Ausrichtung der Kreuzfahrtprodukte ist diese Einschränkung kein Nachteil für die kleineren Schiffe, so dass insgesamt diese Phasen von den Branchen als erfüllt betrachtet werden. Die Erlebnisangebote beider Branchen bilden somit erwartungsgemäß die ersten und am längsten bestehenden Phasen der Erlebnisorientierung „Erlebnis = Unterhaltung“ und die „Professionalisierung des Erlebnisses“ ab und zeigen damit, dass diese Phasen durchaus noch aktuell und von Bestand sind.

Des Weiteren haben beide Branchen auch die Kriterien der Bildungs-Phase mindestens teilweise erfüllt. Allerdings gibt es bei den Themenparks einige Beispiele, die komplett der Phase 3 zuzuordnen sind und damit als einzige Anbieter beider Branchen erlebnisorientierte Lernorte bieten. Auch wenn alle analysierten Angebote mindestens Edutainment und damit die Voraussetzung für die Phase 4 bieten, wird deutlich, dass die Bildung ein Bereich darstellt, der das bisherige Angebot erweitern kann, je nach Ausrichtung und Zielgruppe des Erlebnisangebots.

Das sinnvolle Erlebnis ist wiederum bei der Kreuzfahrtbranche stärker wiederzufinden, da alle Beispielanbieter die Phase 4 insgesamt komplett erfüllen. Dieses Ergebnis bedeutet, dass die Kreuzfahrtbranche im Gegensatz zur Themenparkbranche die Phase 4 bereits komplett erreicht hat, unabhängig von der Art des Angebots bzw. Größe des Schiffes. Dieses Ergebnis hängt insbesondere mit den Aspekten der Rückzugsmöglichkeiten, Authentizität und Wellness zusammen: diese Kriterien sind bei den Themenparks als ‚traditionelle' Erlebniswelten nicht vordergründig entscheidend für den Erfolg des Erlebnisangebots. Jedoch für die Weiterentwicklung der Erlebnisorientierung werden auch diese Kriterien bedeutender, wie es schon einzelne Parks, wie der *Europa-Park*, zeigen und ebenfalls Orte der Entspannung in das Angebot aufnehmen.

Die Phase 5, das Erlebnis 2.0, wird als zukünftige Phase nur von der Kreuzfahrtbranche im Ansatz erfüllt. Davon ist abzuleiten, dass die Kreuzfahrtanbieter, wie auch in Phase 4, den Themenparks in der Vielfalt der Angebote voraus sind und bereits zukünftige Neu- und Weiterentwicklungen im Programm integrieren bzw. die Tendenzen frühzeitig erkennen.

Die Vermutung, dass die idealtypische Entwicklung der Erlebnisorientierung, wie aus der Literatur identifiziert, nicht bei den Beispielbranchen zu finden ist, hat sich für die analysierten Produkte der Kreuzfahrtbranche bestätigt. Die Kreuzfahrtprodukte bilden keine komplette Erfüllung der Phasen entsprechend des Modells ab, die Angebote sind trotzdem den Phasen zuzuordnen und zukunftsweisend. Es ist somit deutlich geworden, dass es eine idealtypische Entwicklung, wie in den Entwicklungsstufen dargestellt, nicht zwingend auch in der Praxis bei den Erlebnisangeboten gibt bzw. eine entsprechende Entwicklung keine Garantie für ein erfolgreiches Erlebnisprodukt sein muss. Bei der Themenparkbranche, als Inbegriff der Erlebniswelten, ist allerdings eine Erfüllung der Phasen analog zu dem Erlebnis-Phasen-Modell und damit eine idealtypische Entwicklung zu beobachten, mit eindeutigem Fokus auf die ersten beiden Phasen der Unterhaltung und der Professionalisierung des Erlebnisses.

Im Vergleich zur Themenparkbranche scheinen die Kreuzfahrtanbieter, die vor allem in den letzten Jahrzehnten hohe Zuwächse erlebt und sich von ‚traditionellen' Schiffsreisen zu Unterhaltungshochburgen entwickelt haben, bei dem Entwicklungsstand der Erlebnisorientierung ein fortgeschrittenes Erlebnisangebot zu bieten: während die Themenparks die Entwicklung wie aus der Literatur identifiziert folgen, decken die Kreuzfahrtanbieter insgesamt ein breiteres Spektrum an Phasen der Erlebnisorientierung ab und können als zukunftsweisende Angebote für den Tourismus und Freizeit angesehen werden.

7. Fazit

Basierend auf der einleitenden Problemstellung konnte im Rahmen dieser Studie als Ergebnis der aktuelle Entwicklungsstand der Erlebnisorientierung in der Themenpark- und Kreuzfahrtbranche anhand des entwickelten Erlebnis-Phasen-Modells dargestellt werden.

Aufgrund der umfassenden Untersuchung wissenschaftlicher Sekundärliteratur, beschrieben im ersten Teil dieser Arbeit, konnte eine Entwicklung innerhalb der Erlebnisorientierung identifiziert werden, welche in Form von Entwicklungsstufen und im Modell anhand von Phasen dargestellt wurde. Diese Entwicklung zeigt eine Veränderung der Erlebnisorientierung: von der Konzentration auf Spaß und Unterhaltung sowie der professionellen Schaffung von Erlebnissen, über die Integration von Bildung im Erlebnisangebot, bis hin zum sinnvollen Erlebnis und zukünftigen Entwicklungen. Die Erlebnisorientierung, und damit die Erlebnisgesellschaft und –ökonomie, wird über die Entwicklung immer vielschichtiger, so dass die Erlebnisangebote in den fortgeschrittenen Entwicklungsstufen Aspekte aller vorherigen Ausprägungen beinhalten und zu einem komplexen Angebot gewachsen sind. Deswegen ist zwar eine Entwicklung in den letzten Jahrzehnten zu beobachten, aber jede Entwicklungsstufe bzw. Phase besitzt nach wie vor Einfluss und Aktualität. So hat z.B. die als „Erlebnis = Unterhaltung" identifizierte erste Phase noch immer Bedeutung und ist im Angebot wiederzufinden.

Das Erlebnis-Phasen-Modell besteht aus fünf Phasen, die die zuvor identifizierten Entwicklungsstufen der Erlebnisorientierung widerspiegeln. Phase 1 stellt das Erlebnis gleichgesetzt mit Unterhaltung dar, Phase 2 die Professionalisierung des Erlebnisses, Phase 3 die Verbindung von Erlebnis und Bildung, und Phase 4 das sinnvolle Erlebnis. Die Phase 5, Erlebnis 2.0, benennt zukünftige Ausprägungen der Erlebnisorientierung und beinhaltet damit ein Ergebnis dieser Studie: das Erlebnis wird verändert weiter bestehen. Die Bewertungskriterien sind entsprechend der charakteristischen Merkmale der einzelnen Phasen gebildet worden. Anhand der Kriterien kann bei der Anwendung des Modells an Erlebnisprodukten oder -Branchen die Zugehörigkeit zu einer oder mehreren Phasen beurteilt werden.

Um den Entwicklungsstand der ausgewählten Branchen Themenparks und Kreuzfahrt messen zu können, wurde das Erlebnis-Phasen-Modell mit den Bewertungskriterien angewendet. Die Informationen dafür basieren auf der umfangreichen Internet-Analyse ausgewählter Beispiel-Anbieter der beiden Branchen. Die Untersuchung hat gezeigt, dass das Erlebnis-Phasen-Modell praktisch anwendbar ist und zu Ergebnissen führt, so dass eine Messung des Entwicklungsstands erfolgen konnte. Die Branchen Kreuzfahrten und Themenparks wurden insbesondere aufgrund ihrer auch zukünftig bedeutenden Rolle im Tourismus- und Freizeitsektor für diese Studie ausgewählt, da somit eine Relevanz für andere Branchen aus diesem Bereich abgeleitet werden kann.

Aufgrund der vorangegangenen Untersuchung und Modell-Anwendung ist als Ergebnis abzuleiten, dass beide Beispielbranchen den ersten vier Phasen des Erlebnis-Phasen-Modells zuzuordnen sind. Damit wird ein Entwicklungsstand der Erlebnisorientierung abgebildet, der eine Bandbreite aller gegenwärtigen Phasen zeigt, teilweise mit Ansätzen zukünftiger Entwicklungen aus Phase 5, insbesondere in der Kreuzfahrtbranche. Dieses Ergebnis bedeutet eine Vielfalt an Erlebnisangeboten der Beispielbranchen: z.B. die Themenparks als scheinbar unterhaltungsorientierte Erlebniswelten sind nicht nur in den Phasen 1 und 2 der Unterhaltung und Professionalisierung des Erlebnisses anzusiedeln, sondern genauso in der Phase 3 der Bildung und teilweise in der Phase 4 mit dem sinnvollen Erlebnis. Die Themenparkbranche bildet damit insgesamt die idealtypische Entwicklung der Erlebnisorientierung ab, wie sie durch die Literaturrecherche und Entwicklungsstufen identifiziert wurde. Die Kreuzfahrtbranche bietet ebenfalls vom unterhaltenden bis zum sinnvollen Erlebnis ein großes Spektrum an Erlebnisangeboten. Die Kreuzfahrtanbieter sind im Vergleich zu der Themenparkbranche in der Gesamtheit der untersuchten Anbieter im Erlebnis-Phasen-Modell weiter fortgeschritten, da sie die Phase 4 komplett erfüllen und Ansätze der Phase 5 aufweisen. Dieses Ergebnis zeigt weiterhin, dass die Entwicklung der Erlebnisorientierung aus der Literatur, wie sie im Erlebnis-Phasen-Modell zu finden ist, in der Form noch nicht bei allen Erlebnisangeboten angekommen zu sein scheint. So gibt es große Unterschiede bezogen auf den Entwicklungsstand der Erlebnisangebote, auch innerhalb der Branchen.

Die Erkenntnisse aus der Entwicklung und Anwendung des Erlebnis-Phasen-Modells bedeuten für andere freizeit-touristische Erlebnisangebote, dass das Erlebnis als Faktor in der Angebotsgestaltung einen hohen Stellenwert besitzt. Erlebnisangebote wirken emotional und einzigartig auf den Konsumenten und bieten einen Zusatznutzen, der eine Aufwertung für das Produkt bedeuten kann. Eine Entwicklung des Erlebnisangebots parallel zur Entwicklung der Erlebnisorientierung scheint aufgrund des Erfolges z.B. der Kreuzfahrtbranche angemessen: mit der Erfüllung der Phase 4 des sinnvollen Erlebnisses in Kombination mit Unterhaltung, Spaß, professioneller Inszenierung und Bildung zeigen die Kreuzfahrtanbieter, dass differenzierte Erlebnisangebote möglich sind und von den Konsumenten nachgefragt werden. Dabei ist die entsprechende Zielgruppe und gewünschte Ausrichtung zu beachten.

Für Unternehmen, die bisher nur wenig oder gar nicht die Emotionen angesprochen haben, und damit auch auf Erlebnisse für die Kunden durch die Produkte verzichtet haben, können die Bewertungskriterien des Erlebnis-Phasen-Modells als Anhaltspunkte dienen, das jeweilige Produkt langfristig erfolgreich zu vermarkten und die Kunden an das Unternehmen zu binden. Die Bewertungskriterien bieten für Unternehmen die Möglichkeit, das eigene Erlebnisangebot in die Phasen einzuordnen und aufgrund dessen Ansätze zur Erweiterung ihres Angebots zu identifizieren, ausbaufähige Aspekte aufzudecken und so das Erlebnis-Angebot zu optimieren. Besonders die Themenparks zeigen als traditionelle Erlebniswelten Möglichkeiten die Kunden wiederholt in den Bann zu ziehen, wenn die Inszenierung gut und durchgängig erfolgt.

Gegenwärtige Geschehnisse und Einflüsse, wie die Angst vor Arbeitslosigkeit und Terrorgefahr, technischer Fortschritt sowie gesellschaftliche und wirtschaftliche Veränderungen beeinflussen und bestimmen die weitere Entwicklung der Erlebnisorientierung. Ein baldiges Ende der Erlebnisorientierung und insbesondere des Projekts des schönen Lebens wird nach der Analyse der Erlebnis-Entwicklung als unwahrscheinlich betrachtet. Ein Stillstand wird es, wie auch in den letzten Jahrzehnten, nicht geben, so dass es weitere voranschreitende Entwicklungen geben wird, die für Anbieter von Erlebnis-Produkten beachtet werden sollten. Der Zusatz des Erlebnisses ist insbesondere im Bereich Freizeit und Tourismus unerlässlich geworden, so dass zusammen mit den wachsenden Ansprüchen der Kunden auch die Angebote weiter entwickelt werden müssen.

Als Fazit für die vorliegende Studie kann gefolgert werden, dass die Erlebnisorientierung noch aktuell und von Bedeutung ist. Allerdings haben die Entwicklungen der letzten 20 Jahre eine Weiterentwicklung der Erlebnisorientierung bewirkt: von der Konzentration auf Spaß und Unterhaltung, hin zur Sinnhaftigkeit und dem bewussten Erleben. Jede Stufe der Entwicklung beinhaltet dabei auch aktuell eine Relevanz im Angebot. Erlebnisangebote, die ausschließlich auf Spaß ausgerichtet sind, sind durchaus noch zu finden und werden ebenso nachgefragt, aber langfristig ist eine Weiterentwicklung unvermeidbar.

Quellenverzeichnis

AIDA Cruises (2010). *Internetauftritt AIDA Cruises*. Online: http://www.aida.de/, letzter Zugriff: 18.11.2010

Bachleitner (2004). „Erlebnis“ kritisch betrachtet. In: Kagelmann, H.J./ Bachleitner, R./ Rieder, M. (Hrsg.) *ErlebnisWelten - Zum Erlebnisboom in der Postmoderne*. München: Profil Verlag.

Bahn, U./ Bohmann, J. (2009). *Kreuzfahrt Guide 2010 – Für den perfekten Urlaub auf dem Wasser*. Hamburg: Bellevue And More.

Becker, C./ Hopfinger, H./ Steinecke, A. (Hrsg.) (2007). *Geographie der Freizeit und des Tourismus – Bilanz und Ausblick*. München: Oldenbourg Verlag.

Brunner-Sperdin, A. (2006). Das Phänomen des „Flow“-Erlebens, Emotionen und Kundenzufriedenheit. In: Weiermair, K./ Brunner-Sperdin, A. (Hrsg.) *Erlebnisinszenierung im Tourismus – Erfolgreich mit emotionalen Produkten und Dienstleistungen*. Berlin: Erich Schmidt Verlag.

CLIA (2009). *The Overview – 2010 CLIA Cruise Market Overview – Statistical Cruise Industry Data Through 2009*. Online: http://www.cruising.org/sites/default/files/misc/2010FINALOV.pdf, letzter Zugriff: 06.10.2010

Carnival Corporation (2006). *Our Brands*. Online: http://phx.corporate-ir.net/phoenix.zhtml?c=200767&p=irol-products, letzter Zugriff: 06.10.2010

Cruise Industry News (2010). Cruise Industry in 2010. In: *Cruise Industry News Quarterly Magazine*, Summer 2010.

Cruise Industry Wire (2010). *Analysis of Global Cruise Market*. Online: http://www.cruiseindustrywire.com/report-2622517-Analysis_of_Global_Cruise_Market.html, letzter Zugriff: 06.10.2010

Darmer, P. / Sundbo, J. (2008). Introduction to experience creation. In: Sundbo, J./ Darmer, P. (Hrsg.) *Creating Experiences in the Experience Economy*. Cheltenham: Edgar Elgar Publishing.

Disney Cruise Line (2010). *Internetauftritt Disney Cruise Line*. Online: http://disneycruise.disney.go.com/, letzter Zugriff: 18.11.2010

Disney Cruise Line (2010a). *Disney Cruise Line Public Affairs*. Online: http://www.disneycruisenews.com/, letzter Zugriff: 18.11.2010

Disneyland Paris (2010). *Internetauftritt Disneyland Paris*. Online: http://www.disneylandparis.de/, letzter Zugriff: 18.11.2010

Disneyland Paris (2010a). *Internetauftritt Unternehmen Disneyland Paris*. Online: http://corporate.disneylandparis.com/, letzter Zugriff: 18.11.2010

Dziemba, O./ Wenzel, E. (2009). *Marketing 2020 – Die elf neuen Zielgruppen – wie sie leben, was sie kaufen*. Frankfurt: Campus Verlag.

Ek, R./ Larsen J./ Buhl Hornskov, S./ Kjaer Mansfeldt, O. (2008). A dynamic framework of tourist experiences: Space-time and performances in the experience economy. In: *Scandinavian Journal of Hospitality and Tourism* (Vol. 8, No. 2, S. 122-140). Online: http://web.ebscohost.com.lcproxy.shu.ac.uk/ehost/pdfviewer/pdfviewer?vid=8&hid=110&sid=1377d956-bd51-4d8f-b787-00bf467cba1c%40sessionmgr11, letzter Zugriff: 15.06.2010

Europa-Park (2010). *Internetauftritt Europa-Park*. Online: http://www.europapark.de/lang-de/Startseite/c51.html, letzter Zugriff: 17.10.2010

Freericks, R./ Theile, H./ Brinkmann, D. (Hrsg.) (2005). *Nachhaltiges Lernen in Erlebniswelten? Modelle der Aktivierung und Qualifizierung - Tagungsdokumentation-*. IFKA-Dokumentation, Band 23. Bremen: Institut für Freizeitwissenschaft und Kulturarbeit e.V. (IFKA).

Freericks, R. (2002). Erlebniswelten: Mobilisierung informellen Lernens. In: Nahrstedt, W./ Brinkmann, D./ Theile, H./ Röcken, G. (Hrsg.) *Lernen in Erlebniswelten – Perspektiven für Politik, Management und Wissenschaft.* IFKA-Dokumentation, Band 22. Bielefeld: Institut für Freizeitwissenschaft und Kulturarbeit e.V. (IFKA).

FUR (2009). *Urlaubsreisetrends 2020 – Die RA-Trendstudie.* Online: http://www.fur.de/index.php?id=trends2020, letzter Zugriff: 03.10.2010

FUR (2009a). *Seniorenreisen mit Zukunft.* Online: http://www.fur.de/index.php?id=seniorenreisen, letzter Zugriff: 03.10.2010

FUR (2009b). *Anzahl Urlaubsreisen, Haupturlaubsreisen und zusätzliche Urlaubsreisen.* Online: http://www.fur.de/index.php?id=eckdaten_urlaubsreisen, letzter Zugriff: 03.10.2010

FUR Kultur (2009). *Kultur im Urlaub ist etwas für viele...* . Online: http://www.fur.de/index.php?id=kultur_im_urlaub, letzter Zugriff: 19.11.2010

Gibson, P. (2006). *Cruise Operations Management.* Oxford: Butterworth-Heinemann.

Gilmore, J.H./ Pine, B.J. (2007). *Authenticity - What Consumers Really Want.* Boston: Harvard Business School Press.

Goy, M. (2009). *Alltagsversteher auf Mission. Goys Gespräche: Horst W. Opaschowski: Der Zukunftsforscher ist ein gefragter Mann - seit nunmehr 30 Jahren.* Interview mit Horst Opaschowski, vom 08.06.2009, Welt-Online. Online: http://www.welt.de/die-welt/article3882282/Alltagsversteher-auf-Mission.html, letzter Zugriff: 20.06.2010

Grötsch, K. (2006). Aha – Ein Erlebnis! Über Erlebnisinszenierung und Emotionsmanagement. In: Weiermair, K./ Brunner-Sperdin, A. (Hrsg.) *Erlebnisinszenierung im Tourismus – Erfolgreich mit emotionalen Produkten und Dienstleistungen.* Berlin: Erich Schmidt Verlag.

Grötsch, K. (2002). Emotionales Management und emotionales Lernen in Erlebniswelten. In: Nahrstedt, W./ Brinkmann, D./ Theile, H./ Röcken, G. (Hrsg.) *Lernen in Erlebniswelten – Perspektiven für Politik, Management und Wissenschaft.* IFKA-Dokumentation, Band 22. Bielefeld: Institut für Freizeitwissenschaft und Kulturarbeit e.V. (IFKA).

Günther, A. (2006). 20 Jahre Erlebnisgesellschaft – und mehr Fragen als Antworten – Zwischenbilanz oder Abgesang auf die Erlebniswelten-Diskussion. In: Reuber, P./ Schnell, P. (Hrsg.) *Postmoderne Freizeitstile und Freizeiträume – Neue Angebote im Tourismus*. Berlin: Erich Schmidt Verlag.

Hallerbach, B. (2007). Marktsegmentierung und der Trend zum hybriden Urlauber. In: Becker, C./ Hopfinger, H./ Steinecke, A. (Hrsg.) *Geographie der Freizeit und des Tourismus – Bilanz und Ausblick.* München: Oldenbourg Verlag.

Hapag-Lloyd Kreuzfahrten (2010). *Internetauftritt Hapag-Lloyd Kreuzfahrten.* Online: http://www.hlkf.de, letzter Zugriff: 18.11.2010

Hennings, G. (2000). Erlebnis- und Konsumwelten: Steuerungsfaktoren – Akteure – Planung. In: Steinecke, A. (Hrsg.) *Erlebnis- und Konsumwelten*. München: Oldenbourg Wissenschaftsverlag.

HLKF MS Europa (2010). *Internetauftritt MS Europa.* Online: http://www.hlkf.de/redwork/do.php?layoutid=100&node=213302&language=1, letzter Zugriff: 18.11.2010

Horx, M. (Hrsg.) (2009). *Trend-Report 2010 – Soziokulturelle Schlüsseltrends für die Märkte von morgen*. Kelkheim: Zukunftsinstitut.

Horx, M (2005). *Der Selfness Trend – Was kommt nach Wellness*? Kelkheim: Zukunftsinstitut.

Hosany, S./ Witham, M. (2010). *Dimensions of Cruisers' Experiences, Satisfaction, and Intention to Recommend.* Online: http://jtr.sagepub.com/content/49/3/351.full.pdf+html, letzter Zugriff: 06.10.2010

IAAPA Industry Trivia (2010). *Amusement Park and Attractions Industry Trivia.* Online: http://www.iaapa.org/pressroom/Amusement_Park_Industry_Trivia.asp, letzter Zugriff: 09.10.2010

IAAPA Statistics (2010). *Amusement Park and Attractions Industry Statistics.* Online: http://www.iaapa.org/pressroom/Amusement_Park_Industry_Statistics.asp, letzter Zugriff: 09.10.2010

Jasch, C./ Stegmayer, J. (2006). *Grenzen und Reichweiten: Erlebnisgesellschaft - Kommerzialisierung - Konsum; 23. und 24. November 2006.* Norderstedt: Books on Demand.

Kagelmann, H.J./ Bachleitner, R./ Rieder, M. (Hrsg.) (2004). *ErlebnisWelten - Zum Erlebnisboom in der Postmoderne.* München: Profil Verlag.

Kagelmann, H.J. (2004). Themenparks. In: Kagelmann, H.J./ Bachleitner, R./ Rieder, M. (Hrsg.) *ErlebnisWelten - Zum Erlebnisboom in der Postmoderne.* München: Profil Verlag.

Kagelmann, H.J. (2004a). Fun Cruising. In: Kagelmann, H.J./ Bachleitner, R./ Rieder, M. (Hrsg.) *ErlebnisWelten - Zum Erlebnisboom in der Postmoderne.* München: Profil Verlag.

Keul, A. (2004). Reisezeit = Erlebniszeit? In: Kagelmann, H.J./ Bachleitner, R./ Rieder, M. (Hrsg.) *ErlebnisWelten - Zum Erlebnisboom in der Postmoderne.* München: Profil Verlag.

Köck, C. (2004). Kult und Metatourismus: die Erlebnisse der Erlebnisgesellschaft. In: Kagelmann, H.J./ Bachleitner, R./ Rieder, M. (Hrsg.) *ErlebnisWelten - Zum Erlebnisboom in der Postmoderne*. München: Profil Verlag.

Kreisel, W. (2007). Trends in der Entwicklung von Freizeit und Tourismus. In: Becker, C./ Hopfinger, H./ Steinecke, A. (Hrsg.) *Geographie der Freizeit und des Tourismus – Bilanz und Ausblick.* München: Oldenbourg Verlag.

Leder, S. (2009). *Wandertourismus heute: Chancen und Herausforderungen.* Vortrag IHK Tourismustreff. Online: http://www.ihk-saarland.de/ihk-saar-land/Integrale?SID=CRAWLER&MODULE=Frontend.Media&ACTION=ViewMediaObject&Media.PK=2652&Media.Object.ObjectType=full, letzter Zugriff: 24.09.2010

Leder, S. (2007). Neue Muße im Tourismus – Eine Untersuchung von Angeboten mit den Schwerpunkten Selbstfindung und Entschleunigung. In: Steinecke, A. (Hrsg.) *Paderborner Geographische Studien zu Tourismusforschung und Destinationsmanagement Band 21.* Paderborn: Selbstverlag des Faches Geographie, Universität Paderborn.

Legoland Deutschland (2010). *Internetauftritt Legoland.* Online: http://www.legoland.de/, letzter Zugriff: 18.11.2010

Lohmann, M./ Aderhold, P. (2009). *Urlaubsreisetrends 2020* (FUR). Online: http://www.fur.de/fileadmin/user_upload/Trendstudie2020_Newstext.pdf, letzter Zugriff: 03.10.2010

Lorentzen, A. (2008). *Cities in the Experience Economy.* Online: http://web.ebscohost.com.lcproxy.shu.ac.uk/ehost/pdfviewer/pdfviewer?vid=9&hid=105&sid=b2ba8635-287a-4a4e-b5c6-f7505366e7dc%40sessionmgr114, letzter Zugriff: 15.06.2010

Lyons, B. (2010). The Cruise Experience. In: *Cruise Industry News Quarterly Magazine*, Summer 2010.

Magic Kingdom Park (2010). *Internetauftritt Magic Kingdom Park*. Online: http://disneyworld.disney.go.com/parks/magic-kingdom/, letzter Zugriff: 18.11.2010

Mathisen, O. (2010). Europe: Growth Market. In: *Cruise Industry News Quarterly Magazine*, Summer 2010.

Mikunda, C. (2002). *Marketing spüren – Willkommen am Dritten Ort*. Frankfurt: Redline Wirtschaft bei Überreuter.

Morgan, M./ Elbe, J./ de Esteban Curiel, J. (2008). Has the Experience Economy Arrived? The Views of Destination Managers in Three Visitor-dependent Areas. In: *International Journal of Tourism Research* (2009, 11/ S. 201-216). Online: http://www3.interscience.wiley.com/cgi-bin/fulltext/122210415/PDFSTART, letzter Zugriff: 15.06.2010

Moser, H. (2006). *Aufwachsen in der Erlebnisgesellschaft*. Online: http://www.springerlink.com/content/l877k7882n23028w/, letzter Zugriff: 18.05.2010

Müller, H./ Scheurer, R. (2004). *Tourismus-Destination als Erlebniswelt - Ein Leitfaden zur Angebots-Inszenierung.* Bern: Forschungsinstitut für Freizeit und Tourismus (FIF) der Universität Bern.

Mundt, J. (2006). *Tourismus*. München: Oldenbourg Wissenschaftsverlag.

Nahrstedt, W./ Brinkmann, D./ Theile, H./ Röcken, G. (2002). *Lernort Erlebniswelt – Neue Formen informeller Bildung in der Wissensgesellschaft*. IFKA-Schriftenreihe, Band 20. Bielefeld: Institut für Freizeitwissenschaft und Kulturarbeit e.V. (IFKA).

Nahrstedt, W./ Brinkmann, D./ Theile, H./ Röcken, G. (Hrsg.) (2002a). *Lernen in Erlebniswelten – Perspektiven für Politik, Management und Wissenschaft.* IFKA-Dokumentation, Band 22. Bielefeld: Institut für Freizeitwissenschaft und Kulturarbeit e.V. (IFKA).

Nykiel, R.A. (2007). *Handbook of marketing research methodologies for hospitality and tourism*. New York: The Haworth Hospitality & Tourism Press.

Oasis of the Seas (2010). *Internetauftritt Oasis of the Seas & Allure of the Seas*. Online: http://www.oasisoftheseas.com/video.php?ship=allure, letzter Zugriff: 18.11.2010

Oasis of the Seas (2010a). *Internetauftritt Oasis of the Seas (deutschsprachig)*. Online: http://www.royalcaribbean.de/Oasis_of_the_Seas.htm, letzter Zugriff: 18.11.2010

Oh, H./ Fiore, A./ Jeoung, M. (2007). *Measuring Experience Economy Concepts: Tourism Applications*. Online: http://jtr.sagepub.com/content/46/2/119.full.pdf+html, letzter Zugriff: 06.10.2010

Opaschowski, H. (2009). *Thesen und Prognosen seit 1970*. Online: http://www.opaschowski.de/thesen-und-prognosen.html, letzter Zugriff: 24.09.2010

Opaschowski, H. (2008). *Deutschland 2030 – Wie wir in Zukunft leben*. Gütersloh: Gütersloher Verlagshaus.

Opaschowski, H. (2008a). *Tourismusanalyse 2008*. Hamburg: Stiftung für Zukunftsfragen.

Opaschowski, H. (2004). *Deutschland 2020. Wie wir morgen leben – Prognosen der Wissenschaft*. Wiesbaden: Verlag für Sozialwissenschaften.

Opaschowski, H. (2002). *Tourismus – Eine systematische Einführung. Analysen und Prognosen (3. Auflage)*. Opladen: Leske + Budrich.

Opaschowski, H. (2000). Kathedralen und Ikonen des 21. Jahrhunderts: Zur Faszination von Erlebniswelten. In: Steinecke, A. (Hrsg.) *Erlebnis- und Konsumwelten*. München: Oldenbourg Wissenschaftsverlag.

Penz, O./ Rösch, S. (2004). Misserfolge und Scheitern von Erlebniswelten. In: Kagelmann, H.J./ Bachleitner, R./ Rieder, M. (Hrsg.) *ErlebnisWelten - Zum Erlebnisboom in der Postmoderne*. München: Profil Verlag.

Phantasialand (2010). *Internetauftritt Phantasialand.* Online: http://www.phantasialand.de/, letzter Zugriff: 18.11.2010

Phantasialand (2010a). *Phantasialand.* Online: http://de.wikipedia.org/wiki/Phantasialand, letzter Zugriff am 18.11.2010

Pikkemaat, B./ Peters, M. (2006). Market Information. A Key Success Factor in the New Product Development Process in Tourism? In: Weiermair, K./ Brunner-Sperdin, A. (Hrsg.) *Erlebnisinszenierung im Tourismus – Erfolgreich mit emotionalen Produkten und Dienstleistungen.* Berlin: Erich Schmidt Verlag.

Pine, B.J./ Gilmore, J. (2000). *Erlebniskauf – Konsum als Erlebnis, Business als Bühne, Arbeit als Theater.* München: Econ.

Pine, B.J./ Gilmore, J.H. (1999). *The Experience Economy. Work Is Theatre & Every Business a Stage.* Boston: Harvard Business School Press.

Potts Park (2010). *Internetauftritt des Potts Parks.* Online: http://www.pottspark-minden.de/, letzter Zugriff: 18.11.2010

Potts Park (2010a). *Potts Park.* Online: http://de.wikipedia.org/wiki/Potts_park, letzter Zugriff: 18.11.2010

Potts Park Terra Phänomenalis (2010). *Internetauftritt der Terra Phänomenalis im Potts Park.* Online: http://www.terraphaenomenalis.de/, letzter Zugriff: 18.11.2010

Reuber, P./ Schnell, P. (Hrsg.) (2006). *Postmoderne Freizeitstile und Freizeiträume – Neue Angebote im Tourismus.* Berlin: Erich Schmidt Verlag.

Romeiß-Stracke, F. (2003). *Abschied von der Spaßgesellschaft. Freizeit und Tourismus im 21. Jahrhundert. Mit bissigen Randbemerkungen von Karl Born*. Amberg: Büro Wilhelm.

Royal Caribbean International (2010). *Internetauftritt Royal Caribbean International*. Online: http://www.royalcaribbean.com/, letzter Zugriff: 18.11.2010

Royal Caribbean International (2010a). *Internetauftritt Royal Caribbean International (deutschsprachig)*. Online: http://www.royalcaribbean.de/, letzter Zugriff: 18.11.2010

Rudolphi, P. (2007). Studienreisen in der Erlebnisgesellschaft – Eine Untersuchung zu den Implikationen der Erlebnisorientierung in der Touristik. In: Steinecke, A. (Hrsg.) *Paderborner Geographische Studien zu Tourismusforschung und Destinationsmanagement Band 20*. Paderborn: Selbstverlag des Faches Geographie, Universität Paderborn.

Scheurer, R. (2003). *Erlebnis-Setting – Touristische Angebotsgestaltung in der Erlebnisökonomie*. Berner Studien zu Freizeit und Tourismus Heft 43. Bern: Forschungsinstitut für Freizeit und Tourismus (FIF) der Universität Bern.

Schmitt, B.H. (2003). *Customer Experience Management: A Revolutionary Approach To Connecting With Your Customers*. Hoboken, NJ: Wiley.

Schneider, M. (2006). Erlebnisarchitektur im Tourismus. In: Weiermair, K./ Brunner-Sperdin, A. (Hrsg.) *Erlebnisinszenierung im Tourismus – Erfolgreich mit emotionalen Produkten und Dienstleistungen*. Berlin: Erich Schmidt Verlag.

Schuckert, M./ Müller, S. (2006). Erlebnisorientierung im touristischen Transport am Beispiel des Personenluftverkehrs. In: Weiermair, K./ Brunner-Sperdin, A. (Hrsg.) *Erlebnisinszenierung im Tourismus – Erfolgreich mit emotionalen Produkten und Dienstleistungen*. Berlin: Erich Schmidt Verlag.

Schulze, G. (2006). *Freizeit ist Schwerstarbeit. Faulsein in der gereiften Erlebnisgesellschaft.* Online: http://www.gerhardschulze.de/wp-content/uploads/presse/Freizeit.pdf, letzter Zugriff: 11.08.2010

Schulze, G. (2005). *Die Erlebnisgesellschaft - Kultursoziologie der Gegenwart.* Frankfurt: Campus Verlag.

Schulze, G. (2000). *Die Erlebnisgesellschaft - Kultursoziologie der Gegenwart.* Frankfurt: Campus Verlag.

Sea Cloud Cruises (2009). *Internetauftritt Sea Cloud Cruises.* Online: http://www.seacloud.com, letzter Zugriff: 18.11.2010

Silversea Expeditions (2010). *Internetauftritt Silversea Expeditions.* Online: http://www.silversea.com/expeditions/, letzter Zugriff: 18.11.2010

Silversea Cruises (2010). *Internetauftritt Silversea Cruises.* Online: http://www.silversea.com/, letzter Zugriff: 18.11.2010

Steinecke, A. (2010). *Populäre Irrtümer über Reisen und Tourismus.* München: Oldenbourg Wissenschaftsverlag.

Steinecke, A. (2009). *Themenwelten im Tourismus – Marktstrukturen Marketing-Management Trends.* München: Oldenbourg Verlag.

Steinecke, A. (2007). Kunstwelten in Freizeit und Konsum: Merkmale - Entwicklungen - Perspektiven. In: Becker, C./ Hopfinger, H./ Steinecke, A. (Hrsg.) *Geographie der Freizeit und des Tourismus – Bilanz und Ausblick.* München: Oldenbourg Verlag.

Steinecke, A. (Hrsg.) (2000). *Erlebnis- und Konsumwelten.* München: Oldenbourg Wissenschaftsverlag.

Steinecke, A. (2000). Tourismus und neue Konsumkultur: Orientierungen – Schauplätze – Werthaltungen. In: Steinecke, A. (Hrsg.) *Erlebnis- und Konsumwelten*. München: Oldenbourg Wissenschaftsverlag.

Stiftung für Zukunftsfragen (2010). *Tourismusanalyse 2010 – Das Magazin zur Reiselust der Deutschen. 1/2010*. Potsdam: Ch. Goetz Verlag.

Stiftung für Zukunftsfragen (2009). 60 Jahre Bundesrepublik: Quo vadis, Deutschland? In einer Klassengesellschaft leben – von einer Sozialgesellschaft träumen - Bevölkerung zieht Bilanz: Bundesbürger sagen, in was für einer Gesellschaft sie künftig leben wollen. In: *Forschung aktuell* (02.04.2009/ 213) Online: http://www.stiftungfuerzukunftsfragen.de/de/forschung/aktuelle-untersuchungen/forschung-aktuell-213-30-jg-02042009.html, letzter Zugriff: 20.06.2010

Stolpmann, M. (2007). *Tourismus-Marketing mit Profil. Reiseziele positionieren – Gäste und Kunden gewinnen*. Landsberg am Lech: mi-Fachverlag.

Sundbo, J./ Darmer, P. (Hrsg.) (2008). *Creating Experiences in the Experience Economy*. Cheltenham: Edward Elgar Publishing.

Sundbo, J./ Hagedorn-Rasmussen, P. (2008). The backstaging of experience production. In: Sundbo, J./ Darmer, P. (Hrsg.) *Creating Experiences in the Experience Economy*. Cheltenham: Edward Elgar Publishing.

Theiner, B./ Steinhauser, C. (2006). *Neue Erlebnisse im Tourismus – Eine Analyse des Innovationsverhaltens von Anbietern und Nachfragern bei der touristischen Produktentwicklung – Illustriert am Beispiel „Alpine Wellness"*. Marburg: Tectum Verlag.

TransOcean Kreuzfahrten (2010). *Internetauftritt TransOcean Kreuzfahrten/ MS Astor*. Online: http://www.transocean.de/default.htm, letzter Zugriff: 18.11.2010

TUI Online-Katalog (2010). TUI – Städte erleben Nov 10 – März 11. Online: http://www.tui-onlinekatalog.de/index.php?cid=9096, letzter Zugriff: 06.10.2010

Universal Studios Florida (2010). *Internetauftritt Universal Studios*. Online: http://www.universalorlando.com/, letzter Zugriff: 18.11.2010

VDFU (2010). *Der Verband*. Online: http://www.freizeitparks.de/vdfu_verband.html, letzter Zugriff: 07.10.2010

Vester, H.-G. (2004). Das Erlebnis begreifen. Überlegungen zum Erlebnisbegriff. In: Kagelmann, H.J./ Bachleitner, R./ Rieder, M. (Hrsg.) *ErlebnisWelten - Zum Erlebnisboom in der Postmoderne*. München: Profil Verlag.

Walt Disney Company (2010). *Internetauftritt Walt Disney Company*. Online: http://corporate.disney.go.com/index.html, letzter Zugriff: 18.11.2010

Ward, D. (2009). *Berlitz Complete Guide to Cruising & Cruise Ships 2010*. London: Berlitz Publishing.

Weber, K. (2007). *Inszenierte Tourismuswelten in Arabien – Die Spaßgesellschaft und ihr neues Reiseziel*. Saarbrücken: VDM Verlag Dr. Müller.

Weiermair, K./ Brunner-Sperdin, A. (Hrsg.) (2006). *Erlebnisinszenierung im Tourismus – Erfolgreich mit emotionalen Produkten und Dienstleistungen*. Berlin: Erich Schmidt Verlag.

Weiermair, K. (2006). Von der Dienstleistung zum Erlebnis. In: Weiermair/ K., Brunner-Sperdin, A. (Hrsg.) *Erlebnisinszenierung im Tourismus – Erfolgreich mit emotionalen Produkten und Dienstleistungen*. Berlin: Erich Schmidt Verlag.

Wolf, A. (2007). Industrial Mindscapes – Erfolgsfaktoren industrietouristischer Einrichtungen. In: *industrie-kultur, Magazin für Denkmalpflege, Landschaft, Sozial-, Umwelt- und Technikgeschichte*. Online: http://www.industrie-kultur.de/index.php?name=News&file=article&sid=56, letzter Zugriff: 18.05.2010

Wolf, A. (2005). Erfolgsfaktoren industrietouristischer Einrichtungen. Eine Untersuchung zu Erfolgsfaktoren unterschiedlicher Angebotstypen und ausgewählter Einrichtungen in Großbritannien und Deutschland. In: Kagermeier, A./ Steinecke, A. (Hrsg.) *Paderborner Geographische Studien zu Tourismusforschung und Destinationsmanagement Band 18*. Paderborn: Selbstverlag des Faches Geographie, Universität Paderborn.

Zellmann, P./ Opaschowski, H. (2005). *Die Zukunftsgesellschaft ... und wie wir in Österreich mit ihr umgehen müssen*. Wien: Österreichische Verlagsgesellschaft.

Anhang

Anhang 1 Die Entwicklung des Erlebnis-Phasen-Modells

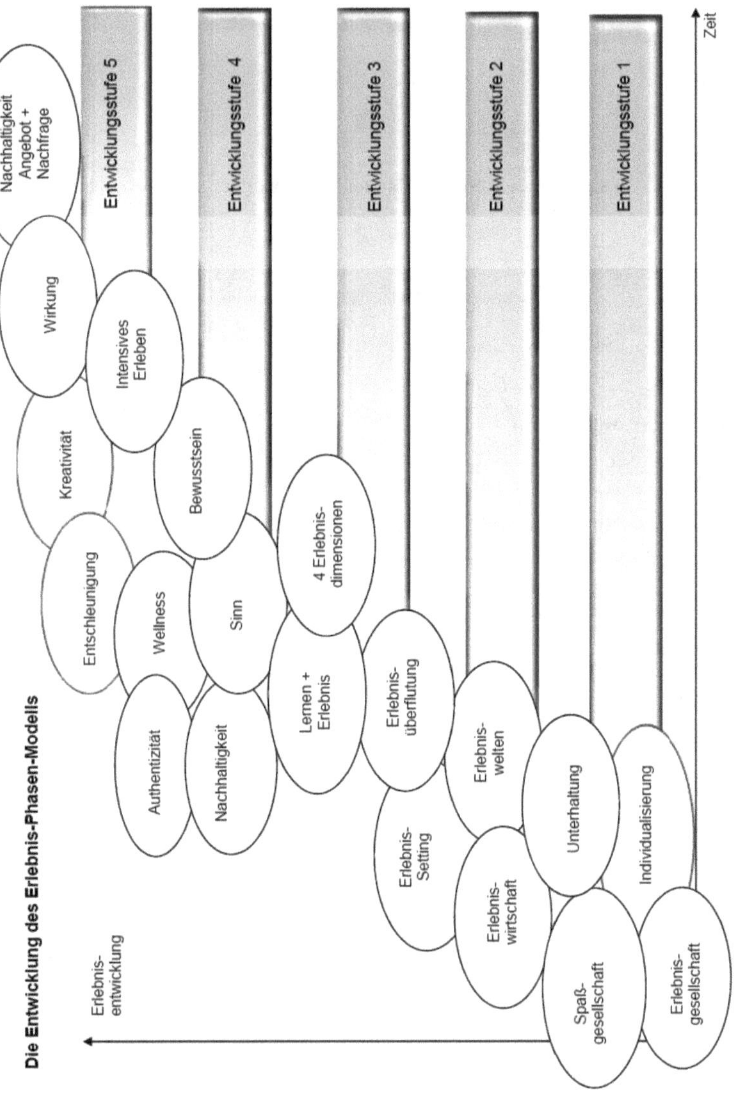

Quelle: eigene Darstellung

Anhang 2 Grundriss des Erlebnis-Phasen-Modells

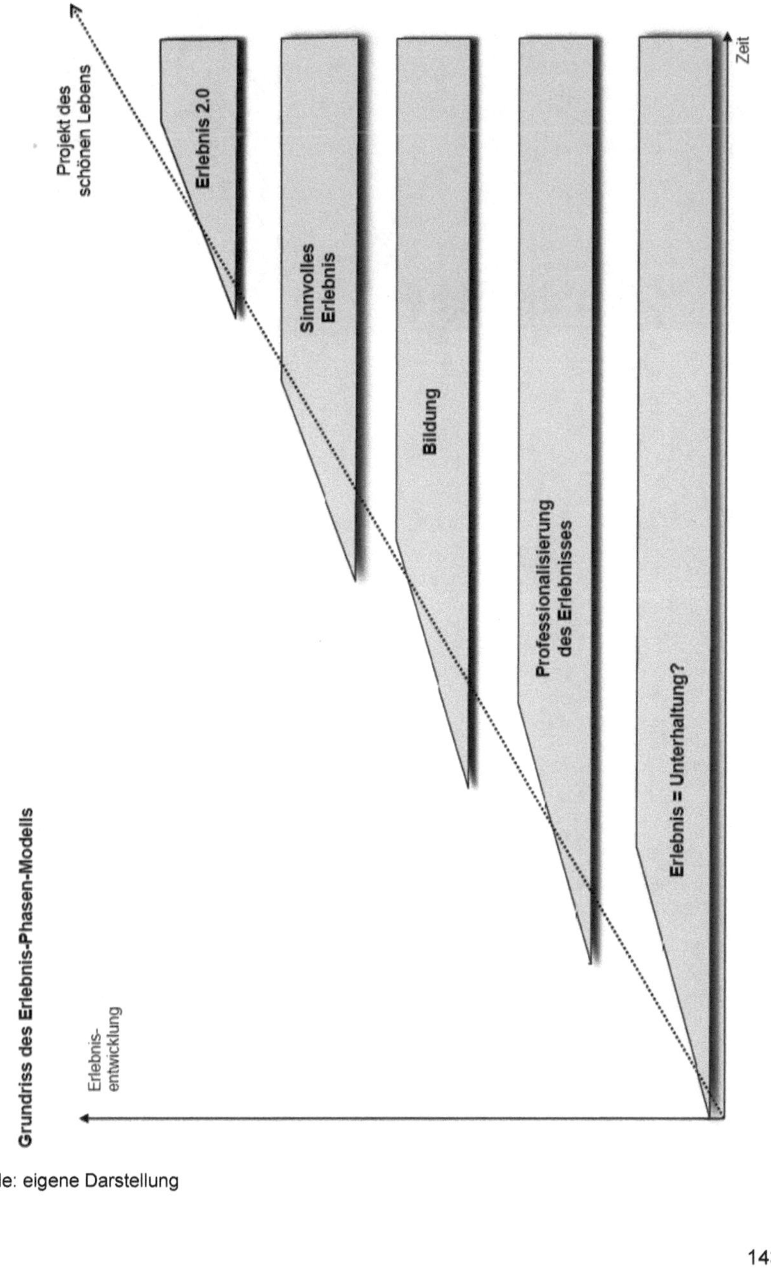

Quelle: eigene Darstellung

Anhang 3 Das Erlebnis-Phasen-Modell

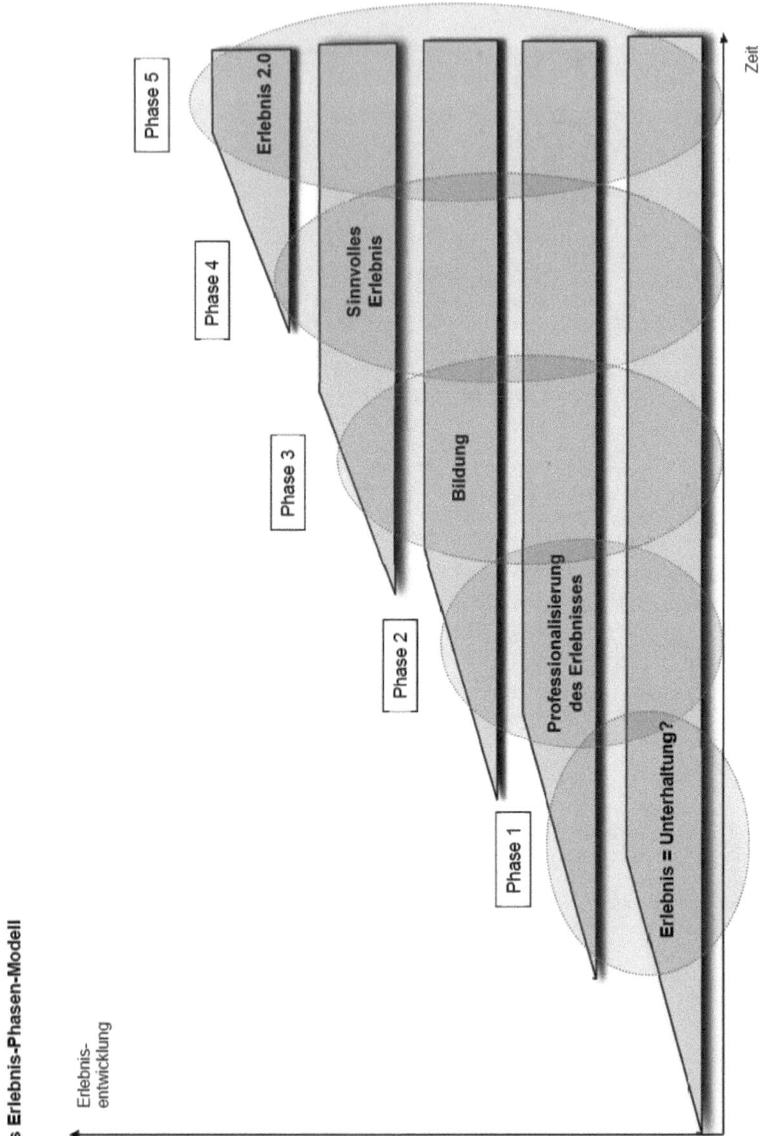

Quelle: eigene Darstellung

Anhang 4 Das Erlebnis-Phasen-Modell mit Bewertungskriterien

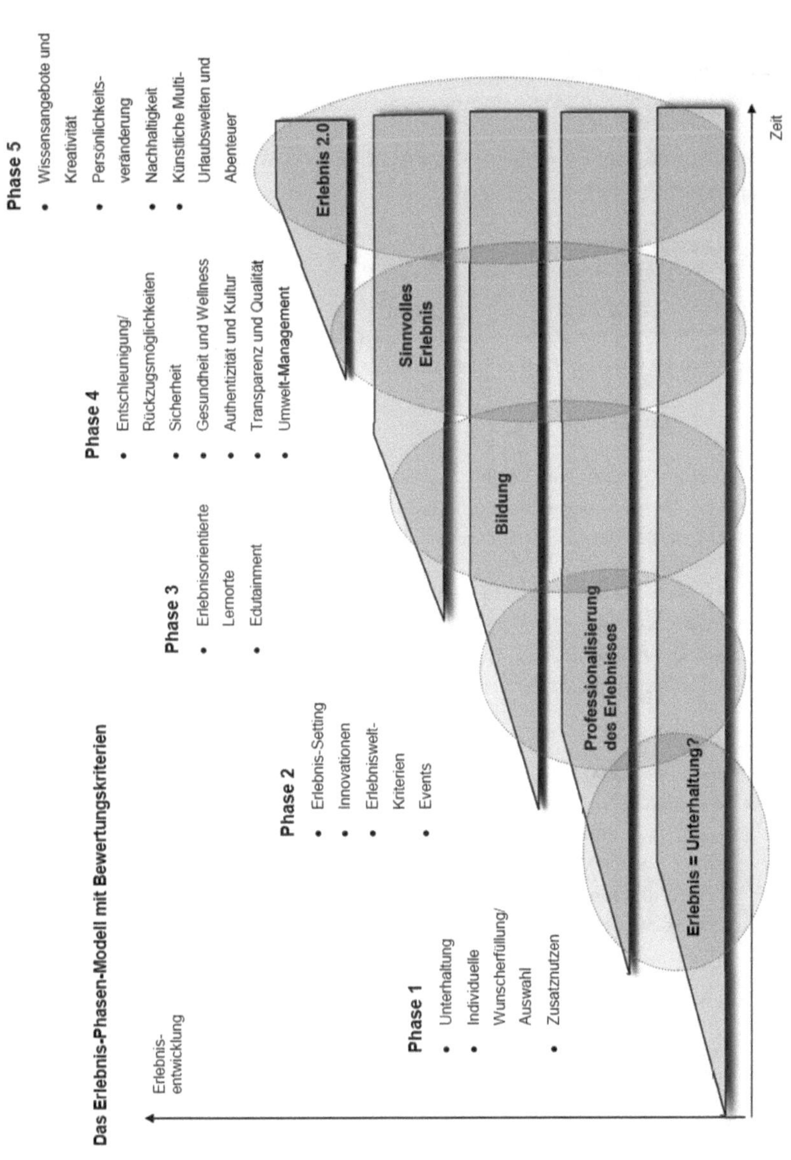

Quelle: eigene Darstellung

Anhang 5 Das Bewertungssystem des Erlebnis-Phasen-Modells

Für die Bewertung der einzelnen Kriterien und zur Einteilung in eine Phase wurde ein Bewertungssystem mit farblich unterschiedlichen Punkten entwickelt. Die Abstufung der Farbe bedeutet gleichzeitig inwiefern das Kriterium bzw. die Phase erfüllt wurde.

Die Bedeutung der Bewertungsmöglichkeiten für die einzelnen Kriterien stellt sich im Einzelnen wie folgt dar:

- komplett erfüllt ●
- teilweise erfüllt ●
- nicht erfüllt ○

Zusätzlich für eine komplette Phase besteht die folgende Bewertungsmöglichkeit:

- ansatzweise erfüllt ◌

Die Kriterien können nur „komplett", „teilweise" oder „nicht erfüllt" werden. Da ausschließlich die Internet-Analyse und damit die Präsentation des Unternehmens nach außen untersucht werden, kann eine Unterscheidung der Bewertung nicht differenzierter ausfallen.

Bei der Bewertung der Phasen besteht allerdings die Möglichkeit, dass eine Phase nur „ansatzweise erfüllt" wird. Dies ist der Fall, wenn z.B. lediglich ein Kriterium der ganzen Phase (teilweise) erfüllt wird. Deswegen gibt es für die Bewertung der Phasen den zusätzlichen Bewertungspunkt „ansatzweise erfüllt", um diesen Ansatz der Erfüllung zu würdigen.

Um eine Phase „komplett" zu erfüllen, müssen mindestens die Hälfte der Bewertungskriterien „komplett erfüllt" und alle mindestens „teilweise erfüllt" werden. Sind weniger als die Hälfte „komplett erfüllt", gilt die Phase als „teilweise erfüllt". Eine Phase kann nicht „komplett erfüllt" sein, wenn mindestens ein Kriterium als „nicht erfüllt" bewertet wird. Eine ganze Phase wird dann als „nicht erfüllt" angesehen, wenn keine der Kriterien durch die Internet-Analyse mit mindestens „teilweise erfüllt" bewertet wird.

Das Bewertungssystem stellt sich in der Übersicht mit Bewertungsbeispielen wie folgt dar:

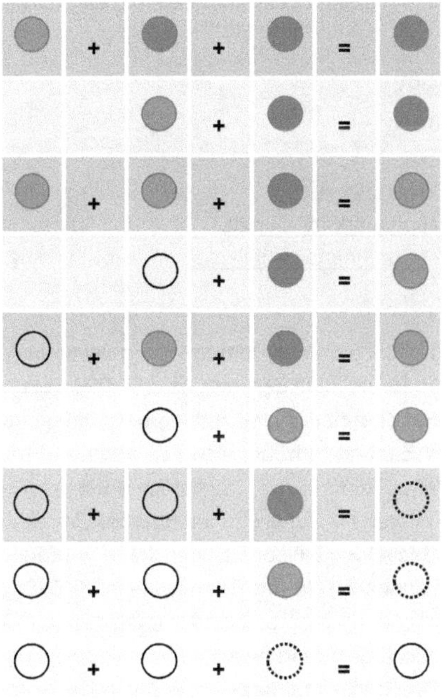

Quelle: eigene Darstellung

Anhang 6 Anwendung des Erlebnis-Phasen-Modells: Themenparkbranche

Anhang 6.1 *Potts Park*

Park: *Potts Park*
Ort: Minden-Dützen
Eröffnung: 1969
Besucher pro Jahr: ca. 200.000
Internetseiten: http://www.pottspark-minden.de/
http://www.terraphaenomenalis.de/

Der Familienbetrieb, der noch heute von der Familie Pott geleitet wird, wurde 1969 mit dem Thema Verkehr gegründet. Heute zählt der Park ca. 200.000 Besucher pro Jahr (vgl. Potts Park 2010a). Der *Potts Park* nennt sich seit Anfang der 1990er nicht mehr nur Freizeitpark, sondern Freizeit- und Erlebnispark, um sich von anderen Freizeitangeboten zu differenzieren (vgl. Nahrstedt et al. 2002, S. 41). Sicherlich entstand dieser Wandel auch aus dem Trend heraus, das Erlebnis als Zusatz zu integrieren. Das ursprüngliche Thema Verkehr ist noch heute in der Gestaltung einiger Fahrgeschäfte wiederzuerkennen, außerdem gibt es z.B. eine Modelleisenbahn, die das Thema aufgreift. Die Fahrgeschäfte verkörpern ansonsten unterschiedliche Themen und sind teilweise durch eigene Muskelkraft anzutreiben oder auch automatisch gesteuert, wie z.B. der Bananenflug, die Wildwasserbahn Pottwal, oder der Turbo-Drachen. Unter der Rubrik „Museales" sind z.B. interessante Ausstellungen wie die *Terra Phänomenalis*, die Riesenwohnung, das Knopfmuseum, ein Gesteinspfad, das Bauernstuben-Museum oder das Velodrom und das Ein-Mann-U-Boot zu finden. Die *Terra Phänomenalis* ist mit einem eigenen Internetauftritt ein seit 2005 in den Park integriertes Science Center mit vielen Möglichkeiten zum Ausprobieren und Lernen. Weitere Angebote und Attraktionen gibt es unter dem Punkt „Spiel & Spaß" z.B. mit Blitzschießen, Rutschenparadies, Glocken- und Figurenspiel, Hüpfkissen, Wasserspielgarten und Kletterfelsen. Außerdem gibt es Veranstaltungen wie das Herbstleuchten im November 2010, was den Park auch in der Herbstzeit zu einem Ausflugsziel macht, da der Park ansonsten über den Winter geschlossen ist. Es wird sehr viel Wert auf die Vermittlung des gemeinschaftlichen Erlebnisses gelegt. Da der Begriff Erlebnis sehr häufig fällt, werden hohe Erwartungen geweckt. Die Internetseite ist für den kleinen Park und den angebotenen Attraktionen ausreichend, wenn auch sehr funktional und wenig von dem versprochenen Erlebnis zeigend.

Die Internet-Analyse anhand der Bewertungskriterien

Phase 1: Erlebnis = Unterhaltung

Unterhaltung:
Der Park und die Unterhaltung sind für Familien mit Kindern bis 12 Jahren ausgerichtet. Auch Schulklassen werden Spaß an den gebotenen Attraktionen haben und die *Terra Phänomenalis* gut nutzen können. Neben den Fahrgeschäften, Ausstellungen und Attraktionen soll das gemeinschaftliche Erlebnis unterhalten, was z.B. mit den zur Miete verfügbaren Grillhütten erzeugt werden soll. Außerdem gibt es eine Parkanlage, die für die Eltern zum Entspannen genutzt werden kann, während sich die Kinder auch alleine im Park vergnügen können.

Individuelle Wunscherfüllung / Auswahl:
Es gibt Jahres- und Familienkarten, sowie Tageskarten mit unterschiedlichen Preisen für Kinder, Erwachsene und Senioren. Der Park ist von der Größe für mehrere Stunden oder Tagesbesuch gedacht und es gibt keine Übernachtungsmöglichkeiten zum Park gehörend. Die Auswahl und Wunscherfüllung der angebotenen Attraktionen ist für die Dauer ausreichend und für die Zielgruppe konzipiert.

Zusatznutzen:
Der Zusatznutzen ist wie bei allen Themenparks als Erlebniswelt komplett erfüllt.

Ergebnis Phase 1*: Potts Park*

Unterhaltung	Individuelle Wunscherfüllung	Zusatznutzen	Total
●	●	●	●

Phase 2: Professionalisierung des Erlebnisses

Erlebnis-Setting:
Das Erlebnis-Setting ist wie bei allen ausgewählten Themenparks für diese Analyse als erfüllt zu betrachten.
Die Gestaltung ist wiederum besonders auf die Bedürfnisse und Erlebnis-Gestaltung für kleinere Kinder ausgerichtet.

Innovationen:

Es werden neue Attraktionen und Fahrgeschäfte hinzugefügt, wie z:B. der kürzlich in Betrieb genommene Turbo-Drachen. Auch die Integration des Science Centers zeigt, dass der Anspruch besteht den Gästen immer wieder etwas Neues bieten zu können.

Erlebniswelt-Kriterien:

Für die Themenparks wurde bestimmt, dass diese Einrichtungen als Erlebniswelten diese Kriterien komplett erfüllen. Dieses wird allerdings für den *Potts Park* im Rahmen der Analyse nicht so gesehen, da der Park aufgrund der Ausrichtung und Größe nicht alle Kriterien erfüllt.

Events:

Mit Events wie dem Herbstleuchten über mehrere Wochen in den Abendstunden bietet der Park auch in der Winterpause eine interessante Ausflugsmöglichkeit.

Ergebnis Phase 2: *Potts Park*

Erlebnis-Setting	Innovationen	Erlebniswelt-Kriterien	Events	Total
●	●	●	●	●

Phase 3: Bildung

Erlebnisorientierter Lernort:

Mit der *Terra Phänomenalis* bietet der *Potts Park* einen speziell für das Lernen konzipierten Raum innerhalb des Themenparks, in dem Kinder und ganze Familien interaktiv z.B. „optische Täuschungen und physikalische Überraschungen" erleben können. Für Schulklassen besteht die Möglichkeit die Exponate in den Unterricht zu integrieren, bzw. den Unterricht während eines Ausfluges in den *Potts Park* zu verlegen.

Edutainment:

Doch auch der Rest des Parks bietet Unterhaltung verbunden mit Bildungsmöglichkeiten, wie z.B. das Bauernstubenmuseum.

Ergebnis Phase 3: *Potts Park*

Erlebnisorientierte Lernorte	Edutainment	Total
●	●	●

Phase 4: Sinnvolles Erlebnis

Entschleunigung / Rückzugsmöglichkeiten:
Die Grünflächen und Grillhütten laden zum Entspannen ein, während die Kinder das Angebot erleben können. Auch das Event Herbstleuchten soll eine entspannte Zeit bieten.

Sicherheit:
Sicherheit ist wie bei allen ausgewählten Themenparks für diese Analyse als erfüllt zu betrachten.

Gesundheit und Wellness:
Es gibt keine Angebote zu diesem Kriterium.

Authentizität und Kultur:
Die musealen Ausstellungen und Attraktionen sollen ein Stück Kultur vermitteln. Es wird wenig mit Illusionen sondern vielmehr mit Attraktionen gearbeitet, die das Spielen anregen und so authentische und wenig künstliche Unterhaltung für die Kinder darstellen.

Transparenz und Qualität des Angebots:
Die Attraktionen werden insgesamt informativ dargestellt, auch wenn die Präsentation im Vergleich zu den großen Themenparks nüchtern ausfällt.

Umwelt-Management des Anbieters:
Keine weiteren Informationen vorhanden.

Ergebnis Phase 4: *Potts Park*

Entschleunigung / Rückzugsmöglichkeiten	Sicherheit	Gesundheit und Wellness	Authentizität und Kultur	Transparenz und Qualität	Umwelt-Management	Total
●	●	○	●	●	●	●

Phase 5: Erlebnisse mit Wirkung = Erlebnis 2.0

Wissensangebote und Kreativität:
Nein

Angebote für die persönliche Entwicklung:
Nein.

Nachhaltigkeit:
Nein.

Künstliche Multi-Urlaubswelten und Abenteuer:
Nein.

Ergebnis Phase 5: *Potts Park*

Wissen und Kreativität	Persönliche Entwicklung	Nachhaltigkeit	Künstliche Multi-Urlaubswelten und Abenteuer	Total
○	○	○	○	○

Ergebnis: *Potts Park*

	Phase 1	Phase 2	Phase 3	Phase 4	Phase 5
Potts Park	●	●	●	●	○

Anhang 6.2 *LEGOLAND Deutschland*

Park:	*LEGOLAND Deutschland*
Ort:	Günzburg
Eröffnung:	2002
Internetauftritt:	http://www.legoland.de/

Seit 2002 gibt es den vierten *Legoland* Park nach Eröffnungen in Dänemark, England und USA auch in Deutschland. Die Parks gehören zum britischen Unternehmen *Merlin Entertainments Group*, zu der auch Freizeitattraktionen wie *Sea Life* oder *Dungeons* gehören. Nach eigenen Angaben ist die Zielgruppe für *Legoland Deutschland* Familien mit Kindern von drei bis 13 Jahren und gehört zu den vier meistbesuchten Parks in Deutschland.

Der Park ist in acht Themenbereiche aufgeteilt: Miniland, Imagination, *LEGO* X-Treme, Land der Ritter, Land der Abenteurer, Land der Piraten, *LEGO* City und der Eingangsbereich. Dabei gibt es in jedem Bereich Angebote und Attraktionen für kleine und große Kinder, so dass überall die komplette Familie unterhalten wird. Zum Angebot gehört seit 2008 auch das *Legoland* Feriendorf mit thematisierten Ferienhäusern und einem Campingbereich.

Der Park ist insgesamt darauf ausgerichtet, dass die Kinder Neues entdecken können, selbst ausprobieren und gestalten und dabei auch lernen können. So scheint alles auf die Entdeckungstour der Kinder ausgerichtet. Dabei stehen die *LEGO*-Produkte und das Experimentieren damit im Vordergrund.

Die Internet-Analyse anhand der Bewertungskriterien

Phase 1: Erlebnis = Unterhaltung

Unterhaltung:
Speziell auf Familien mit Kindern von drei bis 13 Jahren sind die Attraktionen ausgerichtet, mit Achterbahnen, Wasserattraktionen, Experimentierzentren, 4-D-Filmen und Shows. Unterhaltung wird dabei vor allem durch das Entdecken und Experimentieren geschaffen. Dazu gehört z.B. auch die Möglichkeit einen Führerschein zu machen, an Ritterturnieren teilzunehmen oder in einem Kanu zu paddeln. Die *LEGO*-Produkte sind Bestandteil der Unterhaltung und dienen als Spielzeug zum Erleben.
Der Park bietet genug Unterhaltung und Attraktionen um mehrere Tage dort zu verbringen.

Individuelle Wunscherfüllung / Auswahl:
Für die Zielgruppe wird die individuelle Wunscherfüllung geboten. Bezogen auf die Tickets gibt es verschiedene Möglichkeiten der Reisedauer und Kombinationen, z.B. Eintritt und Verpflegung als Paket. *Legoland Holidays* vermittelt als Reiseveranstalter Übernachtungen mit Parkeintritt in dem Feriendorf, es gibt Gruppenermäßigungen und Angebote auch für die Zielgruppe 50+.

Zusatznutzen:
Der Zusatznutzen ist wie bei allen Themenparks als Erlebniswelt komplett erfüllt.

Ergebnis Phase 1: *LEGOLAND Deutschland*

Unterhaltung	Individuelle Wunscherfüllung	Zusatznutzen	Total
●	●	●	●

Phase 2: Professionalisierung des Erlebnisses

Erlebnis-Setting:
Das Erlebnis-Setting ist wie bei allen ausgewählten Themenparks für diese Analyse als erfüllt zu betrachten.
Die Mitarbeiter agieren besonders im Bereich der Workshops als Helfer um das Erlebnis für die Kinder zu intensivieren.

Innovationen:
Auch im *Legoland Deutschland* gibt es immer wieder Neuheiten um die Kunden mehrere Male im Park unterhalten zu können. Das Jahr 2010 steht z.B. unter dem Motto „Rekorde", so dass es Events und Shows zu dem Thema gibt.

Erlebniswelt-Kriterien:
Themenparks als Erlebniswelten erfüllen die Kriterien komplett.

Events:
Es werden wechselnde Events und Shows zu unterschiedlichen Themen und Jahreszeiten angeboten. Dazu gehört zum Beispiel auch der *LEGO-Club* Tag, ein Club Treffen, welches einmal jährlich im Park für Mitglieder stattfindet.

Ergebnis Phase 2: *LEGOLAND Deutschland*

Erlebnis-Setting	Innovationen	Erlebniswelt-Kriterien	Events	Total
●	●	●	●	●

Phase 3: Bildung

Erlebnisorientierter Lernort:

Im *Legoland Deutschland* wird mit verschiedenen Angeboten ein erlebnisorientierter Lernort geschaffen. Das Konzept Lernen und Erlebnis wird in den drei *Galileo Wissenswelten* besonders für Schulklassen umgesetzt. Dazu gehören spezielle pädagogische Programme, die an die Lehrpläne angepasst sind und die Schüler zum Lernen motivieren sollen. Darüber hinaus gibt es Workshops im Mindstorms Center zu verschiedenen Themen wie Roboter oder Umweltschutz. Das *LEGO* Mindstorms Center im Themenbereich *Lego* X-Treme bildet dabei das Zentrum für das Lernen, Entdecken und Experimentieren. Mitarbeiter stehen fachkundig zur Seite, *Lego*-Bausätze können ausgeliehen werden und die Kreativität und Phantasie wird angeregt. Das Entdeckerheft begleitet die Kinder während des Lernerlebnisses und dient auch zur späteren Vertiefung des Wissens.

Edutainment:

Aber auch wenn die Kinder nicht an den Workshops teilnehmen gibt es viel zu lernen. Die *LEGO* Werte sind entsprechend: „spielerisches Lernen", „grenzenlose Ideenvielfalt", „Interaktivität" und „aktiver Spaß". So wird ein edukativer Anspruch im ganzen Park verfolgt. Z.B. beim Führerschein für Kinder mit Verkehrserziehung oder in der *LEGO* Fabrik, in der man den Herstellungsprozess von *LEGO*-Steinen erleben kann.

Ergebnis Phase 3: *LEGOLAND Deutschland*

Erlebnisorientierte Lernorte	Edutainment	Total
●	●	●

Phase 4: Sinnvolles Erlebnis

Entschleunigung / Rückzugsmöglichkeiten:
Das Angebot ist auf die Kinder und ihre Entdeckungstour ausgerichtet, so dass Rückzugsmöglichkeiten, Entspannung oder Wellness für die Eltern nicht zu finden sind.

Sicherheit:
Sicherheit ist wie bei allen ausgewählten Themenparks für diese Analyse als erfüllt zu betrachten.

Gesundheit und Wellness:
Kein Angebot zu Wellness.

Authentizität und Kultur:
Durch das Lernangebot und die Miniaturbauten aus *LEGO*-Steinen wird auch ein kulturelles Angebot geschaffen. Das Programm wirkt authentisch und scheint ohne große Illusionen auszukommen.

Transparenz und Qualität des Angebots:
Es wird ein hohes Maß an Qualität und Serviceorientierung versprochen, so dass auch die Eltern einen entspannten und gelungenen Aufenthalt genießen können.

Umwelt-Management des Anbieters:
Keine weiterführenden Informationen.

Ergebnis Phase 4: *LEGOLAND Deutschland*

Entschleunigung / Rückzugsmöglichkeiten	Sicherheit	Gesundheit und Wellness	Authentizität und Kultur	Transparenz und Qualität	Umwelt-Management	Total
○	●	○	●	●	●	●

Phase 5: Erlebnisse mit Wirkung = Erlebnis 2.0

Wissensangebote und Kreativität:

Im *Legoland* wird auf besondere Weise die Kreativität der Kinder gefördert und zur Bildung beigetragen. Dieser Ansatz wird als weiterführende zukünftige Entwicklung betrachtet.

Angebote für die persönliche Entwicklung:

Nein.

Nachhaltigkeit:

Nein.

Künstliche Multi-Urlaubswelten und Abenteuer:

Nein.

Ergebnis Phase 5: *LEGOLAND Deutschland*

Wissen und Kreativität	Persönliche Entwicklung	Nachhaltigkeit	Künstliche Multi-Urlaubswelten und Abenteuer	Total
●	○	○	○	◌

Ergebnis: *LEGOLAND Deutschland*

	Phase 1	Phase 2	Phase 3	Phase 4	Phase 5
LEGOLAND	●	●	●	●	◌

Anhang 6.3 *Phantasialand*

Park: *Phantasialand*
Ort: Brühl
Eröffnung: 1967
Besucher pro Jahr: ca. 2 Millionen
Internetauftritt: http://www.phantasialand.de/

Das *Phantasialand* wurde bereits 1967 als Märchenpark von dem Puppenspieler Richard Schmidt und dem Schausteller Gottlieb Löffelhardt eröffnet, und hat sich seitdem zu einem der erfolgreichsten Freizeitparks Deutschlands entwickelt (Phantasialand 2010a). Der Park setzt sich aus sechs Themenwelten zusammen: Deep Africa, Mexico, Mystery, Fantasy, China Town und Berlin. Um im *Phantasialand* einen Kurzurlaub verbringen zu können, gehören zwei Hotels, ein Camp und ein Garni-Hotel (nicht auf dem Resort-Gelände) zum Angebot. Die beiden Hotels Ling Bao (4 Sterne) und Matamba (3+ Sterne) gehören zum Resort und ergänzen das Park-Angebot mit den Themen Asien und Afrika. Auch das Tipi-Dorf Smokey´s Digger Camp verkörpert ein Thema, den Wilden Westen. In diesem Camp schlafen die Familien, Schulklassen oder Gruppen in indianischen Rundzelten. Zum *Phantasialand* gehört außerdem die Abendshow „Fantissima", bei der zu einer Show hochwertige Menüs gereicht werden. Die mehrstündige Show mit unterschiedlichen Künstlern, von Gesang über Tanz bis Akrobatik, ist unabhängig vom Parkbesuch und wird für Erwachsene und Familien mit Kindern ab 12 Jahren empfohlen. Das *Phantasialand* bietet ebenfalls Konferenzräume und die Organisation von Events für Geschäftskunden an. Generell wird ein breitgefächertes Angebot nicht nur auf den Freizeitpark bezogen geboten, so dass ein Event-Team auch außerhalb der Parköffnungszeiten für die Organisation von großen Events zur Verfügung steht.

Das *Phantasialand* wurde für die „Beste Achterbahn", „Beste Gastronomie", „Bester Non-Coaster" und „Bestes Themenhotel" mit dem Publikumspreis Parkscout Award 2009/2010 ausgezeichnet. Die Internetseite vom *Phantasialand* ist ansprechend animiert mit vielen Videoclips und Fotos, und macht Lust auf einen Besuch des Parks.

Die Internet-Analyse anhand der Bewertungskriterien

Phase 1: Erlebnis = Unterhaltung

Unterhaltung:
Der Park bietet von Fahrgeschäften, über Magie-Shows, 4-D-Kino, Artisten und der Abendshow *Fantissima*, bis hin zu einem großen gastronomischen Angebot eine Vielzahl von Unterhaltungsmöglichkeiten für verschiedene Altersgruppen, bei denen sich auch Erwachsene sehr gut unterhalten fühlen mögen. Die Unterhaltung geht dann in den Themenhotels bei einem längeren Aufenthalt weiter.

Individuelle Wunscherfüllung / Auswahl:
Es gibt unterschiedliche Attraktionen, ob für Erwachsene, kleine Kinder oder Schulgruppen, die auch auf der Internetseite je nach Zielgruppe dargestellt sind. So gibt es auch spezielle Angebote und Führungen für bspw. Gäste 60+, Schulklassen und Erwachsenengruppen. Es gibt Ein- und Mehrtages-Karten und die Möglichkeit den Parkbesuch zu einem Kurzurlaub mit Hotelaufenthalt zu verlängern.

Zusatznutzen:
Der Zusatznutzen ist wie bei allen Themenparks als Erlebniswelt komplett erfüllt.

Ergebnis Phase 1: *Phantasialand*

Unterhaltung	Individuelle Wunscherfüllung	Zusatznutzen	Total
●	●	●	●

Phase 2: Professionalisierung des Erlebnisses

Erlebnis-Setting:
Das Erlebnis-Setting ist wie bei allen ausgewählten Themenparks für diese Analyse als erfüllt zu betrachten.
Es wird bei dem *Phantasialand* hervorgehoben, dass es nicht nur die Möglichkeit des Parkbesuches gibt, sondern auch das Setting für verschiedene Events und Veranstaltungen geschaffen wird.

Innovationen:
Es gibt ständig neue Attraktionen im *Phantasialand* zu entdecken, in 2010 waren dies verschiedene Fahrgeschäfte, ein Irrgarten und eine Magie-Show.

Erlebniswelt-Kriterien:

Themenparks als Erlebniswelten erfüllen die Kriterien komplett.

Bei der Internetpräsenz vom *Phantasialand* fällt außerdem die Hervorhebung von prominentem Besuch auf, die als Werbebotschafter fungieren. Durch die verschiedensten Einrichtungen von Angeboten wie Gastronomie, Hotel, Show, Konferenz-Center und Themen-Park wird ein Mixed-Use-Center geboten, welches für verschiedene Interessen Angebote bietet.

Events:

Events wie die inszenierte Abendshow oder spezielle Veranstaltungen zu bestimmten Jahreszeiten runden das Angebot vom *Phantasialand* ab.

Ergebnis Phase 2: *Phantasialand*

Erlebnis-Setting	Innovationen	Erlebniswelt-Kriterien	Events	Total
●	●	●	●	●

Phase 3: Bildung

Erlebnisorientierter Lernort:

Das *Phantasialand* bietet für Schulklassen einen didaktischen Leitfaden, sowie den Fragenkatalog „Erlebnis Lernen“. So können der Parkbesuch und Unterricht kombiniert werden, bereits in der Vorbereitung, während des Aufenthalts und danach.

Edutainment:

Mit der Kombination von Unterricht und Parkbesuch wird für die Schüler Lernen mit Unterhaltung kombiniert, z.B. die Möglichkeit einer Parkrallye

Ergebnis Phase 3: *Phantasialand*

Erlebnisorientierte Lernorte	Edutainment	Total
●	●	●

Phase 4: Sinnvolles Erlebnis

Entschleunigung / Rückzugsmöglichkeiten:
Es werden Rückzugsmöglichkeiten nur im Hinblick auf das Wellness-Angebot dargestellt, ansonsten gibt es keine Hinweise auf eine Bedeutung dieses Kriteriums.

Sicherheit:
Sicherheit ist wie bei allen ausgewählten Themenparks für diese Analyse als erfüllt zu betrachten.
Es wird eine genaue Darstellung der Größenangaben für die Fahrgeschäfte und sonstige Hinweise für die Benutzung auf der Internetseite bereitgestellt.

Gesundheit und Wellness:
Als Wellness-Kurzurlaub wird im Hotel Matamba eine Kombination mit der nahe gelegenen Eifel-Therme-Zikkurat angeboten. Auch im Hotel Ling Bao wird ein Wohlfühl-Paket geboten. In dem Hotel befindet sich das Mandala Spa, mit Pool- und Saunabereich und einem Angebot an verschiedenen Anwendungen.

Authentizität und Kultur:
Verbunden mit den Inszenierungen und Kulissen im Park, die authentisch durch die detailgetreuen Imitationen wirken sollen, wird auch die Kultur mit im Programm aufgenommen. So gibt es zum Beispiel auf der Internetseite Tipps zu Ausflugsmöglichkeiten in der Region mit den jeweiligen Sehenswürdigkeiten. Es werden zusätzlich Städtereisen in Kombination mit einer Übernachtung im Resort-Hotel angeboten.

Transparenz und Qualität des Angebots:
Das Angebot wird sehr genau und ausführlich präsentiert. Für eine hohe Qualität spricht nicht nur der Erfolg des Parks, sondern auch der Publikumspreis, der für mehrere Rubriken verliehen wurde. Außerdem hat das *Phantasialand* eine Aktion gestartet, die die Transparenz des Angebots gut darstellt: es wurden Hoteltester-Familien ausgewählt, die Test-Berichte über ihren Besuch veröffentlichen werden.

Umwelt-Management des Anbieters:
Keine weiteren Informationen vorhanden.

Ergebnis Phase 4: *Phantasialand*

Entschleunigung / Rückzugsmöglichkeiten	Sicherheit	Gesundheit und Wellness	Authentizität und Kultur	Transparenz und Qualität	Umwelt-Management	Total
○	●	●	●	●	●	●

Phase 5: Erlebnisse mit Wirkung = Erlebnis 2.0

Wissensangebote und Kreativität:
Nein

Angebote für die persönliche Entwicklung:
Nein.

Nachhaltigkeit:
Nein.

Künstliche Multi-Urlaubswelten und Abenteuer:
Nein.

Ergebnis Phase 5: *Phantasialand*

Wissen und Kreativität	Persönliche Entwicklung	Nachhaltigkeit	Künstliche Multi-Urlaubswelten und Abenteuer	Total
○	○	○	○	○

Ergebnis: *Phantasialand*

	Phase 1	Phase 2	Phase 3	Phase 4	Phase 5
Phantasialand	●	●	●	●	○

Anhang 6.4 *Europa-Park*

Park:	*Europa-Park*
Ort:	Rust
Eröffnung:	1975
Besucher pro Jahr:	ca. 4 Millionen Besucher
Internetauftritt:	http://www.europapark.de/lang-de/Startseite/c51.html

Das Familienunternehmen *Europa-Park* wurde 1975 von Franz Mack und seinem Sohn Roland Mack eröffnet. Heute ist der *Europa-Park* laut der eigenen Internetpräsentation der größte Freizeitpark Deutschlands, das meistbesuchte Tourismusziel in Deutschland und der besucherstärkste saisonale Park weltweit.

Der Park setzt sich aus den folgenden Themenbereichen zusammen: Deutschland, England, Holland, Russland, Skandinavien, Österreich, Abenteuerland, Island, Italien, Frankreich, Griechenland, Schweiz, Spanien, Portugal und die Welt der Kinder. Zum Park gehören insgesamt vier Themenhotels: Colosseo, El Andaluz, Castillo Alcazar und das Santa Isabel. Außerdem bietet der *Europa-Park* Einrichtungen für Events, für das Firmenkundengeschäft und Tagungen, der Park dient als Schauplatz für TV-Produktionen und schließlich ist es ein Tages- und Kurzurlaubsziel, sowohl für Familien mit Kindern aber auch für Erwachsene. Seit 2007 gehört weiterhin das *Science House* zum Angebot des Familienunternehmens um die Entwicklung zum Edutainment aufzugreifen.

Das Unternehmen *Mack* plant und baut selbst die Fahrgeschäfte für den Park.

Die Internet-Analyse anhand der Bewertungskriterien

Phase 1: Erlebnis = Unterhaltung

Unterhaltung:
Mit über 100 Attraktionen, Fahrgeschäften, Abenteuerspielplatz, Shows, 3-D-Kino, Kino mit Dinner und Show, dem Science House, der Erlebnisgastronomie und den Übernachtungsmöglichkeiten in den Themenhotels wird für eine große Zielgruppe viel geboten.

Individuelle Wunscherfüllung / Auswahl:
Die verschiedenen Unterhaltungsmöglichkeiten und Veranstaltungen bieten etwas für verschiedene Altersgruppen. Es gibt Ein- und Mehrtagestickets, Angebote für Gruppen wie Schulklassen und Kindergärten, aber auch für Erwachsene und Gäste ab 60 Jahren. Als

Kurzurlaubsziel bietet sich die Kombination mit den Themenhotels an, die zum *Europa-Park* dazu gehören.

Zusatznutzen:
Der Zusatznutzen ist wie bei allen Themenparks als Erlebniswelt komplett erfüllt.

Ergebnis Phase 1: *Europa-Park*

Unterhaltung	Individuelle Wunscherfüllung	Zusatznutzen	Total
●	●	●	●

Phase 2: Professionalisierung des Erlebnisses

Erlebnis-Setting:
Das Erlebnis-Setting ist wie bei allen ausgewählten Themenparks für diese Analyse als erfüllt zu betrachten.

Innovationen:
Es wird viel Wert auf eine ständige Erweiterung und Erneuerung des Angebots gelegt, vor allem in Anbetracht der Tatsache, dass die Betreiber ebenfalls die Produktion der Attraktionen durchführt. Neben den neuen Fahrgeschäften gibt es auch immer neue Shows mit international bekannten Künstlern, Fernsehproduktionen im Park und neue Indoor-Attraktionen wie das Science House.

Erlebniswelt-Kriterien:
Themenparks als Erlebniswelten erfüllen die Kriterien komplett.
Beim *Europa-Park* ist z.B. die Einbindung von Prominenten und themenorientierten Attraktionen besonders gut zu erkennen.

Events:
Es gibt eine Vielzahl an Events, wie zu den Jahreszeiten z.B. mit dem Halloween Festival mit dem Musiker DJ Bobo, oder sonstige zeitlich begrenzte Events sind das ganze Jahr über im Park zu besuchen. Auch die Shows, z.B. Dinner & Movie, bei dem ein Dinner mit Showprogramm und anschließendem Kinofilm angeboten wird, mit wechselnden Filmen und Themen.

Ergebnis Phase 2: ***Europa-Park***

Erlebnis-Setting	Innovationen	Erlebniswelt-Kriterien	Events	Total
●	●	●	●	●

Phase 3: Bildung

Erlebnisorientierter Lernort:
Der *Europa-Park* bietet seit 2007 mit dem *Science House* einen erlebnisorientierten Lernort. Das *Science House* ist als ganzjähriges und wetterunabhängiges Angebot unabhängig vom Besuch des Parks mit über 80 interaktiven Experimentierstationen aus den Bereichen Naturwissenschaft und Technik sowohl für Schulklassen, als auch für Individualbesucher ein interessantes Angebot. Das Angebot ist für Schulklassen ab der 4. Klasse, für Familien und Erwachsene konzipiert.

Edutainment:
Neben dem *Science House* bieten auch Attraktionen im Park ein Edutainment-Angebot, z.B. die Raumstation Mir, eine Ausstellung über die ehemaligen Lehrstätten der MIR-Astronauten. Insgesamt dienen die verschiedenen Themenbereiche mit den landestypischen und kulturellen Besonderheiten auch der Bildung. Über die Geschichte des *Europa-Parks* und der Familie Mack gibt es ein Museum.
Es werden außerdem Seminare und Vorträge außerhalb des Parkangebots für Interessierte angeboten.

Ergebnis Phase 3: ***Europa-Park***

Erlebnisorientierte Lernorte	Edutainment	Total
●	●	●

Phase 4: Sinnvolles Erlebnis

Entschleunigung / Rückzugsmöglichkeiten:
Mit der parkeigenen Gärtnerei schafft der *Europa-Park* Ruhe- und Erholungszonen für die Besucher. Außerdem gibt es eine Kirche im *Europa-Park* als „Oase der Ruhe" mit Themengottesdiensten, Gesprächen mit den beiden Seelsorgern und Andachten. Des Weiteren werden Seminare und Vorträge im Rahmen des Fördervereins Santa Isabel e.V. für Menschen in besonders schweren Lebenssituationen für neue Perspektiven durchgeführt.

Sicherheit:
Sicherheit ist wie bei allen ausgewählten Themenparks für diese Analyse als erfüllt zu betrachten. Die Sicherheitsbestimmungen für die Nutzung der Attraktionen sind auf der Internetseite dargestellt.

Gesundheit und Wellness:
In den neuesten Erlebnishotels Colosseo und Santa Isabel gibt es Wellness- und Spa-Bereiche mit Saunalandschaften und verschiedenen Anwendungen. Auch in den anderen Hotels sind Sauna und Pool zu finden.

Authentizität und Kultur:
Durch die Themenbereiche wird auch ein Stück weit Kultur über die jeweiligen dargestellten Länder vermittelt.

Transparenz und Qualität des Angebots:
Qualität wird besonders als Leitbild für das Unternehmen hervorgehoben. Die eigene Produktion der Attraktionen unterstreicht und sichert diesen Anspruch.
Alle Attraktionen werden im Internet mit Hinweisen zu der geeigneten Zielgruppe dargestellt, und ob die Attraktion für Menschen mit Behinderung geeignet sind und wie hoch der Nervenkitzel-Faktor. Insgesamt gibt es zu allen Bereichen des *Europa-Parks*, sei es der Park an sich, die Hotels, die Organisation von Tagungen und Festen, sehr viele Informationen und Hinweise.

Umwelt-Management des Anbieters:
Keine weiteren Informationen dazu vorhanden.

Ergebnis Phase 4: ***Europa-Park***

Entschleunigung / Rückzugsmöglichkeiten	Sicherheit	Gesundheit und Wellness	Authentizität und Kultur	Transparenz und Qualität	Umwelt-Management	Total
●	●	●	●	●	●	●

Phase 5: Erlebnisse mit Wirkung = Erlebnis 2.0

Wissensangebote und Kreativität:
Nein

Angebote für die persönliche Entwicklung:
Nein.

Nachhaltigkeit:
Nein.

Künstliche Multi-Urlaubswelten und Abenteuer:
Nein.

Ergebnis Phase 5: ***Europa-Park***

Wissen und Kreativität	Persönliche Entwicklung	Nachhaltigkeit	Künstliche Multi-Urlaubswelten und Abenteuer	Total
○	○	○	○	○

Ergebnis: ***Europa-Park***

	Phase 1	Phase 2	Phase 3	Phase 4	Phase 5
Europa-Park	●	●	●	●	○

Anhang 6.5 *Disneyland Paris*

Park:	*Disneyland Paris*
Ort:	bei Paris
Eröffnung:	1992
Besucher pro Jahr:	15,4 Millionen in 2009
Internetauftritt:	http://www.disneylandparis.de/ http://corporate.disneylandparis.com/

Seit 1992 gibt es den *Disney Themenpark* nach amerikanischem Vorbild in der Nähe von Paris. *Disneyland Paris* besteht aus dem *Disneyland Park*, dem *Disney Village* und seit einigen Jahren gehört auch der *Walt Disney Studio Park* zum Angebot, der das Thema der Filmproduktion verkörpert. Für die Analyse wird schwerpunktmäßig nur der *Disneyland Park* beachtet, da die Internet-Präsentation aber das komplette Resort widerspiegelt, wozu auch die sieben Themenhotels gehören, werden auch diese dazugehörenden Angebote mit betrachtet. Außerdem ist im *Disneyland Resort* eines der größten „Convention Center" Frankreichs zu finden, mit 1000 Business Events jedes Jahr.

Der Park ist in fünf Themenländer aufgeteilt: *Main Street U.S.A., Frontierland, Adventureland, Discoveryland* und *Fantasyland*. Jedes Themenland ist entsprechend inszeniert mit einer Vielzahl von Fahrgeschäften, Attraktionen, Shows, Restaurants und Souvenirshops. An einem Tag ist das gesamte Angebot kaum zu schaffen, insgesamt gibt es 53 Attraktionen, so dass mit den insgesamt 5800 Hotelzimmern der *Disney*-Themenhotels *Disneyland Paris* zu einem Kurzurlaubsziel geworden ist. Nach eigenen Angaben ist *Disneyland Paris* die meistbesuchte touristische Destination in Europa, mit über 15 Millionen Besuchern in 2009. Dabei kommen fast die Hälfte der Besucher aus Frankreich, sowie viele aus Großbritannien und den Benelux-Ländern. Aus Deutschland kommen 3% der Gäste.

Die Internet-Analyse anhand der Bewertungskriterien

Phase 1: Erlebnis = Unterhaltung

Unterhaltung:
Das Unterhaltungsprogramm im *Disneyland Paris* lässt bezogen auf Spaß und Entertainment für die ganze Familie keine Wünsche offen. Mit unzähligen Shows, Fahrgeschäften, Attraktionen, Live-Musik, Paraden, *Disney*-Figuren und der Erfahrung im Vergnügungspark-Geschäft von über 50 Jahren ist das Kriterium der Unterhaltung ohne Zweifel komplett erfüllt. Dabei wird besonders hervorgehoben, dass ein Programm für die ganze Familie geboten wird, zum gemeinsamen Erleben. Auf der Internetseite wird der Park als „Fun-Mekka" bezeichnet, mit „Disneyspaß" und Unterhaltung fast rund um die Uhr.

Individuelle Wunscherfüllung / Auswahl:
Durch das große und vielfältige Programm ist eine Auswahl ohnehin notwendig, die je nach Interessen und auch z.B. Alter der Kinder vorgenommen werden kann bzw. muss. Dazu gibt es verschiedene Arrangements, Pauschalen, Sparangebote und Aufenthaltsdauern, wodurch der Aufenthalt von einem Tag bis zu einem Kurzurlaub individuell gestaltet werden kann. Auch innerhalb des Parks gibt es z.B. bezogen auf die Verpflegung ein großes Angebot, von Fast-Food und Selbstbedienung, bis hin zum schicken Restaurant.

Zusatznutzen:
Der Zusatznutzen ist wie bei allen Themenparks als Erlebniswelt komplett erfüllt.

Ergebnis Phase 1: *Disneyland Paris*

Unterhaltung	Individuelle Wunscherfüllung	Zusatznutzen	Total
●	●	●	●

Phase 2: Professionalisierung des Erlebnisses

Erlebnis-Setting:

Das Erlebnis-Setting ist wie bei allen ausgewählten Themenparks für diese Analyse als erfüllt zu betrachten.

Zusätzlich ist beim *Disneyland Paris* zu erwähnen, wie auch bei allen anderen *Disney*-Parks und –Schiffen, dass die Mitarbeiter „Cast Member“ bezeichnet werden. Damit wird hervorgehoben, dass die Cast Member aktiv zum Erlebnis der Gäste beitragen und den Traum vom *Disneyland* vermitteln, indem sie gewisse Rollen spielen. Sie sind ein Teil der gesamten Inszenierung/ der Show, auf der Bühne und auch im Hintergrund.

Innovationen:

Es gibt nicht nur passend zu jeder Jahreszeit verschiedene Dekorationen und Shows, es werden auch ständig neue Fahrgeschäfte und Attraktionen hinzugefügt.

Erlebniswelt-Kriterien:

Themenparks als Erlebniswelten erfüllen die Kriterien komplett.

Disneyland Paris erfüllt alle Kriterien, über Standards, Marken, Thema, Allianzen usw., und ist dabei ein wirkliches Mixed-Use-Center, mit Kinos, Diskothek, Hotels, Restaurants, Shoppingmöglichkeiten, Themenpark, Konferenz-Center...

Events: Mit den wechselnden Aktionen und Veranstaltungen zu den verschiedenen Jahreszeiten und Feiertagen, wie z.B. an Weihnachten, sind auch verschiedene Events verbunden, die auch Wiederholungsbesuchern immer wieder neue Erlebnisse bescheren.

Ergebnis Phase 2: *Disneyland Paris*

Erlebnis-Setting	Innovationen	Erlebniswelt-Kriterien	Events	Total
●	●	●	●	●

Phase 3: Bildung

Erlebnisorientierter Lernort:
Nein

Edutainment:
Auch im *Disneyland Paris* ist Edutainment im Angebot integriert. Dabei wird das Thema Bildung in Form von Ausstellungen z.B. in der Main Street U.S.A. oder in Form von Führungen hinter den Kulissen angeboten. Außerdem gibt es bspw. im *Walt Disney Studio Park* Vorführungen von Experten zur Produktion von Trickfilmen mit anschließenden eigenen Versuchen in der Gestaltung von Filmen.

Ergebnis Phase 3: *Disneyland Paris*

Erlebnisorientierte Lernorte	Edutainment	Total
○	●	●

Phase 4: Sinnvolles Erlebnis

Entschleunigung / Rückzugsmöglichkeiten:
Ganz deutlich wird bei der Internet-Präsentation auch das Thema Entspannung und Erholung aufgegriffen, es wird allerdings bezogen auf die Angebote wie die Schwimmbäder in den Hotels und die Wellness-Bereiche dargestellt. Im Park selbst steht die Entschleunigung nicht auf dem Programm.

Sicherheit:
Sicherheit ist wie bei allen ausgewählten Themenparks für diese Analyse als erfüllt zu betrachten.
Auf den Internet-Seiten sind Hinweise zur Benutzung der Fahrgeschäfte zu finden, die z.B. Informationen bezogen auf das Mindest-Alter und die Größe von Kindern für die jeweiligen Attraktionen geben.

Gesundheit und Wellness:
Wellness-Bereiche mit Schwimmbädern gibt es in einigen der *Disney*-Hotels. Zusätzlich wird Sport wie Klettern, Golf, Eislaufen, Fitness-Center und Wassersport angeboten.

Authentizität und Kultur:

Durch die sehr detailgetreuen Nachbauten z.B. in der Main Street U.S.A. werden Kulissen als authentisch wirkende Umgebungen genutzt, um so das Erlebnis zu verstärken. Mit Fahrzeugen aus der Zeit der Jahrhundertwende, den Kostümen der Mitarbeiter und der passenden Musik wird eine Wirklichkeit erzeugt, die authentisch wirken soll.

Für Kultur sorgen die nahe gelegene Stadt Paris und die Umgebung. Die Internet-Präsentation schließt diesen Aspekt ebenso mit ein und es wird auf die Ausflugsmöglichkeiten in der Umgebung hingewiesen.

Transparenz und Qualität des Angebots:

Das Angebot wird sehr genau und reich an Animationen auf den Internet-Seiten präsentiert. Die einzelnen Themenländer und deren Attraktionen, mit jeweils passender Musik, wie sie auch im Park zu hören ist, werden genau beschrieben, so das ein guter Eindruck vom Park und dem besonderen *Disney*-Gefühl entsteht. Zu jeder Attraktion gibt es Hinweise für wen die Attraktion geeignet ist, welche Kategorie es ist (z.B. „Nervenkitzel garantiert", „Gut zu wissen") und zusätzliche Infos unter der Rubrik „Coole Sachen" (z.B. wenn es für das Fahrgeschäft den „Fastpass" gibt). Sehr ausführliche Beschreibungen zu verschiedensten Themen unter der Rubrik „Clevere Tipps", die rundum im Voraus informieren, z.B. zu Restaurants verschiedenster Richtungen und Preisklassen.

Umwelt-Management des Anbieters:

Wie es von dem *Disney*-Konzern bekannt ist und auch aufgrund der Größe erwartet wird, sind auch beim *Disneyland Paris* auf der Internetseite des Unternehmens Informationen zu diesem Thema zu finden. Dabei geht es nicht nur um das Umwelt-Management und die Verringerung negativer Umwelteinflüsse, sondern auch um das soziale Engagement bezogen auf die Menschen in der Region rund um den Park.

Ergebnis Phase 4: *Disneyland Paris*

Entschleunigung / Rückzugsmöglichkeiten	Sicherheit	Gesundheit und Wellness	Authentizität und Kultur	Transparenz und Qualität	Umwelt-Management	Total
○	●	●	●	●	●	●

Phase 5: Erlebnisse mit Wirkung = Erlebnis 2.0

Wissensangebote und Kreativität:
Nein

Angebote für die persönliche Entwicklung:
Nein.

Nachhaltigkeit:
Nein.

Künstliche Multi-Urlaubswelten und Abenteuer:
Nein.

Ergebnis Phase 5: *Disneyland Paris*

Wissen und Kreativität	Persönliche Entwicklung	Nachhaltig-keit	Künstliche Multi-Urlaubswelten und Abenteuer	Total
○	○	○	○	○

Neuheiten:
Disneyland nutzt neue Technologien zur besseren Vermarktung des Parks, indem in Zusammenarbeit mit *Google Earth* eine dreidimensionale Erkundungstour durch den Park möglich ist.

Ergebnis: *Disneyland Paris*

	Phase 1	Phase 2	Phase 3	Phase 4	Phase 5
Disneyland Paris	●	●	●	●	○

Anhang 6.6 *Universal Studios Florida*

Park:	*Universal Studios Florida* (*Universal Orlando Resort*)
Ort:	Orlando
Eröffnung:	1990
Besucher pro Jahr:	ca. 7 Millionen Besucher (vgl. Kagelmann 2004, S. 167)
Internetauftritt:	http://www.universalorlando.com/

Die *Universal Studios Florida* gehören zum *Universal Orlando Resort*. Das Resort besteht aus den beiden Themenparks *Universal Studios Florida* und dem *Universal's Islands of Adventure*. Außerdem gehören zu dem Resort der *Wet'n Wild Waterpark* sowie drei Themenhotels. Neu zum Resort ist vor kurzem *The Wizarding World of Harry Potter* als weiterer Park hinzugekommen. Für die Internetanalyse wird der Themenpark *Universal Studios Florida* mit den zum Resort gehörenden Hotels untersucht.

Universal Studios Florida ist der weltweit führende Park basierend auf das Thema Film und Fernsehen. Die Besucher können sich als Teil großer Spielfilme fühlen, Filmsets und Shows besuchen, oder die vielen Fahrgeschäfte ausprobieren. Dazu gehören zum Thema passende Gastronomie und Shoppingmöglichkeiten.

Die Internet-Analyse anhand der Bewertungskriterien

Phase 1: Erlebnis = Unterhaltung

Unterhaltung:
Die *Universal Studios Florida* bieten eine Vielzahl an Unterhaltungsmöglichkeiten durch Fahrgeschäfte, 4-D-Kino, Spielplätze, Shows, und alles dreht sich dabei um bekannte Filme und TV-Produktionen. So wird die Möglichkeit geboten hinter die Kulissen eines Filmdrehs zu schauen und zu erfahren, wie es an einem Filmset aussieht. Der Gast soll sich bei den Attraktionen inmitten des Filmgeschehens versetzt und sich selbst wie ein Star fühlen.

Individuelle Wunscherfüllung / Auswahl:
Es sind Ein- und Mehrtagestickets erhältlich, und Kombinationen mit den anderen Parks des *Universal Orlando Resort* möglich. So wird genug Unterhaltung für einen Kurzurlaub geboten. Innerhalb des Parks scheint es Attraktionen sowohl für kleine Kinder als auch für größere Kinder und Erwachsene zu geben, so dass ganze Familien oder Gruppen auf ihre Kosten kommen.

Zusatznutzen:

Der Zusatznutzen ist wie bei allen Themenparks als Erlebniswelt komplett erfüllt.

Ergebnis Phase 1: ***Universal Studios Florida***

Unterhaltung	Individuelle Wunscherfüllung	Zusatznutzen	Total
●	●	●	●

Phase 2: Professionalisierung des Erlebnisses

Erlebnis-Setting:

Das Erlebnis-Setting ist wie bei allen ausgewählten Themenparks für diese Analyse als erfüllt zu betrachten.

Besonders ist bei diesem Park zu erwähnen, dass durch das Thema der Filme und Serien die Besucher in Szenarien versetzt werden, die sie aus Kino und Fernsehen bereits kennen. So fühlen sich Fans von bestimmten Stars oder Figuren schnell in eine positive Stimmung für erlebnisreiche Erfahrungen versetzt.

Innovationen:

Es werden ständig neue Fahrgeschäfte, Attraktionen und Shows geboten. So gibt es z.B. eine neue Achterbahn, bei der der Besucher selbst die Musik auswählen kann und von der Fahrt eine Art Musikvideo gedreht wird, welches der Gast mit nach Hause nehmen kann. Durch das Thema Film werden bei neuen Produktionen auch Elemente davon im Park bei den Attraktionen und Shows übernommen.

Erlebniswelt-Kriterien:

Themenparks als Erlebniswelten erfüllen die Kriterien komplett. So gibt es einige Kooperationen mit bekannten Marken, wie *American Express*, *Coca-Cola* oder *GE Money*, es gibt Themenhotels, Themenrestaurants, Kinos, Shops, Wasserparks und alles auf das Thema der Filme ausgerichtet.

Events:

In dem Resort und im Park gibt es sowohl monatliche und einmalige Events als auch spezielle Events zu den Jahreszeiten.

Ergebnis Phase 2: ***Universal Studios Florida***

Erlebnis-Setting	Innovationen	Erlebniswelt-Kriterien	Events	Total
●	●	●	●	●

Phase 3: Bildung

Erlebnisorientierter Lernort:
Nein

Edutainment:
In einigen der Attraktionen wird es ermöglicht einen Blick hinter die Kulissen von Filmsets zu erlangen. Außerdem gibt es bspw. eine Show, bei der gezeigt wird, wie das Make-Up und Special Effects erstellt werden und wie der Filmdreh abläuft. Der Park bietet unterhaltsam und action-geladen einen Blick hinter die Kulissen.

Ergebnis Phase 3: ***Universal Studios Florida***

Erlebnisorientierte Lernorte	Edutainment	Total
○	●	●

Phase 4: Sinnvolles Erlebnis

Entschleunigung / Rückzugsmöglichkeiten:
In einem Hotel der Themenparks gibt es ein größeres Wellness-Angebot, ansonsten geht es in den Parks und bei den Shows vorrangig um spektakuläre Unterhaltung.

Sicherheit:
Sicherheit ist wie bei allen ausgewählten Themenparks für diese Analyse als erfüllt zu betrachten.

Gesundheit und Wellness:
In dem Hotel Loews Portofino Bay Hotel gibt es das Mandara Spa, in dem verschiedenste Anwendungen durchgeführt werden. Außerdem gehören Saunen und Fitnessstudios zum Angebot.

Authentizität und Kultur:
Es werden reine Film-Kulissen inszeniert, es geht nicht um das Darstellen von authentischen Kulissen oder Kultur.

Transparenz und Qualität des Angebots:
Die Internetseite des Resorts und für den Park selbst bietet sehr viele Informationen und Hinweise für die Nutzung der Fahrgeschäfte, bzw. für welche Zielgruppe die jeweilige Attraktion am besten geeignet ist.

Umwelt-Management des Anbieters:
Das Unternehmen *Universal Orlando Resort* zeigt bei dem Internet-Auftritt auch das Engagement bezogen auf Umweltschutz mit der Seite http://www.greenisuniversal.com/. Dort kann man nachlesen, was das Unternehmen für den Umweltschutz tut, man kann selbst testen wie „green" man ist, was schon in die Richtung Umweltschutz auch für den Kunden geht.

Ergebnis Phase 4: *Universal Studios Florida*

Entschleunigung / Rückzugsmöglichkeiten	Sicherheit	Gesundheit und Wellness	Authentizität und Kultur	Transparenz und Qualität	Umwelt-Management	Total
○	●	●	○	●	●	●

Phase 5: Erlebnisse mit Wirkung = Erlebnis 2.0

Wissensangebote und Kreativität:
Nein

Angebote für die persönliche Entwicklung:
Nein.

Nachhaltigkeit:

Nein.

Künstliche Multi-Urlaubswelten und Abenteuer:

Nein.

Ergebnis Phase 5: *Universal Studios Florida*

Wissen und Kreativität	Persönliche Entwicklung	Nachhaltig-keit	Künstliche Multi-Urlaubswelten und Abenteuer	Total
○	○	○	○	○

Ergebnis: *Universal Studios Florida*

	Phase 1	Phase 2	Phase 3	Phase 4	Phase 5
Universal Studios	●	●	●	●	○

Anhang 6.7 *Magic Kingdom*

Park:	*Magic Kingdom* (*Walt Disney World Resort*)
Ort:	Orlando/ Florida
Eröffnung:	1971
Besucher pro Jahr:	ca. 14 Millionen Besucher (vgl. Kagelmann 2004, S. 167)
Internetauftritt:	http://disneyworld.disney.go.com/parks/magic-kingdom/

Der Themenpark *Magic Kingdom* ist einer von vier Themenparks im *Walt Disney World Resort* in Orlando/ Florida. Zum *Walt Disney World Resort* gehören außerdem der *Disney´s Animal Kingdom theme park*, *Disney´s Hollywood Studios theme park*, der *Epcot theme park, Disney´s Typhoon Lagoon Water Park, Disney´s Blizzard Beach Water Park, Disney´s BoardWalk Area, Downtown Disney Area, ESPN Wide World of Sports Complex* und die 26 *Disney* Resort Hotels und Übernachtungsmöglichkeiten. Für die Internetanalyse wird nur der Park *Magic Kingdom* berücksichtigt und die Resort Hotels als Übernachtungsmöglichkeit.

Der Park *Magic Kingdom* wurde 1971 als „Kopie" des ersten *Disney*-Parks in Anaheim/ Kalifornien eröffnet (Steinecke 2009, S. 90), und vereint die Märchen und Geschichten von *Disney*, Unterhaltung und Fahrgeschäfte, sowie Backstage Touren und natürlich die *Disney* Charaktere. Das Zentrum des Parks bildet wie auch im *Disneyland Paris* das Cinderella Castle. Drumherum befinden sich die Themenbereiche: *Main Street U.S.A., Adventureland, Frontierland, Liberty Square, Fantasyland, Mickey´s Toontown Fair* und das *Tomorrowland.*

Die Internetseite für das *Walt Disney World Resort* und speziell für das *Magic Kingdom* ist insgesamt weniger animiert gestaltet und schlichter als die Homepage vom *Disneyland Paris.* Trotzdem werden viele und umfangreiche Informationen zu allen Einrichtungen und Attraktionen emotional und *Disney*-like dargestellt.

Die Internet-Analyse anhand der Bewertungskriterien

Phase 1: Erlebnis = Unterhaltung

Unterhaltung:

Der Themenpark bietet unzählige Unterhaltungsmöglichkeiten für kleine und große Kinder, für Erwachsene und ganze Familien. Egal ob ruhige Fahrgeschäfte, wilde Rollercoaster, Touren im Backstage-Bereich oder durch den Park, Kostümpartys für die Kleinen, Paraden und Shows, die *Disney*-Figuren zum Anfassen, Partys, Feuerwerk oder das Gastronomie- und Shoppingerlebnis. Außerdem bieten die Hotels zusätzlich zum Park ein großes Unterhaltungsangebot, mit z.B. „Animal programs", Video-Spiel-Hallen und Wasserparks, je nach Hotel.

Individuelle Wunscherfüllung / Auswahl:

Durch das große Angebot innerhalb des Parks, die vielen Übernachtungsmöglichkeiten in den Resort Hotels und den möglichen Kombinationen mit den anderen Parks, gibt es eine Auswahl für die große Zielgruppe von Familien mit großen und kleinen Kindern und Erwachsenen. Dafür gibt es neben den Ein-Tages-Tickets auch *Walt Disney World Vacation Packages*, die von einem Kurzurlaub bis zum einwöchigen Aufenthalt alles ermöglichen.

Zusatznutzen:

Der Zusatznutzen ist wie bei allen Themenparks als Erlebniswelt komplett erfüllt.

Ergebnis Phase 1: *Magic Kingdom*

Unterhaltung	Individuelle Wunscherfüllung	Zusatznutzen	Total
●	●	●	●

Phase 2: Professionalisierung des Erlebnisses

Erlebnis-Setting:

Das Erlebnis-Setting ist wie bei allen ausgewählten Themenparks für diese Analyse als erfüllt zu betrachten.

Zusätzlich ist beim *Magic Kingdom* zu erwähnen, wie auch bei allen anderen *Disney*-Parks und –Schiffen, dass die Mitarbeiter „Cast Member" bezeichnet werden. Damit wird hervorgehoben, dass die Cast Member aktiv zum Erlebnis der Gäste beitragen und den Traum vom *Disneyland* vermitteln, indem sie gewisse Rollen spielen. Sie sind ein Teil der gesamten Inszenierung/ der Show, auf der Bühne und auch im Hintergrund.

Innovationen:

Auch in diesem Park werden regelmäßig neue Attraktionen, Übernachtungsmöglichkeiten und Shows zum Angebot hinzugefügt.

Erlebniswelt-Kriterien:

Themenparks als Erlebniswelten erfüllen die Kriterien komplett.

Events:

Es gibt verschiedene Events zu den Feiertagen und Jahreszeiten passend. Außerdem wurde z.B. kürzlich ein Musikfestival im Park veranstaltet.

Ergebnis Phase 2: *Magic Kingdom*

Erlebnis-Setting	Innovationen	Erlebniswelt-Kriterien	Events	Total
●	●	●	●	●

Phase 3: Bildung

Erlebnisorientierter Lernort:

Nein.

Edutainment:

Bezogen auf das Edutainment werden z.B. verschiedene Touren über die Geschichte von *Walt Disney* und *Mickey Mouse* angeboten, Informationsveranstaltungen zur Dampfeisenbahn für Liebhaber alter Züge gegeben oder Backstage Touren hinter den Kulissen durchgeführt.

Ergebnis Phase 3: *Magic Kingdom*

Erlebnisorientierte Lernorte	Edutainment	Total
○	●	●

Phase 4: Sinnvolles Erlebnis

Entschleunigung / Rückzugsmöglichkeiten:
In den Hotels werden Orte zur Entspannung angeboten, wie die Spa-Bereiche. Im Park spielt dieses Kriterium aber keine Rolle.

Sicherheit:
Sicherheit ist wie bei allen ausgewählten Themenparks für diese Analyse als erfüllt zu betrachten. Auf den Internetseiten zum Park gibt es sehr genaue Hinweise zu den Sicherheitsvorkehrungen.

Gesundheit und Wellness:
Es sind Wellness- und Spa-Bereiche in den Hotels zu finden, im Park spielt dieses Kriterium keine Rolle. Zum Resort gehören außerdem ein Golfplatz, Wasserparks und ein Sportcenter.

Authentizität und Kultur:
Durch die sehr detailgetreuen Nachbauten zum Beispiel in der Main Street U.S.A. werden Kulissen als authentisch wirkende Umgebungen genutzt, um so das Erlebnis zu verstärken. Mit Fahrzeugen aus der Zeit der Jahrhundertwende, den Kostümen der Mitarbeiter und der passenden Musik wird eine Wirklichkeit erzeugt, die authentisch wirken soll.

Transparenz und Qualität des Angebots:
Es gibt interne Standards des Disney-Konzerns um eine hohe Qualität und auch die Sicherheit der Gäste zu gewährleisten.
Die Internetseiten bieten sehr genaue Informationen zu den Angeboten. Darüber hinaus gibt es wie auch bei *Disney-Cruises* das Mom´s Panel, bei dem Mütter als Experten über ihre Erfahrungen mit Aufenthalten im Park berichten und Tipps für andere Besucher geben.

Umwelt-Management des Anbieters:
Der *Disney*-Konzern präsentiert im Internet sein Engagement in Sachen Umweltschutz.

Ergebnis Phase 4: *Magic Kingdom*

Entschleunigung / Rückzugsmöglichkeiten	Sicherheit	Gesundheit und Wellness	Authentizität und Kultur	Transparenz und Qualität	Umwelt-Management	Total
○	●	●	●	●	●	●

Phase 5: Erlebnisse mit Wirkung = Erlebnis 2.0

Wissensangebote und Kreativität:
Nein

Angebote für die persönliche Entwicklung:
Nein.

Nachhaltigkeit:
Nein.

Künstliche Multi-Urlaubswelten und Abenteuer:
Nein.

Ergebnis Phase 5: *Magic Kingdom*

Wissen und Kreativität	Persönliche Entwicklung	Nachhaltig-keit	Künstliche Multi-Urlaubswelten und Abenteuer	Total
○	○	○	○	○

Ergebnis: *Magic Kingdom*

	Phase 1	Phase 2	Phase 3	Phase 4	Phase 5
Magic Kingdom	●	●	●	●	○

Anhang 6.8 Ergebnisse Internet-Analyse – Themenparks

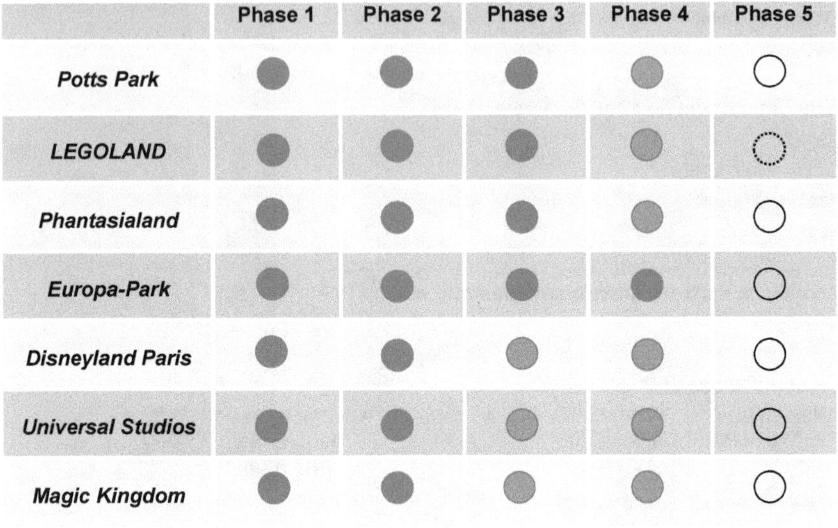

Quelle: eigene Darstellung

Anhang 6.9 Ergebnis Themenparkbranche

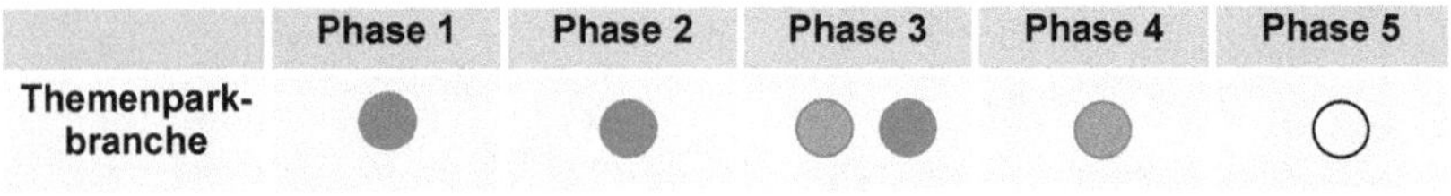

Quelle: eigene Darstellung

Anhang 7 Anwendung des Erlebnis-Phasen-Modells: Kreuzfahrtbranche

Anhang 7.1 *Sea Cloud Cruises*

Schiffe:	*Sea Cloud, Sea Cloud II*
Unternehmen:	*Sea Cloud Cruises*
Passagiere:	64 / 96
Crew:	60 / 60
Besonderheit:	Segelkreuzfahrten, Luxusklasse
Internetauftritt:	http://www.seacloud.com

Zur Flotte des Hamburger Unternehmens *Sea Cloud Cruises* gehören die beiden Segelkreuzfahrtschiffe *Sea Cloud* und *Sea Cloud II* sowie das Flusskreuzfahrtschiff *River Cloud*. Im Rahmen der Analyse werden die beiden Segelschiffe als ein Produkt betrachtet, da das Angebot und die Art des Produkts ähnlich bzw. das Gleiche ist. Das Flaggschiff von *Sea Cloud Cruises* ist die bereits 1931 als private Segelyacht gebaute *Sea Cloud* und wird seit Ende der 1970er Jahre nach umfassenden Renovierungen als Kreuzfahrtschiff eingesetzt. Das Schwesterschiff wurde 2001 in Dienst gestellt und vermittelt ebenso ein Segelerlebnis mit den Vorzügen und der Technik modernster Kreuzfahrtschiffe.

Bei den von *Sea Cloud Cruises* angebotenen Kreuzfahrten auf Segelschiffen mit höchstem Komfort und Service stehen das Kreuzfahrterlebnis, die Routen, der Genuss mit einem Segelschiff zu reisen, die Exklusivität und die private Atmosphäre im Vordergrund.

Die Internet-Analyse anhand der Bewertungskriterien

Phase 1: Erlebnis = Unterhaltung

Unterhaltung:
Die Unterhaltung bietet zum größten Teil das Segelerlebnis selbst. Mit den individuell und luxuriös ausgestatteten Seglern wird ein idealer Rahmen für unvergessliche Erlebnisse geschaffen. Nach eigenen Angaben stehen das Segeln und die Segelmanöver im Mittelpunkt einer solchen Kreuzfahrt. Bei einigen Reisen sind darüber hinaus Lektoren an Bord, es gibt einen Bordpianisten, und eine Bibliothek.

Individuelle Wunscherfüllung/ Auswahl:
Bei dem individuellen Service an Bord dieser Luxusschiffe wird wahrscheinlich kein Wunsch nach individuellen Bedürfnissen offen bleiben. Bezogen auf das Angebot gibt es

unterschiedlichste Reisedauern mit Schnupperreisen von wenigen Tagen bis hin zu mehrwöchigen Routen.

Zusatznutzen:
Ganz klar ist bei diesen Schiffen der Zusatznutzen durch das Segelerlebnis gegeben.

Ergebnis Phase 1: ***Sea Cloud Cruises***

Unterhaltung	Individuelle Wunscherfüllung	Zusatznutzen	Total
●	●	●	●

Phase 2: Professionalisierung des Erlebnisses

Erlebnis-Setting:
Das Erlebnis-Setting ist wie bei allen ausgewählten Kreuzfahrten für diese Analyse als erfüllt zu betrachten.
Die Crew fühlt sich nach eigenen Angaben als Teil einer Familie, wodurch eine ganz besondere und persönliche Atmosphäre geschaffen wird. Aufgrund der hohen Anzahl von Crewmitgliedern im Verhältnis zur Anzahl der Gäste ist der individuelle Service ein besonderes Qualitätskriterium. Das Setting wird weiterhin für Liebhaber der Seefahrt und von Segelschiffen alleine durch das Schiff und das Segeln geboten. Der hohe Komfort und die individuell gestalteten Kabinen tragen den Rest dazu bei.

Innovationen:
Bei den traditionellen Segelschiffen wird höchstens bei den Ausflügen auf innovatives Angebot gesetzt, ansonsten zählen der ursprüngliche Genuss und das Reisen.

Erlebniswelt-Kriterien:
Werden nur ansatzweise erfüllt, mit dem Thema der Segelkreuzfahrt und anderen angebotenen Themenkreuzfahrten.

Events:
Die Schnupperreisen können als Events zum Kennenlernen dieser Art von Kreuzfahrt gesehen werden.

Ergebnis Phase 2: *Sea Cloud Cruises*

Erlebnis-Setting	Innovationen	Erlebniswelt-Kriterien	Events	Total
●	○	●	●	●

Phase 3: Bildung

Erlebnisorientierter Lernort:
Nein

Edutainment:
Die Lektoren, die auf einigen Reisen dabei sind, lassen diesen Punkt als teilweise erfüllt gelten.

Ergebnis Phase 3: *Sea Cloud Cruises*

Erlebnisorientierte Lernorte	Edutainment	Total
○	●	●

Phase 4: Sinnvolles Erlebnis

Entschleunigung / Rückzugsmöglichkeiten:
Die Reisen mit den Schiffen von *Sea Cloud Cruises* scheinen dieses Kriterium alleine durch die Art der Kreuzfahrt voll zu erfüllen. Der Genuss der Kreuzfahrt und des Segelns bieten einzigartige Entspannung und Erholung.

Sicherheit:
Sicherheit ist wie bei allen ausgewählten Kreuzfahrten für diese Analyse als erfüllt zu betrachten.

Gesundheit und Wellness:
Auf der *Sea Cloud* gibt es keinen und auf der *Sea Cloud II* einen kleinen Fitnessbereich mit Angeboten wie Sauna und Massagen. Für die Gesundheit wird ansonsten eher durch die hochwertige Küche gesorgt.

Authentizität und Kultur:
Das authentische Segelerlebnis steht im Vordergrund, sowie das Kennenlernen verschiedener Kulturen bei den Landausflügen.

Transparenz und Qualität des Angebots:
Das Kreuzfahrterlebnis wird ganz klar auf den Internetseiten und dem Online-Katalog dargestellt, so dass nicht mit falschen Erwartungen von einer Kreuzfahrt mit bspw. Showprogramm und Animation ausgegangen werden kann. Es werden alle notwendigen Informationen geboten.

Umwelt-Management des Anbieters:
Keine weiteren Angaben.

Ergebnis Phase 4: *Sea Cloud Cruises*

Entschleunigung / Rückzugsmöglichkeiten	Sicherheit	Gesundheit und Wellness	Authentizität und Kultur	Transparenz und Qualität	Umwelt-Management	Total
●	●	●	●	●	●	●

Phase 5: Erlebnisse mit Wirkung = Erlebnis 2.0

Wissensangebote und Kreativität:
Nein

Angebote für die persönliche Entwicklung:
Nein.

Nachhaltigkeit:
Nein.

Künstliche Multi-Urlaubswelten und Abenteuer:
Nein.

Ergebnis Phase 5: *Sea Cloud Cruises*

Wissen und Kreativität	Persönliche Entwicklung	Nachhaltigkeit	Künstliche Multi-Urlaubswelten und Abenteuer	Total
○	○	○	○	○

Ergebnis: *Sea Cloud Cruises*

	Phase 1	Phase 2	Phase 3	Phase 4	Phase 5
Sea Cloud Cruises	●	●	●	●	○

Anhang 7.2 MS *Prince Albert II*

Schiff:	MS *Prince Albert II*
Unternehmen:	*Silversea / Silversea Expeditions*
Passagiere:	132
Crew:	117
Besonderheit:	Expeditionskreuzfahrten
Internetauftritt:	http://www.silversea.com/expeditions/
	http://www.silversea.com/

Silversea Cruises, Kreuzfahrtunternehmen im „ultra-luxury segment", bietet unter dem Namen *Silversea Expeditions* hochwertige Expeditionsreisen an. Seit 2008 werden mit der *Prince Albert II* diese Expeditionskreuzfahrten angeboten, die ebenfalls den besonderen Luxus der *Silversea* Schiffe beinhalten. Zur Flotte von *Silversea* gehören neben der *Prince Albert II* noch die *Silver Cloud*, *Silver Wind*, *Silver Shadow*, *Silver Whisper* und *Silver Spirit*, alles kleine Kreuzfahrtschiffe im Luxussegment von ca. 300 bis 540 Passagieren. Seit den frühen 1990er Jahren bietet die italienische Reederfamilie Lefebvres of Rome unter dem Namen *Silversea* Kreuzfahrten an, und seit 2008 mit der *Prince Albert II* auch Expeditionsreisen.

Das Besondere an *Silversea Expeditions* ist laut eigenen Angaben die Verbindung von authentischen Abenteuern, einmaligen Reiseerlebnissen und der Rundum-Versorgung der Luxusklasse.

Die Internet-Analyse anhand der Bewertungskriterien

Phase 1: Erlebnis = Unterhaltung

Unterhaltung:
Als Unterhaltung am Tag werden die Expeditionen gesehen, die den Gästen jeden Tag aufs Neue Unterhaltung bieten. Neben den Landausflügen gehören auch die Vorträge von den Lektoren über anstehende Exkursionen oder andere Seminare und Workshops zum Unterhaltungsprogramm an Bord. Am Abend gehört dann das gute Essen und das gesellige Zusammensein mit den anderen Gästen und der Besatzung zum Programm. Die Pianomusik in der Bar ist selbstverständlich. Die Unterhaltung ist der Zielgruppe und dieser Art von Kreuzfahrt angemessen und zielt nicht auf Shows und laute Unterhaltung durch Inszenierungen ab.

Individuelle Wunscherfüllung / Auswahl:
Die individuelle und persönliche Atmosphäre und Behandlung wird hervorgehoben. Auf den Schiffen von *Silversea* gibt es eine Gast-Crew-Ratio von fast 1:1, was einen sehr hohen und persönlichen Service bedeutet. Persönlicher Service und individuelle Wunscherfüllung werden groß geschrieben, mit erstklassig ausgebildetem Service-Personal und Butler-Service für jede Kabine. Es werden für die Gäste individuell gestaltete Exkursionen angeboten, die je nach eigenen Wünschen und Vorstellungen organisiert werden. Die Dauer der Kreuzfahrten variiert, ist aber aufgrund der Destinationen und Routen eher auf mindestens 7-tägige Reisen oder länger ausgerichtet.

Zusatznutzen:
Neben der Kreuzfahrt an sich besteht der Zusatznutzen aus einem individuellen erstklassigen Service mit von Experten begleiteten Expeditionen, die auch in abgelegene Gebiete gehen und den Gästen eine sichere und sehr komfortable Art des Abenteuers bieten.

Ergebnis Phase 1: MS *Prince Albert II*

Unterhaltung	Individuelle Wunscherfüllung	Zusatznutzen	Total
●	●	●	●

Phase 2: Professionalisierung des Erlebnisses

Erlebnis-Setting:
Das Erlebnis-Setting ist wie bei allen ausgewählten Kreuzfahrten für diese Analyse als erfüllt zu betrachten.
Bei *Silversea Expeditions* werden die Lektoren und Begleiter der Expeditionen persönlich vorgestellt, es wird außerdem sehr viel Wert auf die hohe Ausbildung aller Besatzungsmitglieder vor allem im Service gelegt und dieses auch auf der Internetseite betont. Auch die Atmosphäre wird als familiär mit den anderen Gästen und auch dem Staff beschrieben.

Innovationen:
Im Rahmen der Expeditionskreuzfahrten werden neue Ausflüge, Routen, neue Experten und Lektoren usw. angeboten. Ansonsten sticht das Produkt aber nicht durch besondere Innovationen hervor.

Erlebniswelt-Kriterien:
Die Erlebniswelt-Kriterien können bei dieser Art von Schiff und Angebot nicht als komplett erfüllt betrachtet werden. Es gibt Kooperationen, Marken, Themen je nach Destinationen,

das Oberthema Expedition und durch die Anzahl der Schiffe in der Flotte eine Art von Filialisierung, auch wenn bei diesem Luxuskreuzfahrten nicht von Standardisierung gesprochen werden kann. Trotz dessen werden nicht die Kriterien erfüllt, die eine Erlebniswelt ausmachen, auch wenn ein Setting für Erlebnisse ohne Zweifel geschaffen wird, mit Inszenierungen und Illusionen wird weniger gearbeitet.

Events:
Die Ausflüge und Expeditionen, die Vorträge und Konversationen über Destinationen sind jeden Tag aufs Neue Events, die die Kreuzfahrt besonders machen. Ansonsten werden keine speziellen Events angekündigt.

Ergebnis Phase 2: MS *Prince Albert II*

Erlebnis-Setting	Innovationen	Erlebniswelt-Kriterien	Events	Total
●	●	●	○	●

Phase 3: Bildung

Erlebnisorientierter Lernort:
Nein

Edutainment:
Wie bereits bei dem Kriterium der Unterhaltung beschrieben wird auf eine ruhige Unterhaltung mit Vorträgen von Experten Wert gelegt. Darüber hinaus werden Workshops und Seminare zu verschiedensten Themen wie Tanzen oder Weinkunde angeboten. Bezogen auf den Lerneffekt wird ganz klar hervorgehoben, dass sich die an Bord angebotenen Vorträge mit den Exkursionen ergänzen und so Einblicke in die Natur und Kultur erlangt werden können.

Ergebnis Phase 3: MS *Prince Albert II*

Erlebnisorientierter Lernort	Edutainment	Total
○	●	●

Phase 4: Sinnvolles Erlebnis

Entschleunigung / Rückzugsmöglichkeiten:
Auch wenn die persönliche und familiäre Atmosphäre an Bord betont wird, wird ebenso die Individualität für jeden Gast hervorgehoben. Aufgrund der Größe des Schiffes und der geringen Gästezahl sind Rückzugsmöglichkeiten gegeben. Die Art der Kreuzfahrt mit authentischen Erfahrungen und einem Unterhaltungsprogramm ohne Shows und Inszenierungen lässt die ganze Kreuzfahrt zur Möglichkeit der Entschleunigung werden.

Sicherheit:
Sicherheit ist wie bei allen ausgewählten Kreuzfahrten für diese Analyse als erfüllt zu betrachten.

Gesundheit und Wellness:
An Bord der *Prince Albert II* wird mit gutem Essen und einem umfangreichen Wellness- und Fitness-Angebot auch dieses Kriterium erfüllt. Verschiedene Anwendungen, Sauna, Außen-Whirlpool, Beauty Salon und Fitness Center sind bei Kreuzfahrten dieser Luxusklasse zu erwarten und werden auch hier angeboten.

Authentizität und Kultur:
Bei den Expeditionskreuzfahrten geht es in erster Linie um das authentische Erleben und das Kennenlernen von entlegenen Gebieten. Die einzigartigen Naturschauspiele und Kulturen werden so besonders gut und in kleinen Gruppen zu Erlebnissen. Die Ausflüge und Expeditionen stehen bei diesen Reisen im Vordergrund.

Transparenz und Qualität des Angebots:
Alle notwendigen Informationen werden auf der Internet-Seite bereitgestellt. Besonders wichtige Hinweise zu den Expeditionsreisen sind ebenfalls vorhanden, wie spezielle Kleidung, die an Bord erhältlich ist. Außerdem gibt es Informationen zu den besonderen Verhaltensweisen/ Regeln in den abgelegenen Destinationen.

Umwelt-Management des Anbieters:
Da die Expeditionskreuzfahrten teilweise in besonders sensible Gebiete führen, sind besondere Maßnahmen der Kreuzfahrtreedereien vorgeschrieben. Darüber hinaus ist *Silversea* in verschiedenen Organisationen und Foundations engagiert, um einen Teil zum Erhalt der einzigartigen Natur beizusteuern.

Ergebnis Phase 4: MS *Prince Albert II*

Entschleunigung / Rückzugsmöglichkeiten	Sicherheit	Gesundheit und Wellness	Authentizität und Kultur	Transparenz und Qualität	Umwelt-Management	Total
●	●	●	●	●	●	●

Phase 5: Erlebnisse mit Wirkung = Erlebnis 2.0

Wissensangebote und Kreativität:
Nein.

Angebote für die persönliche Entwicklung:
Nein.

Nachhaltigkeit:
Ansatzweise vorhanden, durch das Interesse die besuchten Gebiete zu schützen und das Engagement, auch die Gäste dafür zu sensibilisieren und aufzuklären. Diese Art des Engagements ist auf der anderen Seite für Expeditionskreuzfahrten notwendig, bzw. setzt verantwortungsbewusstes Handeln voraus. Dennoch, es bleiben Kreuzfahrten, mit ihren zum Teil negativen Einfluss auf die Umwelt.

Künstliche Multi-Urlaubswelten und Abenteuer:
Nein.

Ergebnis Phase 5: MS *Prince Albert II*

Wissen und Kreativität	Persönliche Entwicklung	Nachhaltigkeit	Künstliche Multi-Urlaubswelten und Abenteuer	Total
○	○	●	○	◌

Ergebnis: MS *Prince Albert II*

	Phase 1	Phase 2	Phase 3	Phase 4	Phase 5
MS *Prince Albert II*	●	●	●	●	◌

Anhang 7.3 MS *Europa*

Schiff:	MS *Europa*
Unternehmen:	*Hapag-Lloyd Kreuzfahrten*
Passagiere:	408
Crew:	280
Besonderheit:	einziges 5-Sterne-Plus-Schiff laut dem Berlitz Cruise Guide (vgl. Ward 2009, S. 364)
Internetauftritt:	http://www.hlkf.de http://www.hlkf.de/redwork/do.php?layoutid=100&node=213302&language=1

Zur Flotte des Hamburger Traditionsunternehmens *Hapag-Lloyd Kreuzfahrten* (kurz *HLKF*) gehören neben der MS *Europa* noch die beiden Expeditionsschiffe MS *Hanseatic* und MS *Bremen*, sowie die MS *Columbus*. Alle Schiffe des Unternehmens gehören der gehobenen bzw. Luxusklasse an und bieten mit höchstens 420 Passagieren auf der MS *Columbus* und 164 Passagieren auf der MS *Bremen* individuelle Kreuzfahrten.

Für die Analyse wurde die MS *Europa* als Flaggschiff von *HLKF* und Kreuzfahrtschiff der Luxusklasse ausgewählt. Laut dem Berlitz Cruise Guide ist die MS *Europa* das einzige 5-Sterne-Plus Kreuzfahrtschiff weltweit und mittlerweile zum zehnten Mal in Folge dazu ernannt (vgl. Ward 2009, S. 365). Laut Ward (vgl. 2009, S. 365) erhält die MS *Europa* diese Auszeichnung aufgrund des besonderen Services und den vielen kleinen Details an Bord, wie echte Blumen. Auf der *Europa*, die von *HLKF* als „schönste Yacht der Welt" bezeichnet wird, werden den Gästen ausschließlich Suiten geboten, mit separatem Wohn- und Schlafbereich und laut *HLKF* so viel Raum pro Gast wie auf keinem anderen Schiff. Das Fahrtgebiet ist weltweit, mit ständigen wechselnden Routen und auch komplette Weltreisen werden angeboten.

Die Internet-Präsentation ist eher sachlich und weniger emotional gestaltet, was sicherlich an der Zielgruppe liegt, die entweder das Produkt schon kennt oder den Katalog benutzt. Aber alle wichtigen Informationen und auch Videoclips und Fotos sind vorhanden, um sich einen guten Eindruck von dem Produkt zu machen.

Die Internet-Analyse anhand der Bewertungskriterien

Phase 1: Erlebnis = Unterhaltung

Unterhaltung:

Dem Konzept der MS *Europa* und dem Anspruch der Zielgruppe angepasst, wird eine niveauvolle Unterhaltung an Bord von und mit bekannten sowie unbekannten Künstlern und Experten aus Wissenschaft und Literatur geboten. Außerdem können die Gäste in der Piano Bar entspannen. Es gibt sportliche Unterhaltung z.B. mit dem Golfsimulator oder im Fitness-Studio. Auch für Kinder wird mit einem Kinderclub für Unterhaltung gesorgt.

Individuelle Wunscherfüllung / Auswahl:

Es werden Schnupperreisen im Sommer von wenigen Tagen angeboten, die ab deutschen Häfen losgehen, bis zu Kreuzfahrten über mehrere Wochen. Des Weiteren gibt es spezielle Programme und Themenreisen, bei denen man sich je nach Vorliebe z.B. für Wanderreisen oder Golf entscheiden kann. Die individuelle Wunscherfüllung für die Gäste wird immer wieder bei der Internetpräsentation hervorgehoben. Auch bei den Preisen gibt es verschiedene Möglichkeiten den Urlaub auf die eigenen Vorstellungen abzustimmen.

Zusatznutzen:

Der Zusatznutzen neben dem reinen Transport auf einem Schiff ist wie bei allen anderen Kreuzfahrten gegeben. Zusätzlich wird auf der *Europa* der wahrscheinlich beste Service in einer luxuriösen Atmosphäre und tollen Destinationen geboten. Individuelle Wunscherfüllung wird groß geschrieben und dem Gast an Bord und bei den Landausflügen geboten.

Ergebnis Phase 1: MS *Europa*

Unterhaltung	Individuelle Wunscherfüllung	Zusatznutzen	Total
●	●	●	●

Phase 2: Professionalisierung des Erlebnisses

Erlebnis-Setting:

Das Erlebnis-Setting ist wie bei allen ausgewählten Kreuzfahrten für diese Analyse als erfüllt zu betrachten. Die MS *Europa* kommt ohne große Inszenierungen aus, das luxuriöse Ambiente und das Kreuzfahrterlebnis reichen für dieses hochwertige Produkt aus, um die Wünsche der Zielgruppe entsprechend zu erfüllen. Die Mitarbeiter tragen maßgeblich zum Luxus-Produkt bei und sind mit ihrem perfekten Service ein Qualitätsmerkmal.

Innovationen:
Auf der MS *Europa* muss ständig eine hohe Qualität und Service gehalten werden, mit dem Anspruch das beste Kreuzfahrtschiff der Welt zu bleiben. Es gibt im Bereich Destinationen und Ausflüge Neuerungen, aber keine für die Kreuzfahrtindustrie bahnbrechenden Innovationen.

Erlebniswelt-Kriterien:
Das Thema kann als Luxus, Individualität und hoher Service bezeichnet werden, es gibt Themenkreuzfahrten und Prominente, die an Bord auftreten und Kooperationen mit Luxushotels, Kulturveranstaltungen und der *Sansibar* auf Sylt. Aber eine Erlebniswelt im eigentlichen Sinne ist die *Europa* nicht. Das Schiff, der Service und die Reise auf dem Meer bieten das Erlebnis ohne viele Inszenierungen.

Events:
Von *Hapag-Lloyd Kreuzfahrten* werden spezielle Eventreisen angeboten: z.B. einen Klassik-Gesangswettbewerb oder eine Charity-Gala vor Cannes. Auch die Schnupperreisen sind Events, bei denen in Kooperation mit der *Sansibar Sylt* Partynächte auf der *Europa* veranstaltet werden.

Ergebnis Phase 2: MS *Europa*

Erlebnis-Setting	Innovationen	Erlebniswelt-Kriterien	Events	Total
●	○	●	●	●

Phase 3: Bildung

Erlebnisorientierter Lernort:
Nein.

Edutainment:
An Bord der MS *Europa* geben Lektoren Seminare und Vorträge über Themen zu den jeweiligen Reisen. Auch z.B. spezielle Gartenkreuzfahrten verbinden Expertenwissen mit dem Kreuzfahrterlebnis und Erholung.

Ergebnis Phase 3: MS *Europa*

Erlebnisorientierte Lernorte	Edutainment	Total
○	●	●

Phase 4: Sinnvolles Erlebnis

Entschleunigung / Rückzugsmöglichkeiten:
An Bord der MS *Europa* gibt es Rückzugsmöglichkeiten auf dem ganzen Schiff, da diese Yacht sehr viel Raum pro Passagier bietet. Außerdem wird Ruhe im Spa-Bereich geboten und der Abend kann in Bars ohne Unterhaltungsprogramm genossen werden.

Sicherheit:
Sicherheit ist wie bei allen ausgewählten Kreuzfahrten für diese Analyse als erfüllt zu betrachten.

Gesundheit und Wellness:
Auch auf der MS *Europa* gibt es einen Spa-Bereich, den Ocean Spa, und einen Fitness-Bereich. Außerdem gibt es zur totalen Entspannung auch die Spa-Suiten, mit speziellem Wohlfühl-Paket.

Authentizität und Kultur:
Auf der MS *Europa* wird ein authentisches Kreuzfahrterlebnis geboten, bei denen der ausgezeichnete Service und die Destinationen im Vordergrund stehen. Die Zielgruppe ist reiseerfahren und legt Wert auf interessante Ausflüge.

Transparenz und Qualität des Angebots:
Es werden alle notwendigen Informationen auf den Internetseiten und im Online-Katalog gegeben. Die Qualität ist ohne Zweifel bei diesem Produkt kaum zu übertreffen.

Umwelt-Management des Anbieters:
Das gesamte Unternehmen *Hapag-Lloyd Kreuzfahrten* stellt auf der Unternehmens-Homepage das Engagement bezogen auf den Umweltschutz dar. Dieses reicht von modernster Umwelttechnologie bei den Schiffen, über Wasseraufbereitung und Mülltrennung, bis zur Aufklärung der Passagiere bei Brückenführungen über die Umweltschutzmaßnahmen. Da zwei Schiffe von *Hapag-Lloyd Kreuzfahrten* Expeditionsschiffe sind, engagiert sich das Unternehmen auch besonders in diesem Bereich. Des Weiteren wird *Hapag-Lloyd Kreuzfahrten* ab 2011 nach eigenen Angaben als erster Kreuzfahrtveranstalter mit

der Non-Profit Organisation ‚*atmosfair*' zusammenarbeiten und so zum Klimaschutz beitragen.

Ergebnis Phase 4: MS *Europa*

Entschleunigung/ Rückzugsmöglichkeiten	Sicherheit	Gesundheit und Wellness	Authentizität und Kultur	Transparenz und Qualität	Umwelt-Management	Total
●	●	●	●	●	●	●

Phase 5: Erlebnisse mit Wirkung = Erlebnis 2.0

Wissensangebote und Kreativität:
Nein

Angebote für die persönliche Entwicklung:
Nein.

Nachhaltigkeit:
Nein.

Künstliche Multi-Urlaubswelten und Abenteuer:
Nein.

Ergebnis Phase 5: MS *Europa*

Wissen und Kreativität	Persönliche Entwicklung	Nachhaltigkeit	Künstliche Multi-Urlaubswelten und Abenteuer	Total
○	○	○	○	○

Ergebnis: MS *Europa*

	Phase 1	Phase 2	Phase 3	Phase 4	Phase 5
MS *Europa*	●	●	●	●	○

Anhang 7.4 MS *Astor*

Schiff:	MS *Astor*
Unternehmen:	*TransOcean Kreuzfahrten*
Passagiere:	max. 578 Gäste
Crew:	278
Internetauftritt:	http://www.transocean.de/default.htm http://www.transocean.de/onlineimkatalogblttern.htm

Das Unternehmen *TransOcean Kreuzfahrten* wurde erst vor kurzem neu strukturiert und bietet neben der *Astor*, welches laut *TransOcean* eines der beliebtesten Kreuzfahrt-Schiffe Deutschlands ist, auch Flusskreuzfahrten auf momentan 8 Schiffen an.

Die MS *Astor* ist laut dem Berlitz Cruise Guide 2010 ein 3+-Sterne Schiff für deutschsprachige, ältere Gäste, die eine traditionelle Kreuzfahrt erleben möchten (vgl. Ward 2009, S. 201f). Seit 1987 im Dienst ist die MS *Astor* ein kleines Schiff mit bis zu 580 Passagieren und ca. 300 Besatzungsmitgliedern. Da die Informationen auf der Internetseite nicht für die Untersuchung der Bewertungskriterien ausreichen, wird der Online-Katalog für die Analyse herangezogen. In dem Katalog und bei der Internet-Präsentation wird viel Wert auf die persönliche, familiäre Atmosphäre und den guten Service der Crew gelegt, wie auch bei dem neuen Firmenlogo deutlich wird: „TransOcean – Höchst persönlich".

Die Internet-Analyse anhand der Bewertungskriterien

Phase 1: Erlebnis = Unterhaltung

Unterhaltung:
Es wird ein allabendliches Show-Programm geboten, mit wechselnden Künstlern und den Stamm-Tänzern und -Musikern. Tagsüber wird ein abwechslungsreiches Programm mit Aktivitäten wie z.B. Shuffleboard, Gymnastik, Vorträgen zu Ausflügen und künstlerische Kurse angeboten.

Individuelle Wunscherfüllung /Auswahl:
Da die MS *Astor* regelmäßig wie auch in diesem Winter (2010/11) Weltreisen fährt, werden sehr abwechslungsreiche und besondere Routen und Destinationen geboten, die auch für Wiederholer immer wieder Neues bieten. Dennoch stehen vor allem über die Sommermonate die beliebten Routen wie im Mittelmeer oder Norwegens Küste auf dem Programm. Die Dauer der Reisen variieren und kann von wenigen Tagen bis zu mehreren

Monaten bei der Weltreise gebucht werden. Bei den Landausflügen werden unterschiedliche Arten angeboten, von Aktiv-Ausflügen bis zur Stadtrundfahrt.
Es werden verschiedene Kabinenkategorien angeboten, von der großen *Astor*-Suite bis zur 4-Bett-Innenkabine. Zwei Spezialitätenrestaurants bieten neben dem Hauptrestaurant ohne Zusatzkosten eine Auswahl beim Dinner.

Zusatznutzen:
Der Zusatznutzen neben dem reinen Transport auf einem Schiff ist wie bei allen anderen Kreuzfahrten gegeben. Auf der MS *Astor* wird besonders die persönliche und gemütliche Atmosphäre und Service als Extra verstanden.

Ergebnis Phase 1: MS *Astor*

Unterhaltung	Individuelle Wunscherfüllung	Zusatznutzen	Total
●	●	●	●

Phase 2: Professionalisierung des Erlebnisses

Erlebnis-Setting:
Das Erlebnis-Setting ist wie bei allen ausgewählten Kreuzfahrten für diese Analyse als erfüllt zu betrachten.

Innovationen:
Die erst kürzlich vorgenommene Modernisierung und wechselnde und neue Angebote bezogen auf Künstler sind ein Aufrechterhalten der Attraktivität für die vielen Stammkunden und Neukunden als wirkliche Innovationen. Es geht bei diesem Schiff um die traditionelle Kreuzfahrt zu besonderen Zielen, und weniger um Innovationen.

Erlebniswelt-Kriterien:
Das gesamte Kreuzfahrt-Produkt steht unter dem Motto einer klassischen Kreuzfahrt, bei der die Destinationen im Vordergrund stehen. Es gibt Themenkreuzfahrten, wie die Golf- und Landlustkreuzfahrt (Gärten) oder spezielle Entertainment-Reisen (z.B. Jazz). Mit wechselnden Künstlern und Prominenten an Bord werden auch die Themen der Kreuzfahrt angepasst. Es werden Prominente an Bord geholt, wie z.B. Marlene Charell als Schirmherrin des *Club Columbus*, dem Kundenbindungsprogramm von *TransOcean*. Auf Illusionen, Dramaturgie oder Standards wird verzichtet, bzw. sind wegen der Größe nicht anwendbar.

Events:
Wechselnde Veranstaltungen mit den jeweiligen Künstlern, die zu bestimmten Themenreisen an Bord kommen.

Ergebnis Phase 2: MS *Astor*

Erlebnis-Setting	Innovationen	Erlebniswelt-Kriterien	Events	Total
●	○	●	●	●

Phase 3: Bildung

Erlebnisorientierter Lernort:
Nein

Edutainment:
An Bord gibt es regelmäßig Vorträge zu den angebotenen Landausflügen mit Hinweisen und Tipps zur Kultur. Außerdem sind oftmals Lektoren an Bord, die z.B. zum Thema Meeresbiologie und Klima oder zu den jeweiligen Destinationen Vorträge halten. Bibliothek an Bord.

Ergebnis Phase 3: MS *Astor*

Erlebnisorientierte Lernorte	Edutainment	Total
○	●	●

Phase 4: Sinnvolles Erlebnis

Entschleunigung / Rückzugsmöglichkeiten:
Es gibt großzügige Flächen auf den Außendecks, die Rückzugsorte bieten. Außerdem werden mit der Bibliothek und dem Kartenspielzimmer Räume zur Entspannung geschaffen.

Sicherheit:
Sicherheit ist wie bei allen ausgewählten Kreuzfahrten für diese Analyse als erfüllt zu betrachten.

Gesundheit und Wellness:

Es gibt einen kleinen Wellness-Bereich mit u.a. Beauty-Salon, Innen-Pool, Sauna und Massagen. Außerdem gibt es einen beheizten Außen-Pool. Auf einigen Kreuzfahrten wird die Dialyse-Behandlung angeboten.

Authentizität und Kultur:

Landausflüge haben bei dieser Form der Kreuzfahrt einen hohen Stellenwert.

Transparenz und Qualität des Angebots:

Bei den vielen Stammkunden auf diesem Schiff wird eine konstante und hohe Qualität erwartet. Mit der Modernisierung des Schiffes wird die Qualität sicherlich verbessert. In dem Online-Katalog sind alle notwendigen Informationen für den Kunden zu finden.

Umwelt-Management des Anbieters:

Keine weiteren Angaben zum Umwelt-Management.

Ergebnis Phase 4: MS *Astor*

Entschleunigung / Rückzugsmöglichkeiten	Sicherheit	Gesundheit und Wellness	Authentizität-tät und Kultur	Transparenz und Qualität	Umwelt-Management	Total
●	●	●	●	●	●	●

Phase 5: Erlebnisse mit Wirkung = Erlebnis 2.0

Wissensangebote und Kreativität:

Nein

Angebote für die persönliche Entwicklung:

Nein.

Nachhaltigkeit:

Nein.

Künstliche Multi-Urlaubswelten und Abenteuer:

Nein.

Ergebnis Phase 5: MS *Astor*

Wissen und Kreativität	Persönliche Entwicklung	Nachhaltigkeit	Künstliche Multi-Urlaubswelten und Abenteuer	Total
○	○	○	○	○

Ergebnis: MS *Astor*

	Phase 1	Phase 2	Phase 3	Phase 4	Phase 5
MS *Astor*	●	●	●	●	○

Anhang 7.5 *AIDA Cruises*

Schiffe:	*AIDAcara, AIDAvita, AIDAaura, AIDAdiva, AIDAbella, AIDAluna, AI-DAblu, AIDAsol* (ab 2011)
Unternehmen:	*AIDA Cruises*
Passagiere:	von ca. 1200 bis 2500 Passagieren (vgl. Ward 2009, S. 180f)
Crew:	von 370 bis 650 Besatzungsmitgliedern (vgl. Ward 2009, S. 180f)
Besonderheit:	Clubschiff
Internetauftritt:	http://www.aida.de/

1996 begann *AIDA Cruises* mit der *AIDAcara* den Cluburlaub auf einem Kreuzfahrtschiff anzubieten, in der Form als erstes Kreuzfahrtunternehmen. *AIDA Cruises* hat als Veranstalter und Reederei bis heute mit den aktuell insgesamt sieben Schiffen seine Flotte ausgebaut, weitere Schiffe sind in Planung. *AIDA Cruises* ist mit Sitz in Rostock nach Umsatz und Passagierzahlen der führende Anbieter für Kreuzfahrten in Deutschland. Die Reisen werden weltweit durchgeführt.

Mit dem neuesten Schiff der *AIDA*-Flotte, der *AIDAblu*, hat *AIDA* den Trend erkannt und will damit ein Kreuzfahrterlebnis für den anspruchsvollen Gast mit individueller Gestaltung des Urlaubs bieten. Auf dem neuesten Schiff gibt es nach Angaben von *AIDA Cruises* den größten Spa-Bereich an Bord eines Kreuzfahrtschiffes, mit über 2000m² Fläche, einem Ruhebereich und vielen weiteren Besonderheiten. Außerdem gibt es die erste bordeigene Brauerei auf der *AIDAblu*.

Die Internet-Seite und die Beschreibungen sind sehr emotional und gefühlsbetont aufgebaut. Es wird ein „grenzenloses Reisevergnügen“ mit einer „Vielfalt individueller Angebote und unvergesslicher Erlebnisse“ versprochen. Besonders hervorgehoben werden die Qualität der Angebote, der Genuss in den Restaurants, die Entspannungsmöglichkeiten, Sport und natürlich das Entertainment-Programm.

Da die Flotte der *AIDA*-Schiffe sehr ähnlich in Ausstattung, Größe und Erlebnis-Angebot ist (vgl. Ward 2009, S. 180), wird das Angebot des Kreuzfahrtveranstalters *AIDA* als Gesamtes, und nicht auf ein spezielles Schiff bezogen, analysiert.

Die Internet-Analyse anhand der Bewertungskriterien

Phase 1: Erlebnis = Unterhaltung

Unterhaltung:
Es wird sehr viel Wert bei der Angebotsbeschreibung auf die Unterhaltung und besonders die Shows gelegt. *Seelive Tivoli*, eine Zusammenarbeit von *AIDA Cruises* und *Schmidts Tivoli,* ist für die Entwicklung und Produktion der eigenen Shows zuständig, bei denen Ensembles von bis zu 20 Personen mitwirken. Des Weiteren wird Unterhaltung durch Bands und wechselnde Gastkünstler geboten. Auch die vielen Bars, die mit Pianomusik unterhalten oder als Diskotheken dienen gehören zum Unterhaltungsprogramm. Das Casino, 4-D-Kino und das *AIDA*-Club-Team lassen keine Langeweile aufkommen. Verschiedene Sportmöglichkeiten, wozu auch Fahrräder und Tauchen gehören, runden das Programm ab. Es wird deutlich, dass die *AIDA* Schiffe Clubschiffe sind, mit einem Angebot, wie es auch in den großen Clubs wie *Robinson* oder *Aldiana* an Land geboten wird und wo der Spaß, Unterhaltung und das Zusammensein mit den anderen Cluburlaubern im Vordergrund steht.

Individuelle Wunscherfüllung / Auswahl:
Es gibt verschiedene Angebote und Ermäßigungen, die z.B. für die Gäste entweder eine große Flexibilität bei der Kabinenauswahl zulassen oder bei denen nur das Schiff ausgewählt wird. Zum Beispiel *AIDA Vario* ist die flexible Angebotsvariante für Preisbewusste, so dass auch zu günstigen Preisen die Kreuzfahrten möglich sind. Die Routen werden in der Regel im 7-Tage- bzw. 14-Tage-Rhythmus durchgeführt, es gibt aber auch Kurzreisen oder längere Kreuzfahrten. Die Schiffe sind in unterschiedlichen Zielgebieten weltweit eingesetzt, wo sie i.d.R. über mehrere Monate die gleichen Routen fahren. Es werden verschiedene Kabinentypen angeboten und bei den Schiffen dieser Größe werden natürlich unterschiedlichste Restaurants, vom Buffet-Restaurant bis zur Gourmet-Küche, angeboten.

Zusatznutzen:
Der Zusatznutzen neben dem reinen Transport auf einem Schiff ist wie bei allen anderen Kreuzfahrten gegeben. Auf den *AIDA*-Schiffen wird besonders der Clubcharakter mit unzähligen Möglichkeiten der Unterhaltung und des Wohlfühlens geboten.

Ergebnis Phase 1: *AIDA Cruises*

Unterhaltung	Individuelle Wunscherfüllung	Zusatznutzen	Total
●	●	●	●

Phase 2: Professionalisierung des Erlebnisses

Erlebnis-Setting:

Das Erlebnis-Setting ist wie bei allen ausgewählten Kreuzfahrten für diese Analyse als erfüllt zu betrachten.

Zusätzlich ist bei *AIDA Cruises* zu erwähnen, dass das Unternehmen das nautische und technische Personal in der eigenen „European Cruise Academy“ ausbildet, und so den Anspruch an Qualität hoch hält.

Innovationen:

In Zusammenarbeit mit *Schmidts Tivoli* entwickelt *AIDA Cruises* eigene und neue Shows und bietet so immer neue Unterhaltung an Bord. Auch die Innovationen im Bereich Wellness, mit dem größten Wellness-Bereich auf einem Schiff, oder die erste Brauerei an Bord, zeigen, dass bei *AIDA Cruises* Innovation-Management einen hohen Stellenwert hat. Auf der Internet-Seite werden außerdem innovative Marketinginstrumente wie der Captain´s Blog, *AIDA TV* mit Filmen z.B. über das Leben der Crew an Bord oder der *AIDA* Weblounge, in der sich die Fans von *AIDA* austauschen können, gezeigt bzw. geboten. Mit diesen Angeboten auf der Internet-Seite wird das Club-Konzept mit persönlicher Ansprache trotz der Größe der Schiffe auch an Land vor und nach dem Urlaub aufrechterhalten.

Erlebniswelt-Kriterien:

Das Angebot auf den *AIDA*-Schiffen gleicht einem Mixed-Use-Center an Land, mit den verschiedenen Angeboten und der starken Erlebnisorientierung. Das Thema ist natürlich der Club, aber es werden auch Themenreisen, z.B. das Thema Biking, Golf, Fotografie oder Gourmet-Reisen angeboten.

AIDA selbst ist eine bekannte Marke geworden, die für Qualität und ungezwungenen Kreuzfahrturlaub steht. Mit den *AIDA*-Schiffen wurde ein Standard entwickelt und es gibt ähnliche Produkte, die auf jedem der Schiffe wiederzufinden sind. Außerdem wird regelmäßig mit Prominenten als Botschafter der Marke *AIDA* gearbeitet: so hatte jedes der Kreuzfahrtschiffe eine prominente Taufpatin, wie z.B. die Models Heidi Klum und Eva Padberg. Die Taufen wurden als Events inszeniert und mit viel Aufmerksamkeit auch in den Medien und von Schaulustigen verfolgt. Die extra für die *AIDA*-Schiffe produzierten Shows bieten Unterhaltung mit Theater, Artisten und Musik, die Illusionen bieten. Das Theatrium stellt dabei den zentralen Ort für vielseitige Unterhaltung dar: der Ort, wo die Shows stattfinden, bietet außerdem die Funktion als Marktplatz, Theater, tagsüber für Multimedia-Präsentationen über die Destinationen oder als Kunstausstellung.

Events:
Es gibt eine Vielzahl von Events an Bord der *AIDA*-Schiffe, wie die Golf-Turnierwoche, Gourmet-Events wie die Sommelier-Events, oder Entertainment-Events wie das Comedy-Festival. Auch die Taufen der neuen Schiffe werden regelmäßig zu großen Events gemacht.

Ergebnis Phase 2: *AIDA Cruises*

Erlebnis-Setting	Innovationen	Erlebniswelt-Kriterien	Events	Total
●	●	●	●	●

Phase 3: Bildung

Erlebnisorientierter Lernort:
Nein

Edutainment:
Bei *AIDA Cruises* wird dieser Aspekt Infotainment genannt, zu dem bspw. Informationsveranstaltungen über Landausflüge oder zur Seefahrt allgemein, und auch Workshops z.B. zum Thema Tanzen, Cocktails mixen oder Malen, gehören.

Ergebnis Phase 3: *AIDA Cruises*

Erlebnisorientierte Lernorte	Edutainment	Total
○	●	●

Phase 4: Sinnvolles Erlebnis

Entschleunigung / Rückzugsmöglichkeiten:
Eine Rückzugsmöglichkeit bietet sicherlich der große Wellness- und Spa-Bereich und ein Sport-Angebot mit Yoga, auch *Body & Soul* bei *AIDA* genannt. Auch abends gibt es die Möglichkeit sich in einer ruhigeren Bar zurückzuziehen. Ansonsten gibt es aber sicherlich geeignetere Kreuzfahrtschiffe als ein Clubschiff um Ruhe zu finden.

Sicherheit:
Sicherheit ist wie bei allen ausgewählten Kreuzfahrten für diese Analyse als erfüllt zu betrachten.

Gesundheit und Wellness:
Wie bereits mehrfach angedeutet ist der Wellness- und Spa-Bereich etwas Besonderes. Große Wellness-Bereiche, sogar den größten an Bord eines Kreuzfahrtschiffes (aktuell) mit unterschiedlichsten Anwendungen, Saunalandschaften und Ruhebereichen. Als Special wird z.B. auf der *AIDAblu* auch die Wellness-Suite angeboten, mit direktem Zugang zum Wellness-Bereich und einem Paket mit Anwendungen inklusive. Betonung auf Entspannung und Genuss.

Authentizität und Kultur:
Zum Programm an Bord gehören Kunstausstellungen, Theater- und verschiedene Musikdarbietungen. Die in der Vielfalt und Angebot unterschiedlichsten Landausflüge bieten sicherlich authentische und kulturelle Genüsse, wenn man diese sucht.

Transparenz und Qualität des Angebots:
Die anspruchsvollen Gäste, die vielleicht ansonsten in Clubs an Land ihren Urlaub verbringen oder *AIDA* als Einstieg in die Kreuzfahrtenwelt nutzen, erwarten eine hohe Qualität, nicht zuletzt wegen dem Marketing und dem vermittelten Image des Veranstalters. Eine hohe Qualität und Maßnahmen zur Qualitätssicherung werden immer wieder im Rahmen des Internet-Auftritts betont, besonders bezogen auf die Küche, Spa und Sport, und auf das Entertainment-Programm. Die eigene Academy und die eigene Entwicklung und Produktion der Shows dient der Aufrechterhaltung der Qualität, die auf allen Schiffen gleichermaßen zu finden sein muss. Es werden die wichtigen Informationen sehr deutlich beschrieben und viel mit Video-Clips und Fotos gearbeitet, die einen Blick hinter die Kulissen zeigen und auch sehr gut darstellen, wie der Urlaub an Bord aussehen könnte. Dazu dient auch der Austausch der Gäste in der Weblounge auf der *AIDA* Homepage: Tipps und Infos können hier aus erster Hand der anderen Reisenden eingeholt werden.

Umwelt-Management des Anbieters:
AIDA bietet auf der sehr professionellen und umfangreichen Homepage eine Rubrik über das Engagement des Unternehmens bezogen auf die Umwelt. Dabei wird der Umweltschutz und soziale Verantwortung des Unternehmens betont. Umgesetzt wird dies durch die moderne und damit umweltfreundliche Flotte, die mit neuen Technologien ausgestattet ist, so dass die internationalen Vorschriften für Kreuzfahrtschiffe nach eigenen Angaben übererfüllt werden. An Bord gibt es außerdem einen Fachmann für Umweltschutz. Auf der Internet-Seite ist der Nachhaltigkeitsbericht von *AIDA Cruises* nachzulesen.

Ergebnis Phase 4: *AIDA Cruises*

Entschleunigung / Rückzugsmöglichkeiten	Sicherheit	Gesundheit und Wellness	Authentizität und Kultur	Transparenz und Qualität	Umwelt-Management	Total
●	●	●	●	●	●	●

Phase 5: Erlebnisse mit Wirkung = Erlebnis 2.0

Wissensangebote und Kreativität:
Nein

Angebote für die persönliche Entwicklung:
Nein.

Nachhaltigkeit:
Nein.

Künstliche Multi-Urlaubswelten und Abenteuer:
Nein.

Ergebnis Phase 5: *AIDA Cruises*

Wissen und Kreativität	Persönliche Entwicklung	Nachhaltigkeit	Künstliche Multi-Urlaubswelten und Abenteuer	Total
○	○	○	○	○

Ergebnis: *AIDA Cruises*

	Phase 1	Phase 2	Phase 3	Phase 4	Phase 5
AIDA Cruises	●	●	●	●	○

Anhang 7.6 *Disney Cruise Line*

Schiffe:	*Disney Magic, Disney Wonder, Disney Dream* (ab Januar 2011), *Disney Fantasy* (ab April 2012)
Unternehmen:	*Disney Cruise Line*
Passagiere:	2400 (4000 Passagiere auf den neuen Schiffen)
Crew:	945 (1400 Besatzungsmitglieder auf den neuen Schiffen)
Besonderheit:	speziell für Familien, Elemente aus den *Disney*-Themenparks
Internetauftritt:	http://disneycruise.disney.go.com/ http://www.disneycruisenews.com/ http://corporate.disney.go.com/index.html (The Walt Disney Company)

Das US-amerikanische Unternehmen *Disney Cruise Line* gehört zur *The Walt Disney Company*, zu dieser Gruppe gehören u.a. auch die *Disney*-Parks, die *Walt Disney Studios* und die Merchandising Produkte. Seit 1998 ist die *Disney Magic* als erstes Schiff von *Disney Cruise Line* im Dienst, und ist seit 1950 das erste Kreuzfahrtschiff, welches wieder mit zwei Schornsteinen gebaut wurde. Dabei ist einer nur eine Attrappe und beinhaltet Flächen wie z.B. für das Teen Center (vgl. Ward 2009, S. 348). Die *Disney Wonder* kam ein Jahr später auf dem Markt und ist das Schwesterschiff der *Disney Magic*, daher ähnlich in der Ausstattung. Alle *Disney*-Schiffe sind im Stil traditioneller Ocean-Liner gebaut, aber mit modernster Technik ausgestattet.

Die Homepage von *Disney Cruise Line* verweist mit Links zu den verschiedenen Bereichen des *Disney*-Konzerns und ist somit komplett in den *Disney* Konzern integriert. Dieses spiegelt sich auch bei dem Angebot an Bord und bei dem Setting wieder. An Bord treffen die Gäste die bekannten *Disney*-Figuren und erleben die *Disney*-Shows. Die Aktivitäten, Schiffe und Landausflüge sind sehr genau beschrieben und mit Videoclips noch anschaulicher und emotionaler präsentiert. Z.B. zu den *Character Greetings* werden genaue Beschreibungen zu Orten und Charakteren präsentiert, genauso zu den Sicherheitsinformationen. Es werden alle denkbaren Fragen beantwortet, wodurch die Homepage sehr professionell und erfahren wirkt, wahrscheinlich durch die Erfahrungen mit den vielen *Disney* Parks. Die Landausflüge werden passend zum *Disney*-Erlebnis „Port Adventures" genannt.

Wie bei den *AIDA*-Schiffen werden auch bei *Disney Cruise Line* alle Schiffe als ein Produkt bewertet, da das Angebot insgesamt sehr ähnlich ist und alle speziell für Familien ausgelegt sind.

Die Internet-Analyse anhand der Bewertungskriterien

Phase 1: Erlebnis = Unterhaltung

Unterhaltung:
Es wird Unterhaltung geboten für Kinder, Jugendliche, Erwachsene und für die ganze Familie zusammen. Dabei gibt es Live Shows, Night Shows, Kino, Musical, Theater, Club für die jungen Gäste, Partys an Deck, Talent Shows, Treffen mit den *Disney* Charakteren, Pools mit Rutschen, Sportangebote, usw. Fast ein ganzes Deck ist nur für Kinder und Jugendliche reserviert, wo sie betreut werden und Aktivitäten angeboten werden.

Individuelle Wunscherfüllung / Auswahl:
Es gibt ein vielseitiges Programm für die Zielgruppe der Familie. Es werden Reisedauern von wenigen Tagen bis über 2 Wochen angeboten, die Destinationen sind weltweit, vom Mittelmeer bis zur Karibik. Darüber hinaus können vorab Packages (online) gebucht werden, mit denen man die Kreuzfahrt noch individueller gestalten kann. Das sind z.B. Hochzeitspakete oder Programme vor oder nach der Kreuzfahrt.

Zusatznutzen:
Der Zusatznutzen neben dem reinen Transport auf einem Schiff ist wie bei allen anderen Kreuzfahrten gegeben.
Des Weiteren wird durch die Inszenierung und den Angeboten an Bord ein Erlebnis wie in einem *Disney*-Themenpark, ohne Fahrgeschäfte, geschaffen, inklusive einer Kreuzfahrt.

Ergebnis Phase 1: *Disney Cruise Line*

Unterhaltung	Individuelle Wunscherfüllung	Zusatznutzen	Total
●	●	●	●

Phase 2: Professionalisierung des Erlebnisses

Erlebnis-Setting:
Das Erlebnis-Setting ist wie bei allen ausgewählten Kreuzfahrten für diese Analyse als erfüllt zu betrachten. An Bord wird ein Setting geschaffen für einen typischen *Disney*-Urlaub für die ganze Familie, nur auf dem Wasser. Die Crew als Cast-Member sorgt für das Wohl der Gäste und für perfekte Illusionen.

Innovationen:
Disney Cruise Line bietet seit über zehn Jahren Kreuzfahrten für die ganze Familie an, bietet immer neue Shows und Attraktionen wie eine Wasserrutsche an Bord. *Disney Cruise Line* ist nach eigenen Angaben z.B. der erste Anbieter, der ein Feuerwerk auf dem Meer veranstaltet.

Erlebniswelt-Kriterien:
Disney Cruise Line hat eine eigene Insel in der Karibik, die eine weitere Anzahl von Aktivitäten bietet, ebenfalls zum *Disney*-Konzept für die ganze Familie passend. An Bord ist eine Erlebniswelt wie im *Disney* Themenpark zu finden, nur ohne die Themenbereiche und die Fahrgeschäfte, aber auf Unterhaltung muss deswegen nicht verzichtet werden.

Events:
Auf der Internetseite werden keine speziellen Events beschrieben, aber die vielen Live Shows und Theaterdarbietungen, Partys und die Veranstaltungen mit den *Disney*-Charakteren können als Events an sich bezeichnet werden.

Ergebnis Phase 2: *Disney Cruise Line*

Erlebnis-Setting	Innovationen	Erlebniswelt-Kriterien	Events	Total

Phase 3: Bildung

Erlebnisorientierter Lernort:
Nein

Edutainment:
An Bord der *Disney*-Schiffe werden eine Reihe von Edutainment-Angeboten für Kinder, Erwachsene und Familien angeboten. Das Angebot reicht von Tanz- und Kochkursen, über Zeichentrickfilm-Techniken und Einblicke in die Arbeit auf der Brücke mit Hintergrundinformationen zum nautisch-technischen Bereich sowie eine Serie für Kinder mit dem Namen „Create & Invent“, bei der die kleinen Gäste Neues mit wissenschaftlichen Fokus unterhaltend erleben können.

Ergebnis Phase 3: ***Disney Cruise Line***

Erlebnisorientierte Lernorte	Edutainment	Total
○	●	●

Phase 4: Sinnvolles Erlebnis

Entschleunigung / Rückzugsmöglichkeiten:
Rückzugsmöglichkeiten werden in dem Spa- und Wellness-Bereich oder auf der unternehmenseigenen Insel geboten. Ansonsten ist ein Urlaub auf einem *Disney*-Schiff auf Unterhaltung, Spaß und Action ausgelegt.

Sicherheit:
Sicherheit ist wie bei allen ausgewählten Kreuzfahrten für diese Analyse als erfüllt zu betrachten.
Auf der Internetseite gibt es Informationen zum Thema Sicherheit, dazu gehören bspw. Ausführungen zur Seenotrettungsübung und deren Ablauf. Diese Informationen geben dem Gast von vorneherein ein sicheres und umsorgtes Gefühl.

Gesundheit und Wellness:
Es gibt einen großen Wellness-/ Spa- und Fitness-Bereich für Erwachsene, worauf auch bei der Internet-Präsentation großen Wert gelegt wird. Dabei wird besonders die Erholung und Entspannung für die Erwachsenen in den Vordergrund gestellt. So wird z.B. die Behandlung „Alone Time“ für eine kurze Auszeit oder Angebote für Paare auf der unternehmenseigenen Insel *Castaway Cay* angeboten. Außerdem werden Behandlungen wie Zahnaufhellungen oder Seminare zur Gewichtsreduktion angeboten, die schon über das ‚normale' Behandlungs-Repertoire eines Wellness-Bereichs hinausgehen.

Authentizität und Kultur:
Die *Disney*-Schiffe sind ähnlich wie die Themenparks Inszenierungen, wobei versucht wird mit der unternehmenseigenen Insel *Castaway Cay* Authentizität zu erlangen. Die vielen und sehr genau beschriebenen Ausflüge/ Port Adventures bieten bei Interesse eine Menge Kultur.

Transparenz und Qualität des Angebots:
Es werden alle Angebote, Kabinen, Reisen, Attraktionen und sonstige wichtige Reiseinformationen sehr genau auf der Internet-Seite beschrieben. Des Weiteren gibt es als Besonderheit das „*Walt Disney World Moms Panel*“, bei denen Mütter als Experten Tipps

zum Urlaub auf den *Disney*-Schiffen geben und über ihre Erfahrungen berichten. Dieser Service wirkt sehr ehrlich und authentisch, und unterstützt sicherlich viele bei der Urlaubsentscheidung.

Umwelt-Management des Anbieters:
Auf der Internet-Seite von *Disney Cruise Line* wurden keine weiteren Informationen zu dem Thema gefunden, allerdings gibt es sehr ausführliche Informationen zum Engagement des Unternehmens *The Walt Disney Company* auf der Konzern-Homepage. Dieses Engagement wird als konzernweite Verpflichtung gesehen.

Ergebnis Phase 4: *Disney Cruise Line*

Entschleunigung / Rückzugsmöglichkeiten	Sicherheit	Gesundheit und Wellness	Authentizität und Kultur	Transparenz und Qualität	Umwelt-Management	Total

Phase 5: Erlebnisse mit Wirkung = Erlebnis 2.0

Wissensangebote und Kreativität:
Nein

Angebote für die persönliche Entwicklung:
Im Rahmen des Spa- und Wellness-Angebots werden Seminare angeboten, bei denen auf Körper verändernde Wirkungen abgezielt wird. Dabei geht es um Gewichtsreduktion und Modellierung des Körpers. Außerdem sollen spezielle Seminare eine Art Ernährungsberatung bieten.

Nachhaltigkeit:
Nein.

Künstliche Multi-Urlaubswelten und Abenteuer:
Mit der unternehmenseigenen Insel *Castaway Cay* und dem vielfältigen Angebot an Bord, in Verbindung mit den Themenparks an Land, kann durchaus von Multi-Urlaubswelten gesprochen werden.

Ergebnis Phase 5: ***Disney Cruise Line***

Wissen und Kreativität	Persönliche Entwicklung	Nachhaltigkeit	Künstliche Multi-Urlaubswelten und Abenteuer	Total
○	●	○	●	◌

Ergebnis: ***Disney Cruise Line***

	Phase 1	Phase 2	Phase 3	Phase 4	Phase 5
Disney Cruise Line	●	●	●	●	◌

Anhang 7.7 MS *Oasis of the Seas*

Schiff:	MS *Oasis of the Seas*
Unternehmen:	*Royal Caribbean International*
Passagiere:	5400
Crew:	2100
Besonderheit:	aktuell größtes Kreuzfahrtschiff vom zweitgrößten Kreuzfahrtunternehmen weltweit
Internetauftritt:	http://www.royalcaribbean.com/ http://www.royalcaribbean.de/ http://www.royalcaribbean.de/Oasis_of_the_Seas.htm http://www.oasisoftheseas.com/video.php?ship=allure

Royal Carribean Cruises mit den Marken *Royal Caribbean International*, *Azamara Club Cruises, Celebrity Cruises* und *Pullmantur* ist das weltweit zweitgrößte Kreuzfahrtunternehmen. Zur Flotte von *Royal Caribbean International* (kurz *RCI*, Sitz in Florida) gehören aktuell 21 Schiffe, unter anderem das momentan größte Schiff, die *Oasis of the Seas*, mit einer Länge von 360m und einer Breite von über 46m. *RCI* hat in den letzten Jahren immer wieder mit neuen spektakulären Attraktionen an Bord neue Dimensionen vorgegeben, wie z.B. 2006 mit dem damals größten Schiff (max. 3600 Passagiere), der *Freedom of the Seas* und dem ersten Surfpark an Bord. Auch die *Oasis of the Seas* setzt wieder neue Maßstäbe im Bereich Unterhaltung und Aktivitäten auf einem Kreuzfahrtschiff. Mit dem Central Park, einer nach oben offenen Parklandschaft mit echten Rasenflächen und Möglichkeiten zu ruhigen Spaziergängen, dem Boardwalk mit vielen Unterhaltungsmöglichkeiten und Schauplatz der Paraden, einem Amphitheater mit Pool für Aufführungen mit Synchronschwimmern und Turmspringern, und, und, und. Die Eislaufbahn scheint dagegen schon zum normalen Angebot zu gehören. Die Schiffe, die auch als „Nation of Why Not" bezeichnet werden, machen mit der Vielzahl an Angeboten diesem Titel alle Ehre. Die Internetseiten von *RCI* bieten einen sehr guten Überblick mit vielen Videos und Bildern zu den verschiedenen Attraktionen an Bord. Die amerikanische Homepage ist dabei noch reicher an Eindrücken und sehr bunt. Die Homepage vermittelt den Eindruck, dass alles nur um Spaß und Erleben geht, und auf den Schiffen einzigartige Erlebniswelten geboten werden. Es wird viel mit Superlativen und emotionalen Ausdrücken gearbeitet, und das „unvergessliche Urlaubserlebnis" versprochen.

Die Internet-Analyse anhand der Bewertungskriterien

Phase 1: Erlebnis = Unterhaltung

Unterhaltung:

„Erleben Sie jeden Tag einen neuen Urlaub“. Ohne Zweifel bietet die *Oasis of the Seas* das umfassendste und spektakulärste Unterhaltungsprogramm, was überhaupt auf einem Schiff möglich sein kann, mit Shows, Paraden und Aktivitäten. Es wird alles getan, um keine Langeweile aufkommen zu lassen. Die Fülle an Unterhaltungsmöglichkeiten, wie sie auf der Internet-Seite präsentiert werden, kann hier kaum dargestellt werden. Vom Klettern über Nachtclubs und Karussells, hin zu Shows, Shoppingmall, Gaming und Animationsprogrammen. An Bord der *Oasis of the Seas* gibt es sieben verschiedene Bereiche mit Themen, die z.B. auf Jugendliche und Kinder ausgerichtet sind, eine Sport und Pool Area oder für Entertainment.

Individuelle Wunscherfüllung / Auswahl:

Aufgrund der Größe des Schiffes sind die Destinationen und Routen sehr eingeschränkt, da nur Häfen angelaufen werden können, die für ein solch großes Schiff ausgelegt sind. Deswegen werden momentan (ausschließlich) Routen ab Fort Lauderdale (Florida) in die Karibik angeboten, mit einer Reisedauer von i.d.R. sieben Tagen. Da es aber bei diesem Produkt weniger um die Destinationen geht, als um das Entertainment an Bord, wird die individuelle Wunscherfüllung an Bord komplett erfüllt. Bezogen auf verschiedene Optionen der Buchung können bspw. Getränkepakete oder Romance Packages dazu gebucht werden.

Zusatznutzen:

Der Zusatznutzen neben dem reinen Transport auf einem Schiff ist wie bei allen anderen Kreuzfahrten gegeben. Durch das riesige Unterhaltungsprogramm wird ein Zusatznutzen bezogen auf Action, Fun und Entertainment geboten.

Ergebnis Phase 1: MS *Oasis of the Seas*

Unterhaltung	Individuelle Wunscherfüllung	Zusatznutzen	Total
●	●	●	●

Phase 2: Professionalisierung des Erlebnisses

Erlebnis-Setting:

Das Erlebnis-Setting ist wie bei allen ausgewählten Kreuzfahrten für diese Analyse als erfüllt zu betrachten. Die Gestaltung der *Oasis of the Seas* ist sehr amerikanisch und passt zum Fokus auf Entertainment. Die Mitarbeiter, und vor allem die Chairmans des Unternehmens, werden bei dem Internetauftritt mit Videoclips sehr viel einbezogen und vermitteln trotz der Größe des Schiffes noch eine persönliche und individuelle Betreuung und Atmosphäre. Das Setting ist sicherlich eine einzige Inszenierung, die alle Sinne anspricht und einem Freizeitpark gleicht.

Innovationen:

Es gibt auf jedem neuen Schiff von *RCI* spektakuläre Innovationen, so auch auf der *Oasis of the Seas*. Wie bereits beschrieben sind an Bord neue Attraktionen und Shows zu bestaunen, wie die AquaShow oder der Garten, der von mehreren Gärtnern gepflegt wird. Zusätzlich werden für Wiederholer immer wieder neue Aktivitäten und Landausflüge angeboten.

Erlebniswelt-Kriterien:

Das Angebot an Bord der *Oasis of the Seas* gleicht einer Erlebniswelt an Land, wenn nicht sogar noch spektakulärer. Die verschiedenen Themenbereiche, das Angebot von Kreuzfahrt, Hotel, Restaurant, Kino, Sport und Wellness, Unterhaltung usw., lassen eine neue Erlebniswelt entstehen, wie sie an Land kaum zu finden ist. Es gibt Kooperationen mit verschiedenen Unternehmen, wie z.B. im Bereich der Gastronomie, und jetzt auch mit *DreamWorks Animation,* bei der Zeichentrick-Charaktere in Shows und Paraden an Bord auftreten. Wegen der großen Anzahl der Schiffe von *RCI* mit einer einheitlichen Ausrichtung auf Entertainment, Fun und Action kann von einer Standardisierung von gewissen Einrichtungen und Angeboten gesprochen werden. Die Gäste erwarten ähnliche Angebote und Qualität auf jedem der Schiffe von *RCI*.

Events:

Es werden verschiedene zeitlich begrenzte Events an Bord angeboten, wie Poker-Turniere. Außerdem gleicht das Show- und Unterhaltungsprogramm regelmäßigen Events.

Ergebnis Phase 2: MS *Oasis of the Seas*

Erlebnis-Setting	Innovationen	Erlebniswelt-Kriterien	Events	Total
●	●	●	●	●

Phase 3: Bildung

Erlebnisorientierter Lernort:
Nein

Edutainment:
An Bord gibt es die Explorer Academy für Erwachsene, bei der die Gäste verschiedenen Unterricht wie Eislaufen, Tanzkurse, Kochkurse oder Sprachkurse erhalten können. Im Rahmen des Kinderprogramms gibt es das *Science Lab*, bei denen sich mit Wissenschaft und kreativen Spielen beschäftigt wird.

Ergebnis Phase 3: MS *Oasis of the Seas*

Erlebnisorientierte Lernorte	Edutainment	Total
○	●	●

Phase 4: Sinnvolles Erlebnis

Entschleunigung / Rückzugsmöglichkeiten:
Rückzugsmöglichkeiten werden in dem Central Park oder im großen Spa-Bereich geboten

Sicherheit:
Sicherheit ist wie bei allen ausgewählten Kreuzfahrten für diese Analyse als erfüllt zu betrachten.

Gesundheit und Wellness:
Es wird an Bord ein Fitness-Bereich und ein moderner Wellness- und Spa-Bereich mit verschiedensten Anwendungen angeboten.

Authentizität und Kultur:
Die unternehmenseigenen Inseln in der Karibik, Labadee/ Haiti und CocoCay/ Bahamas, bieten eine Fortsetzung des Angebots an Land in einer fast-authentischen Kulisse, die für die Zwecke des Unternehmens angepasst wurde. Außerdem werden verschiedenste Landausflüge angeboten. Aufgrund der Anzahl der Passagiere ist ein extrem differenziertes Angebot möglich. Dennoch scheint dieser Aspekt der Ausflüge und der Kultur, genauso wie die angefahrenen Destinationen, kein Verkaufskriterium für eine Kreuzfahrt mit *RCI* oder an Bord der *Oasis of the Seas* zu sein.

Transparenz und Qualität des Angebots:
Auf den Internetseiten gibt es sehr viele nützliche Informationen und Erklärungen. Die verschiedenen Angebote, Aktivitäten und Möglichkeiten werden detailliert beschrieben, besonders auf der amerikanischen Homepage (im Vergleich zur deutschsprachigen). Vor allem durch die vielen Videoclips und Fotos erhält man einen guten Eindruck vom Bordleben. *RCI* ist nach eigenen Angaben bestrebt ständig eine hohe Qualität zu bieten, und setzt dieses z.B. mit Kooperationen mit bekannten Marken um.

Umwelt-Management des Anbieters:
RCI legt sehr großen Wert auf die Darstellung der Aktivitäten im Bereich Umweltschutz. Mit dem *Save The Waves Program* und der Einführung eines Environmental Officers (bereits seit 1996) auf jedem Schiff. Die moderne Flotte ist komplett auf dem neuesten technischen Stand. Außerdem unterstützen sie verschiedene Organisationen, wie den *Ocean Fund* zur Erhaltung der Ozeane.

Ergebnis Phase 4: MS *Oasis of the Seas*

Entschleunigung/ Rückzugsmöglichkeiten	Sicherheit	Gesundheit und Wellness	Authentizität und Kultur	Transparenz und Qualität	Umwelt-Management	Total
●	●	●	●	●	●	●

Phase 5: Erlebnisse mit Wirkung = Erlebnis 2.0

Wissensangebote und Kreativität:
Nein

Angebote für die persönliche Entwicklung:
Nein.

Nachhaltigkeit:
Nein.

Künstliche Multi-Urlaubswelten und Abenteuer:
Multi-Urlaubswelten werden geboten, mit den unternehmenseigenen Inseln, und den verschiedenen Attraktionen und Bereichen an Bord des Schiffes> Central Park, Sport-Bereich, Youth Zone, Entertainment-Bereich,...

Ergebnis Phase 5: *MS Oasis of the Seas*

Wissen und Kreativität	Persönliche Entwicklung	Nachhaltigkeit	Künstliche Multi-Urlaubswelten und Abenteuer	Total
○	○	○	●	◌

Ergebnis: MS *Oasis of the Seas*

	Phase 1	Phase 2	Phase 3	Phase 4	Phase 5
Oasis of the Seas	●	●	●	●	◌

Anhang 7.8 Ergebnisse Internet-Analyse – Kreuzfahrtprodukte

	Phase 1	Phase 2	Phase 3	Phase 4	Phase 5
Sea Cloud Cruises	●	◍	◍	●	○
MS *Prince Albert II*	●	◍	◍	●	◌
MS *Astor*	●	◍	◍	●	○
MS *Europa*	●	◍	◍	●	○
AIDA Cruises	●	●	◍	●	○
Disney Cruise Line	●	●	◍	●	◌
MS *Oasis of the Seas*	●	●	◍	●	◌

Quelle: eigene Darstellung

Anhang 7.9 Ergebnis Kreuzfahrtbranche

	Phase 1	Phase 2	Phase 3	Phase 4	Phase 5
Kreuzfahrt-branche	●	● ◍	◍	●	◌

Quelle: eigene Darstellung

Abonnement

Hiermit abonniere ich die *Schriftenreihe der School of International Business*

- ❒ *Europäischer Studiengang für Wirtschaft und Verwaltung (ESWV)* **(ISSN 1863-9798),** herausgegeben von Hans-Jürgen Busse,
- ❒ *Internationaler Studiengang für Tourismusmanagement (ISTM)* **(ISSN 1863-9798),** herausgegeben von Felix Bernhard Herle,

- ❒ ab Band # 1
- ❒ ab Band # ___
  - ❒ Außerdem bestelle ich folgende der bereits erschienenen Bände:
    #___, ___, ___, ___, ___, ___, ___, ___, ___, ___, ___, ___

- ❒ ab der nächsten Neuerscheinung
  - ❒ Außerdem bestelle ich folgende der bereits erschienenen Bände:
    #___, ___, ___, ___, ___, ___, ___, ___, ___, ___, ___, ___

❒ 1 Ausgabe pro Band ODER ❒ ___ Ausgaben pro Band

Bitte senden Sie meine Bücher zur versandkostenfreien Lieferung innerhalb Deutschlands an folgende Anschrift:

Vorname, Name: ________________________________

Straße, Hausnr.: ________________________________

PLZ, Ort: ________________________________

Tel. (für Rückfragen): ________________ *Datum, Unterschrift:* ________________

Zahlungsart

❒ *ich möchte per Rechnung zahlen*

❒ *ich möchte per Lastschrift zahlen*

bei Zahlung per Lastschrift bitte ausfüllen:

Kontoinhaber: ________________________________

Kreditinstitut: ________________________________

Kontonummer: ________________ Bankleitzahl: ________________

Hiermit ermächtige ich jederzeit widerruflich den *ibidem*-Verlag, die fälligen Zahlungen für mein Abonnement von meinem oben genannten Konto per Lastschrift abzubuchen.

Datum, Unterschrift: ________________________________

Abonnementformular entweder **per Fax** senden an: **0511 / 262 2201** oder 0711 / 800 1889
oder als **Brief** an: *ibidem*-Verlag, Julius-Leber Weg 11, 30457 Hannover oder
als **e-mail** an: **ibidem@ibidem-verlag.de**

***ibidem*-Verlag**

Melchiorstr. 15

D-70439 Stuttgart

info@ibidem-verlag.de

www.ibidem-verlag.de
www.ibidem.eu
www.edition-noema.de
www.autorenbetreuung.de

FSC
www.fsc.org
MIX
Papier | Fördert
gute Waldnutzung
FSC® C083411

Kolibri 360 GmbH
Ferdinand-Jühlke-Straße 7
99095 Erfurt, Deutschland
produktsicherheit@kolibri360.de